Edith Heller

Macht Kirche Politik

Edith Heller

Macht Kirche Politik

Der Briefwechsel zwischen den polnischen und deutschen Bischöfen im Jahre 1965

hrsg. v.
Gabriele Lesser

TREFF · PUNKT-VERLAG

Die vorliegende Publikation erscheint mit finanzieller Unterstützung der Robert Bosch Stiftung in Stuttgart.

Die Deutsche Bibliothek – CIP-Einheitsaufnahme

Heller, Edith:
Macht Kirche Politik : Der Briefwechsel zwischen den polnischen und den deutschen Bischöfen im Jahre 1965 / Edith Heller. Hrsg. v. Gabriele Lesser. – Köln : Treff-Punkt.Verl., 1992
ISBN: 3-927321-04-4
NE: Lesser, Gabriele Hrsg.

Ost-West-Verlag, 5000 Köln 60, Postfach 600 967
Umschlag: Monika Schuffelen
Satz: Typostudio Friedrich GmbH, Köln
Druck und Herstellung: Typo Druck GmbH, Mainz

Meinen Eltern

INHALT

Vorwort

Die Anregung zu dieser Arbeit ging von einem Symposium aus, das die „Gemeinschaft zur Förderung von Studienaufenthalten polnischer Studenten in Deutschland e.V." (GFPS) aus Anlaß des 20. Jahrestages des Bischofsbriefwechsels in Freiburg abhielt. Ich danke allen, die mir ihre Zeit widmeten, um von den damaligen Ereignissen zu erzählen, die mir Materialien zur Verfügung stellten oder mich auf solche hinwiesen. Besonderen Dank schulde ich Dr. Johannes Schauff, der am Zustandekommen des Briefwechsels persönlich Anteil hatte und mich bis kurz vor seinem Tod bei der Veröffentlichung dieser Arbeit unterstützte.

Ich bedanke mich auch bei Professor Wilhelm Hennis aus Freiburg und Professor Helmut Wagner aus Berlin für ihre kritischen Anmerkungen. Ohne meine ebenso geduldige wie hartnäckig-strenge Lektorin und Herausgeberin Gabriele Lesser wäre dieses Buch nicht zustande gekommen.

In der vorliegenden Arbeit habe ich versucht, alle zugänglichen Quellen ausfindig zu machen und zu verwerten. Über weitere Hinweise, Ergänzungen und Korrekturen von seiten der Leser freue ich mich und nehme sie dankbar an.

Warschau, im Januar 1992 Edith Heller

I. Einführung

„Wir gewähren Vergebung und bitten um Vergebung“ – so lautet der zentrale Satz des Briefes, den im November 1965 die polnischen Bischöfe an ihre deutschen Amtsbrüder schickten. Was aber kann ein mehr als zweieinhalb Jahrzehnte alter Bischofsbrief offenbar religiös-moralischen Inhalts für die Beziehungen zwischen Deutschland und Polen heute bedeuten?

Fünfzig Jahre nach Beginn des Zweiten Weltkrieges sehen immer mehr Deutsche und Polen im jeweiligen Nachbarn ein Land wie jedes andere, das sich vom eigenen durch seine Kultur, Geschichte und wirtschaftliche Lage unterscheidet. Unbefangenheit und Normalität treten vor allem bei Begegnungen zwischen jungen Menschen zunehmend an die Stelle vergangenheitsschwerer 'Versöhnung'. Andererseits birgt jedoch die Unkenntnis der eng verflochtenen historischen und kulturellen Wurzeln beider Länder die Gefahr von Gleichgültigkeit, Überheblichkeit und Abschottung in sich. Besonders die Verengung der Perspektive auf ökonomische Probleme verstellt hier wie dort den Blick auf die komplizierte Vergangenheit und die gemeinsame europäische Zukunft.

Der berühmte Bischofsbrief, den der 1991 verstorbene polnische Literaturwissenschaftler Jan Józef Lipski die „weitblickendste Tat der polnischen Nachkriegsgeschichte“[1] genannt hatte, ist in mehrfacher Weise bezeichnend für die Vielschichtigkeit der deutsch-polnischen Beziehungen. Das ungewöhnliche Werk eines mutigen Schlesiers spiegelt auf wenigen Seiten lebhaft und farbig Probleme einer tausendjährigen Nachbarschaft wider, die das Verhältnis zwischen Deutschen und Polen auf politischer, kirchlicher, psychologischer und gesellschaftlicher Ebene bis heute entscheidend prägen.

Seit dem Mittelalter sind Polen und Deutsche durch wirtschaftlichen und kulturellen Austausch verbunden. Bauern, Handwerker, Händler und Künstler zogen über die noch nicht nationalstaatlich verstandenen Grenzen in beide Richtungen. Die Töchter der Adeligen wurden hinüber und herüber verheiratet, gemeinsame Heilige beschützten beide Völker. In der Politik wechselten Zeiten friedlichen Miteinanders mit Phasen kämpferischer Auseinandersetzung: Fürsten und Könige rivalisierten um die Macht, eingeladen vom Fürsten von Masowien stellte der Deutsche Orden Weichen für eine konfliktreiche Zukunft.

Nach den Teilungen Polens durch die angrenzenden Mächte Preußen, Rußland und Österreich Ende des 18. Jahrhunderts trugen die Russifizierungs- und Germanisierungspolitik der Besatzungsmächte zur Entwicklung des polnischen Nationalbewußtseins bei. Vom Adel ausgehend, der die drei nationalen Aufstände organisierte (1794 unter Kościuszko, Novemberaufstand 1830/31, Januaraufstand 1863), erfaßte es bis zum Ende des 19. Jahrhunderts nahezu alle Bevölkerungsschichten. Der seit 1886 im preußischen Teilungsgebiet gegen das Polentum betriebene Kulturkampf verstärkte die ablehnende Haltung gegenüber Preußen. Der kurzen Zeit der polnischen Unabhängigkeit nach dem ersten Weltkrieg, von 1918 bis 1939, wurde vom 'Dritten Reich' ein Ende gesetzt.

Die Nationalsozialisten und alle Deutschen, die ihnen Folge leisteten, trugen die Schuld an der Entstehung von Plänen, das polnische Volk zu unterwerfen und zu versklaven, seine gesamte Intelligenz und die Denkmäler seiner Kultur zu vernichten; sie waren schuld am Tode von fast sechs Millionen polnischer Staatsbürger, wovon 'nur' 644 000 durch Kriegshandlungen starben[2]. Nicht die alleinige, aber doch die ursächliche Schuld trugen sie ebenfalls an der geographischen Westverschiebung Polens sowie am Verlust der staatlichen Unabhängigkeit, die genau ein halbes Jahrhundert währte.

Eine Folge des Krieges war die Zugehörigkeit Westdeutschlands und Polens zu verschiedenen politischen Machtblöcken, Wirtschaftssystemen und Militärbündnissen. Für die Bundesrepublik Deutschland wurde der Ausgleich mit den westlichen Nachbarn zu einer politischen und wirtschaftlichen Notwendigkeit. Für Kontakte mit Polen bestand dieser Anreiz nicht. Der beginnende Kalte Krieg erlaubte es, die Beziehungslosigkeit zum östlichen, durch den 'Pufferstaat' DDR noch weiter weggerückten, Nachbarn zu pflegen. Der aufkommende Antikommunismus kam der Verdrängung der eigenen Schuld entgegen. Umgekehrt jedoch blieb die Erinnerung an das erlittene Unrecht wach – an die Vertreibung von mehreren Millionen Deutscher aus den ehemals ostdeutschen, heute polnischen Gebieten.

Auch die Lage Polens nach Kriegsende war dem Anknüpfen freundschaftlicher Beziehungen mit der Bundesrepublik keineswegs förderlich. Durch die Westverschiebung Polens war es Stalin gelungen, in den aufgerissenen Abgrund von Feindschaft und Mißtrauen zwischen Deutschland und Polen einen Keil zu treiben. Die Sorge um die neue Westgrenze band Polen noch fester an die Sowjetunion, als es durch die Einordnung in Moskaus Machtbereich ohnehin schon geschehen war. Die Angst, daß ein plötzlich wiedererstarkendes Deutschland die verlorenen Gebiete zurückholen könnte, begann erst nach Abschluß des Grenzvertrages im Jahre 1991 langsam abzuklingen. Dennoch oder gerade wegen dieser Umstände hatte Polen ein tiefgreifendes politisches und auch wirtschaftliches Interesse an Beziehungen mit der Bundesrepublik Deutschland. Wenn es sich nicht selbst von der westeuropäischen Kultur abschneiden und seine nationale Eigenständigkeit schwächen wollte, konnte es auf solche Kontakte langfristig nicht verzichten.

In den 60er Jahren begann sich das politische Koordinatensystem der Bundesrepublik zu ändern. In der Zeit des beginnenden Tauwetters drohten die starren ostpolitischen Positionen der Bundesrepublik zum Störfaktor im westlichen Bündnis zu werden. Auch die auf Export eingestellten Unternehmer hofften, im Osten neue Märkte zu erschließen. So war 20 Jahre nach Kriegsende auf beiden Seiten ein wirtschaftliches und ein je verschieden motiviertes politisches Interesse an gegenseitigen Beziehungen vorhanden. Nachdem die außenpolitischen Hindernisse an Gewicht verloren hatten, standen einer Annäherung in erster Linie historisch bedingte, psychologische und ideologische Gründe entgegen. Wie hartnäckig, hoch, ja schier unüberwindlich den Beteiligten gerade diese Art von Hindernissen schien, soll hier gezeigt werden.

Der Briefwechsel aus dem Jahre 1965 löste sowohl in Polen als auch in der Bundesrepublik politische Reaktionen aus, mit deren Intensität keiner der Verfasser gerechnet hatte. Während in Polen die katholische Kirche über ein Jahr lang heftiger Kritik ausgesetzt war, setzte in Deutschland ein Umdenken über die künftige Ostpolitk ein, das fünf Jahre später zum Warschauer Vertrag führen sollte. Das Tabuthema 'Verzicht auf die deutschen Ostgebiete' geriet in die Schlagzeilen der Zeitungen und Magazine. Wieviel politische Sprengkraft es immer noch enthielt, wurde durch den Sturm der Entrüstung deutlich, der jedesmal losbrach, wenn führende Persönlichkeiten des öffentlichen Lebens es wagten, für die Anerkennung der Oder-Neiße-Grenze einzutreten. Erst im deutsch-polnischen Grenzvertrag vom 14. November 1990, fast genau 25 Jahre nach dem Briefwechsel, wurde diese Frage rechtlich endgültig gelöst.

Das Ereignis von 1965 soll hier nicht als isolierter Vorgang aus der deutschen und polnischen Geschichte herausgegriffen und interpretiert werden. Es geht vielmehr darum, Entstehung, Inhalt und Auswirkung des bischöflichen Briefwechsels in seinem historischen Kontext zu verstehen und dabei insbesondere die kirchen-, innen- wie außenpolitischen Hintergründe in ihrer vielfältigen Verwobenheit aufzuzeigen.

Von besonderem Interesse ist das Zustandekommen des polnischen Briefes. Woher kam die Idee zu diesem außerordentlichen Dokument? Wer war der eigentliche Autor? Wodurch wurde der Kurswechsel im polnischen Episkopat ausgelöst, dessen Vertreter noch wenige Wochen vorher eine andere, in der Bundesrepublik als nationalistisch und antideutsch verstandene, Richtung verfolgt hatten? Hatten die Bischöfe die politische Sprengkraft ihrer Äußerungen, die der offiziellen polnischen Geschichtsdarstellung widersprachen, unterschätzt? Oder wollten sie gar einen neuen Konflikt zwischen Kirche und Staat provozieren? Und schließlich: Hätten sie nicht voraussehen können, daß der deutsche Episkopat ihren Wünschen nicht entgegenkommen würde und daß eine Antwort, wie sie schließlich erfolgte, die polnischen Bischöfe in den Augen des eigenen Volkes kompromittieren könnte?

Zur Beantwortung dieser Fragen wurden hier neben den wenigen Publikationen, die sich direkt auf den Briefwechsel beziehen[3], vor allem Zeitungsartikel und Aufzeichnungen von Gesprächen mit direkt oder indirekt beteiligten Zeitzeugen herangezogen. Obwohl es zahlreiche Publikationen zur sogenannten deutsch-polnischen Normalisierung sowie populäre Einführungen ins 'Thema Polen' gibt, fehlen tiefergreifende Untersuchungen zur Rezeption westdeutscher Politik in Polen.[4] Ebenso vermißt man den Versuch einer Synthese der polnischen Deutschlandpolitik nach 1945, der internationale, innenpolitische, kirchliche und gesellschaftliche Positionen einbezöge.[5] Diese Lücken wird meine Arbeit natürlich nicht schließen können. Jedoch habe ich mich bemüht, den Bischofsbriefen sowohl ihre 'himmlische' als auch ihre 'irdische' Dimension zu belassen.

Der Vorrang der polnischen Perspektive ist dabei bewußt und gewollt. Die deutsche Polenpolitik und die Einstellung der deutschen katholischen Kirche zu dieser Frage kommen dabei nur insoweit zur Sprache, als sie zum Verständnis der polnischen Sicht notwendig sind. Das Ziel dieser Arbeit besteht nicht nur in der Erhellung bislang wenig bekannter historischer Zusammenhänge. Sie wendet sich in erster Linie an den deutschen Leser und möchte ihm ermöglichen, das ihm Fremde kennenzulernen und zu verstehen. Sie ist somit absichtlich und zwangsläufig 'einseitig', indem sie versucht, zum Verständnis der anderen Seite zu führen.

II. Die polnische Deutschlandpolitik 1945–1965

A. Die Bedeutung der deutschen Frage

„Die Frage nach der Zukunft Deutschlands ist für uns von lebenswichtiger Bedeutung, viel wichtiger als für irgend ein anderes Volk in der Welt“ - erklärte im November 1946 der Vorsitzende der Polnischen Arbeiterpartei Władysław Gomułka. Dies sei, so Gomułka weiter, „eine Frage der Existenz der polnischen Nation überhaupt, eine Frage der Absicherung vor der physischen Vernichtung“.[6] Die Drastik dieser Aussage läßt sich zum einen auf ihren Zeitpunkt - ein Jahr nach dem Ende des Zweiten Weltkrieges - zurückführen; zum anderen auch auf die propagandistische Übertreibung, die in den meisten offiziellen Äußerungen des kommunistischen Polen über Deutschland anklang. In jedem Falle waren diese Worte kennzeichnend für das polnische außenpolitische Denken nach 1945. Die Frage nach der richtigen Lösung der deutschen Frage gehörte, wie der Breslauer Politikprofessor und Parteifunktionär Marian Orzechowski im Jahre 1979 schrieb, „zum fundamentalen Kanon des politischen Denkens in Polen“[7].

Die polnische Überzeugung von der Wichtigkeit Deutschlands gründete sich auf die historische Erfahrung, insbesondere die des Zweiten Weltkrieges. Hinzu kam die geographische Lage Polens zwischen zwei mächtigen Nachbarn und das nach dem Krieg in Europa entstandene Machtverhältnis, das die Bundesrepublik zum politisch nächsten westlichen Nachbarn werden ließ. Im Jahre 1981 schrieb Jan Józef Lipski: „Als eine Nation, die sich dem westlichen Mittelmeerkulturkreis zugehörig fühlt, träumen wir von einer Rückkehr in unser größeres Vaterland Europa. Daher die Notwendigkeit einer Aussöhnung mit den Deutschen, die schon in diesem Europa sind und bleiben werden“.[8]

Den drei Aussagen ist nicht nur der hohe Stellenwert gemeinsam, den sie der Deutschen Frage einräumen, sie lassen auch die Hauptgründe erkennen, die zu dieser Einschätzung führten. Die Deutsche Frage war für Polen zunächst eine Frage der Sicherheit. Die politische, wirtschaftliche und militärische Macht insbesondere eines wiedervereinigten Deutschlands wurde als potentielle Gefahr für Polen empfunden. Sodann war Deutschland für Polen jedoch das Tor zum Westen, sowohl in politischer als auch in wirtschaftlicher und kultureller Hinsicht. Nach der demokratischen Wende 1989 sprachen dies einige polnische Politiker offen aus, so erklärte beispielsweise Ministerpräsident Jan Krzysztof Bielecki, daß „Polens Weg nach Europa durch Deutschland" führe.[9]

Das 1945 neu entstandene Polen war jedoch zunächst an einer Beschränkung der politischen und militärischen Macht der Bundesrepublik interessiert. Die Sicherung der neuen polnischen Westgrenzen stand dabei im Vordergrund. Weniger deutlich erkennbar, jedoch ebenfalls von Anfang an vorhanden, war das Interesse Polens an einer Normalisierung der diplomatischen Beziehungen. Mit der steigenden wirtschaftlichen Bedeutung der Bundesrepublik wuchs für Polen ein weiterer Grund zu gutnachbarlichen Beziehungen heran.

Da jedoch die 'deutsche Gefahr' eine der wenigen Gemeinsamkeiten darstellte, die das polnische Volk über Jahrzehnte hinweg mit seiner Regierung verband, war das Interesse der polnischen Regierung an einer Verbesserung des Verhältnisses zur Bundesrepublik stets zwiespältig gewesen. Laut warnte man in den Medien vor dem deutschen Revisionismus, etwas leiser bemühte man sich gleichzeitig um die Verbesserung der gegenseitigen Beziehungen. Erst nach der demokratischen Wende im Jahre 1989 machte sich ein deutlicher Umschwung im Verhältnis zu Deutschland sowohl in der öffentlichen, als auch in der veröffentlichten Meinung bemerkbar.

B. Die Integration der Nord- und Westgebiete

1. Die Ausgangslage: Warschau war völlig zerstört

Drei Monate nach Kriegsende, am 16. August 1945, unterzeichnete das Lubliner Komitee den von Stalin vorbereiteten sowjetischen Grenzvertrag: Polen gab ein Gebiet von rund 180.000 qkm auf. Rund zwölf Millionen Menschen hatten dort in der Vorkriegszeit gelebt, darunter etwa drei Millionen Polen. Die 'summarische Volkszählung' vom 14. Februar 1946 ergab für die bei Polen verbliebenen Gebiete (209.000 qkm) die Zahl von 18,85 Millionen und für die neu hinzugewonnenen ehemals deutschen Ostgebiete (103.000

qkm) eine Zahl von 5,09 Millionen Einwohnern. In den Grenzen Vorkriegspolens hatten knapp 35 Millionen Menschen gelebt. Etwa die Hälfte der polnischen Verluste von fast sechs Millionen Menschen waren auf die Ermordung der Juden zurückzuführen.[10] Von der Gesamtheit der Opfer sind 644.000 durch unmittelbare Kriegshandlungen ums Leben gekommen, die anderen starben in Vernichtungslagern, in Gefängnissen, durch Hinrichtungen, durch die Liquidierung der Ghettos, durch Hunger, Erschöpfung und Epidemien.[11]

Die Intelligenz des Landes war erheblich geschwächt: Fast 17.000 Lehrer und Hochschullehrer wurden ermordet, ebenso 10.500 Ärzte und Mitarbeiter des Gesundheitswesens, 5.610 Richter, Staats- und Rechtsanwälte und 2.657 katholische Priester.[12] Die Hauptstadt Warschau zählte am Tag ihrer Befreiung nach Angaben des polnischen Historikers Tomala 800 (!) Einwohner. Polen hatte durch den Krieg 38 Prozent seines Volksvermögenes verloren (Großbritannien 0,8%, Frankreich 1,5%). Die Industrie war in Schlesien zu zwei Drittel zerstört, im übrigen Land zu 65 Prozent. Polen hatte im Zweiten Weltkrieg die prozentual höchsten Verluste an Menschenleben und Nationalvermögen erlitten. Nachdem die Allierten noch während des Krieges auf den Konferenzen von Teheran und Jalta - gegen den Willen der völkerrechtlich anerkannten Exilregierung in London - sowohl die Westverschiebung Polens als auch seine Einordnung in den sowjetischen Machtbereich beschlossen hatten, gab es für Nachkriegspolen keine andere Wahl, als sein staatliches Dasein in den so gezogenen Grenzen neu aufzubauen.

2. Flucht und Vertreibung: Zwölf Millionen Menschen ohne Heimat

Nach der Abtretung Ostpolens an die UdSSR wurde die Sicherung der polnischen Westgrenze und die rasche Integration der früheren deutschen Ostgebiete zu einem vorrangigen Ziel der polnischen Politik. Diesem Ziel diente die Zwangsaussiedlung der nicht zuvor evakuierten oder geflohenen deutschen Bevölkerung, die in einigen Gebieten schon vor der Potsdamer Konferenz einsetzte und 1945/46 ihren Höhepunkt erreichte. Die zahlenmäßige Aufschlüsselung dieser 'Bevölkerungsverschiebung' ist nicht einfach, und sie kann dem menschlichen Leid, von dem diese Zahlen sprechen, ebenso wenig gerecht werden wie zuvor die statistische Erfassung der polnischen

'Menschenverluste'. Jedoch ist eine solche Aufschlüsselung notwendig, da pauschale Angaben wie „mehr als acht Millionen Flüchtlinge und Vertriebene“ bei formaler Richtigkeit dennoch ein einseitiges Bild ergeben.

In den ehemals ostdeutschen Gebieten lebten vor Kriegsausbruch mehr als 9,5 Millionen Menschen, in den an Polen gefallenen Gebieten mehr als 8,5 Millionen.[13] Davon waren mindestens 450.000 polnisch- oder zweisprachig. Die Kriegsverluste an Soldaten sowie durch den Volkssturm werden unterschiedlich auf 600- bis 900.000 Menschen geschätzt. Etwa fünf Millionen Menschen wurden gegen Kriegsende - oft in allerletzer Minute und unter chaotischen Umständen - evakuiert oder flüchteten vor der heranrückenden Roten Armee. In deutschen Darstellungen wird allerdings selten berücksichtigt, daß der späte Zeitpunkt und die mangelnde Organisation der Flucht, welche die Zahl der Opfer erheblich erhöhten, noch von deutschen Stellen zu verantworten waren.

Nach dem Krieg verblieben etwa 4,5 Millionen Menschen (darunter mehrere Tausend, die nach der Flucht bereits wieder in die Heimat zurückgekehrt waren) hinter der Oder-Neiße-Linie. Von ihnen wurden im Juni/Juli 1945 rund 200.000 vertrieben, nach dem Potsdamer Abkommen noch einmal über drei Millionen. Die Zurückbleibenden wurden von den polnischen Behörden befragt und klassifiziert. Etwa 100.000 Deutsche wurden als solche registriert und nicht vertrieben; 1.017.086 Menschen ließen sich als Polen oder sogenannte Autochthone ('Einheimische') registrieren und durften ebenfalls dableiben.

Addiert man diese Zahlen zu den in der Bundesrepublik, der DDR und Westberlin registrierten Flüchtlingen und Vertriebenen sowie den späteren Umsiedlern, so kann man annehmen, daß 1950 noch knapp acht Millionen Menschen, die in den ehemals ostdeutschen Provinzen und in Danzig wohnten, am Leben waren; etwa 1,6 Millionen Menschen aus diesen Gebieten - darunter auch die Soldaten und Mitglieder des Volkssturms - hatten ihr Leben verloren.[14] Die hohen Verluste unter der ostdeutschen Zivilbevölkerung durch Erschöpfung, Kälte, Hunger und Seuchen sowie durch die mancherorts furchtbare Rache der Sieger ließen Flucht und Vertreibung für die Überlebenden oft zu einem traumatischen Erlebnis werden.[15] Insgesamt waren die Verluste unter der ostdeutschen Bevölkerung in den ehemaligen Reichsgebieten und Danzig etwa ebenso hoch wie die der polnischen Gesamtbevölkerung.

Die Kontroverse über die zahlenmäßige Stärke der deutschen Minderheit in Polen hat ihren Ursprung in der Klassifizierung von 1.017.086 Bewohnern der an Polen gefallenen Gebiete als Polen oder Autochthone durch 'Verifizierung' seitens der polnischen Behörden. Die dabei angewandten Kriterien waren u.a. polnische Abstammung, indiziert durch den Familiennamen, Blutsverwandtschaft mit polnischen Familien, Kenntnis der polnischen Sprache, 'Erziehung der Kinder im polnischen Geist'. Die polnische Regierung verfolgte dabei zwei Ziele: Einerseits wollte sie eine möglichst geringe deutsche Minderheit im Land behalten, andererseits hoffte sie, möglichst viele oberflächlich germanisierte Familien zu repolonisieren, um so den 'urpolnischen Charakter' der fraglichen Gebiete zu unterstreichen. Die Befragten konnten jedoch gleich nach dem Krieg kein allzu großes Interesse daran haben, sich als Deutsche zu erklären, da dies in vielen Fällen zur Vertreibung geführt hätte. Ebensowenig wie man diese Menschen im Nachhinein für durchweg polnisch erklären kann, kann man sie jedoch als durchweg deutsch bezeichnen und sich dabei etwa auf die 1939 unter der Naziherrschaft vorgenommene Volkszählung berufen. Damals hatten sich nur 10.173 Personen zur polnischen Nationalität bekannt. Sechs Jahre zuvor jedoch hatten noch 480.000 Personen bei einer Befragung angegeben, daß sie polnisch sprächen oder zweisprachig aufgewachsen seien.

Die Frage nach der 'wirklichen' Nationalität der Schlesier war jedoch nur sehr schwer zu beantworten. Wie ein polnischer Autor feststellt, war „das Polentum als ideologische Haltung“ unter den Schlesiern nur wenig verbreitet. Mehrheitlich habe man es mit einem „Polentum innerhalb der Sitten und Gebräuche“ [polskość obyczajowa] zu tun gehabt. Das Gefühl der kulturellen Eigenständigkeit gegenüber den Deutschen, ja sogar das Bewußtsein eines ethnischen Polentums habe nicht zu einer Einordnung in die polnische nationale Gemeinschaft geführt.[16] Für viele Katholiken verband sich die polnische Sprache insbesondere mit dem Festhalten an religiösen Gebräuchen.

„Das Unverständnis dieses komplizierten Nationalitätenproblems war die Ursache vieler Konflikte und sogar von Unrecht, das der einheimischen Bevölkerung von seiten der Beamten und Neuankömmlingen aus Zentralpolen zugefügt wurde", berichtete der polnische Priester Aloizy Sitek. „Dies umso mehr, als in den Verifizierungskommissionen nicht immer verantwortliche und selbstlose, uneigennützige Leute saßen, die mit der Kompliziertheit des Nationalitätenproblems in Schlesien vertraut waren."[17] Viele Schlesier lebten über ein Jahr lang in Unsicherheit, ob sie als Autochthone verifiziert würden und bleiben konnten, oder ob man sie doch noch vertreiben würde. Aus einem Leserartikel der katholischen Zeitung 'Tygodnik Powszechny' konnte man erfahren, daß die Autochthonen in Köslin in Pommern kaum und ihre Kinder überhaupt kein Polnisch konnten.[18] Auch diejenigen, die bleiben durften, wurden von den Neuankömmlingen, von der Polizei und oft auch von den Behörden diskriminiert und schikaniert. Es war nicht schwer, auch einem polnischsprechenden Schlesier zu 'beweisen', daß er eigentlich doch Deutscher war: Er war deutscher Staatsbürger gewesen, hatte oftmals in der Wehrmacht gedient, sprach einen 'merkwürdigen' Dialekt und hatte eine andere Lebensart als die neuhinzukommenden Polen. Der polnisch-amerikanische Historiker Kulski schrieb zu diesem Problem: „Die bittere Erfahrung, diskriminiert zu werden, obwohl man während der Verifizierung die polnische Nationalität anerkannt hatte, hinterließ ihre Spuren. Ein weiterer Faktor war die Abneigung gegen das von Polen eingeführte sozialistische System. All das spielte eine Rolle bei dem späteren Wunsch vieler Autochthoner, nach Deutschland übersiedelt zu werden".[19]

Jedoch bilden Flucht, Vertreibung und Umsiedlung der Deutschen nicht die einzige Bevölkerungsverschiebung in Polen nach dem Krieg. Nach dem Abkommen mit der Sowjetunion vom 6. Juli 1945 siedelten von drei Millionen Polen aus den im Osten abgetretenen Gebieten 1,24 Millionen in polnisches Gebiet um. Zusammen mit den Flüchtlingen befanden sich 1950 etwa 2,18 Millionen Ostpolen auf polnischem Hoheitsgebiet.[20] Die meisten von ihnen siedelten sich in den ehemals deutschen Gebieten an; dazu kamen viele Neusiedler aus den zerstörten zentralpolnischen Städten. Wenn man noch etwa 750.000 deportierte Ukrainer, eine halbe Million polnischer Rückkehrer aus Deutschland, die das Land durchziehenden ehemaligen Kriegsgefangenen, Lagerinsassen und Zwangsarbeiter verschiedener Nationen berücksichtigt, so kann man sich vorstellen, daß das zerstörte Polen einem Transitland für Völkerwanderungen in alle Richtungen glich. Die von den Deutschen zurückgelassenen

Häuser und Güter zogen Plünderer an, die Verantwortlichen des neuen polnischen Staates hatten mit chaotischen Zuständen fertigzuwerden. Insgesamt - so der Historiker Norman Davies - habe der Bevölkerungs'transfer' von und nach Polen in den Jahren 1945 bis 1956 rund 12 Millionen Menschen betroffen.[21]

In den ehemals ostdeutschen Gebieten wurden am 12. Februar 1946 1,85 Millionen Neusiedler gezählt, am 31. Dezember 1947 weitere 2,346 Millionen. Am 3. Dezember 1950 wohnte bereits jeder vierte Staatsbürger Polens in den neugewonnenen Gebieten. Im Jahre 1970 war die Hälfte der dort ansässigen polnischen Bevölkerung in diesen Gebieten geboren.

3. Das neue Geschichtsbild: Rückkehr zum Mutterland

Wiederaufbau und Neubesiedlung der gewonnenen Gebiete gingen einher mit einer Propagandakampagne, die den urpolnischen Charakter dieser Gebiete betonte und den Menschen das Gefühl der rechtmäßigen Inbesitznahme des fremden Eigentums sowie das Gefühl der Sicherheit ihres neuen Wohnsitzes vermitteln sollte. Gerade in exponierten Städten wie beispielsweise in Stettin ging die Besiedlung anfangs nur zögernd vonstatten, weil die Menschen daran zweifelten, daß diese tatsächlich bei Polen bleiben würden.

Noch in der ersten Hälfte der 80er Jahre war im offiziellen polnischen Sprachgebrauch von der 'Rückkehr der Westgebiete zum Mutterland' die Rede. Dieses Geschichtsbild stützte sich vor allem auf den polnischen Piastenstaat im frühen Mittelalter, der - ausgehend von den Gebieten an der mittleren Warthe um Posen und Gnesen - unter Bolesław dem Tapferen seine weiteste westliche Ausdehnung erreicht hatte. So gehörten von 992 bis 1025 die Lausitz, Teile von Mähren und der Slowakei sowie Schlesien und Pommern zum polnischen Fürstenstaat.

Die weitere Entwicklung vom Mittelalter bis zur Gegenwart wurde dann mit dem Schlagwort vom 'Deutschen Drang nach Osten' zusammengefaßt, ein im 19. Jahrhundert geprägter und in der polnischen Literatur häufig in deutscher Sprache anzutreffender Terminus. Der bereits erwähnte polnische Literaturwissenschaftler Lipski schrieb 1981 über den so erreichten Bewußtseinsstand: „Fast jeder

Pole (sogar der gebildete!) glaubt heute, daß wir nach dem Zweiten Weltkrieg in Gebiete zurückgekehrt seien, die uns von den Deutschen geraubt worden sind."[22] Andererseits erlaubte gerade diese Darstellungsweise den Wiederaufbau der ehemals deutschen Städte. Viele deutsche Kulturdenkmäler, wie die Marienburg an der Ostsee, verdanken ihre Rettung vor der sowjetischen Zerstörung polnischem Schutz.

Die erste Phase der polnischen Deutschlandpolitik nach dem Krieg konzentrierte sich dementsprechend auf die Sicherung und Integration der neugewonnenen Gebiete. Sie konnte zu Beginn der 50er Jahre als abgeschlossen betrachtet werden. Am 21. Januar 1949 wurde das 'Ministerium für die wiedergewonnenen Gebiete' aufgelöst. Eineinhalb Jahre später erkannte die DDR die Oder-Neiße-Linie als Westgrenze Polens an. Militärisch war die neue Grenze durch die internationale Mächtekonstellation von Anfang an gesichert. Formell kam das im Abschluß des Warschauer 'Paktes für Freundschaft, Zusammenarbeit und wirtschaftliche Hilfe' im Mai 1955 zum Ausdruck.

C. Das Bemühen um Anerkennung

1. Die SED lenkt ein: Der Görlitzer Vertrag

Nach Auffassung der Sowjetunion und des kommunistischen Polen gab es zwei Nachfolgerstaaten des Deutschen Reiches: die Bundesrepublik und die DDR. Die Oder-Neiße-Grenze trennte Polen von der DDR. Eine Verständigung mit ihr war für Polen keineswegs unwichtig, obwohl diese als Verbündete der UdSSR letztlich keine andere Wahl hatte, als die 'Friedensgrenze' anzuerkennen. „Niemals werden wir es dulden, daß die Oder-Neiße-Grenze von den imperialistischen Interessenten an einem neuen Krieg zur Aufhetzung des deutschen Volkes gegen unseren polnischen Nachbarstaat mißbraucht werden kann. Die Oder-Neiße-Grenze soll die Grenze des Friedens sein und niemals die freundschaftlichen Beziehungen zu dem polnischen Staat stören", erklärte der erste Präsident der Deutschen Demokratischen Republik Wilhelm Pieck in seiner Ansprache vom 11. Oktober 1949.[23]

Am 6. Juli 1950 wurde die Oder-Neiße-Grenze im Vertrag von Görlitz von der DDR anerkannt. Leichtgefallen war es den Funktionären der Sozialistischen Einheitspartei Deutschlands sicherlich nicht, einen solchen Standpunkt zu vertreten. Noch in den Jahren 1946 und 1947 waren die Kommunisten in der sowjetischen Besatzungszone mit allen anderen deutschen Parteien einig gewesen, daß diese Grenze keine endgültige sei. Das 'Neue Deutschland' hatte am 14. September 1946 festgestellt, daß die SED gegen jede Verkleinerung des deutschen Territoriums sei. Die Ostgrenze sei provisorisch und könne erst auf einer Friedenskonferenz in Zusammenarbeit mit allen großen Siegermächten festgelegt werden. Wilhelm Pieck und Otto Grotewohl hatten sich noch im März 1947 öffentlich gegen die Oder-Neiße-Grenze ausgesprochen. Mit Recht schrieb jedoch der evangelische Polen-Kenner Ludwig Raiser: „Daß Polen (...) der 1950 mit Ulbricht geschlossene Vertrag weder rechtlich noch politisch genügt, liegt ja klar zutage.“[24]

2. Die westdeutsche Gefahr

„Einige Monate später, am 14. September 1950, wurde diese Grenze vom Bundestag als ein Verbrechen gegen die Menschheit bezeichnet. (...) Wenn sich auch die Bundesregierung in den Pariser Verträgen vom 13. Oktober 1954 verpflichtete, bei der Erlangung der Einheit Deutschlands oder der Änderung der aktuellen Grenzen auf Gewalt zu verzichten, so bedeutete das für uns Polen gar nichts: die Bedrohung bestand weiterhin“, erläuterte Tomala. So konzentrierten sich die Bemühungen der polnischen Regierung zunächst darauf, „in möglichst vielen internationalen Schritten und Dokumenten die Anerkennung der Oder-Neiße-Grenze durchzubringen“.[25]

Von seiten der polnischen Regierung ergingen Warnungen an die Regierungen verschiedener westeuropäischer Staaten: „Es wurde auf das Anwachsen gewisser Tendenzen in der Bundesrepublik aufmerksam gemacht und“ - so Tomala - „festgestellt, daß diese Tendenzen für die europäische Sicherheit gefährlich seien und auch neue Hindernisse auf dem Weg zu einer friedlichen Zusammenarbeit zwischen dem polnischen und dem deutschen Volk schaffen“. Als besondere Gefahr wurde die Remilitarisierung Westdeutschlands betrachtet: „Polen war damals von den sozialistischen Staaten in Europa am meisten bemüht, diese Gefahr den anderen klarzumachen.“

Jedoch beschränkte sich die polnische Regierung nicht darauf, Drittstaaten vor der immer einflußreicher werdenden Bundesrepublik zu warnen. Sie ging vielmehr davon aus, daß direkte Beziehungen zu diesem Staat mehr Einflußmöglichkeiten mit sich bringen würden.

3. Die Beziehungen bleiben undiplomatisch

Eine erste Chance für die Aufnahme diplomatischer Beziehungen zwischen der Volksrepublik Polen und der Bundesrepublik Deutschland ergab sich bereits während der Regierungszeit Bieruts, der unter dem Stalinismus an die Macht gekommenen war. Kurz nachdem die Sowjetunion die Bereitschaft zur Normalisierung ihrer Beziehungen mit der Bundesrepublik ausgesprochen hatte (am 15. Januar 1955), erklärte die polnische Regierung am 18. Februar 1955 einseitig die Beendigung des Kriegszustandes mit Deutschland und gab bekannt, „daß die Volksrepublik Polen bestrebt ist, friedliche und gutnachbarliche Beziehungen mit dem ganzen deutschen Volk auf der Grundlage der Friedensgrenze an Oder und Lausitzer Neiße herzustellen."[26] Der damalige polnische Ministerpräsident Józef Cyrankiewicz bestätigte die polnische Bereitschaft am 16. Februar, der Erste Sekretär Bolesław Bierut vier Monate später, am 6. Juli 1955.

Umstritten ist heute, ob das damalige polnische Angebot ohne Vorbedingungen, also insbesondere ohne die Voraussetzung der offiziellen Anerkennung der Oder-Neiße-Grenze, gegolten hatte. Trotz der Betonung der 'Friedensgrenze' als Grundlage der Beziehungen in offiziellen Reden spricht vieles dafür, daß Polen die offizielle Anerkennung der Grenze zu diesem Zeitpunkt noch nicht zur Bedingung für die Aufnahme diplomatischer Beziehungen gemacht hatte. Auch der polnische Deutschlandexperte Jerzy Sułek vertrat diesen Standpunkt: „Indem Polen die Normalisierung der Beziehungen zur Bundesrepublik vorschlug, verband es dieses Problem mit keinerlei politischen Bedingungen."[27]

Diese These wird wahrscheinlich, wenn man die führende Rolle der UdSSR – noch vor dem Polnischen Oktober 1956 – in Betracht zieht. Auch sie hatte ja mit der Regierung Adenauer ohne Vorbedingungen diplomatische Beziehungen aufgenommen. Nach seiner Rehabilitierung wiederholte Gomułka, nunmehr Erster Sekretär der Polnischen Vereinigten Arbeiterpartei (PVAP), den Vorschlag zur Aufnahme diplomatischer Beziehungen zwischen Bonn und Warschau. Da Polen nach dem Tauwetter 1956 seinen außenpolitischen Spielraum etwas vergrößern konnte, kann man annehmen, daß es sich bei dem Vorschlag Gomułkas auch um polnisches Eigeninteresse und nicht nur um ein Nachziehen auf der sowjetischen Linie handelte.

Auch im Zusammenhang mit dem Rapacki-Plan im Jahre 1957 wird die These vom Verzicht auf die formale Grenzanerkennung von verschiedenen Autoren[28] unterstützt: „Zwei Jahre lang, vom Herbst 1956 bis mindestens Herbst 1958, war Polen bereit, diplomatische Beziehungen zu Bonn ohne jede Bedingungen aufzunehmen und – nach sowjetischem Beispiel – selbst eine Vorbehaltserklärung Bonns in der Grenzfrage hinzunehmen. Das wurde damals auf entsprechende Fragen bei jeder Gelegenheit von polnischen Politikern versichert“, erinnerte sich der damalige Polen-Korrespondent Stehle[29]. Einen anderen Standpunkt vertrat Georg W. Strobel, dessen Argumentation jedoch einzig darauf hinauslief, daß polnische Politiker entsprechende Äußerungen nicht offiziell und schriftlich niederlegten – ein Postulat, das die Realitäten der Diplomatie völlig außer Acht läßt.[30]

4. Gegen die Teilung Europas: Der Rapacki-Plan

Es gab eine außenpolitische Initiative, der zuliebe die Volksrepublik Polen gegenüber den Deutschen weitreichende Zugeständnisse gemacht hätte: den Rapacki-Plan. Er sah eine atomwaffenfreie Zone vor, die die Bundesrepublik Deutschland, die DDR, Polen, die Tschechoslowakei und zunächst auch die Niederlande und Ungarn umfassen sollte. Die sowjetische Reaktion auf die polnische Idee war zunächst ziemlich kühl. Erst nach monatelangen Bemühungen gelang es Polen, das sowjetische Einverständnis zu seiner Initiative zu erlangen. Am 2. Oktober 1957 stellte der polnische Außenminister Adam Rapacki seinen Plan der Vollversammlung der Vereinten Nationen in New York vor. Unmittelbare Ursache der diplomatischen Offensive war die damals erwogene atomare Bewaffnung der Bundeswehr.

Da die Bundesregierung zwei Wochen nach Verkündung des Planes die diplomatischen Beziehungen zu Jugoslawien wegen dessen Anerkennung der DDR abbrach, beschäftigten sich die Berater Rapackis fortan zwölf Monate damit, „wie man der Bundesrepublik den Gedanken einer militärisch verdünnten Zone schmackhaft machen und den Weg zu einer vertraglichen Abmachung ebnen könnte, ohne sie in Konflikt mit der Hallstein-Doktrin zu bringen".[31] Aufgrund der Hallstein-Doktrin wurde die Anerkennung der DDR als unfreundlicher Akt gegenüber der Bundesrepublik gewertet und mit dem Abruch der diplomatischen Beziehungen geahndet, wobei die UdSSR jedoch eine Ausnahme bildete.

Rapacki und seine Berater gingen davon aus, daß eine Wiedervereinigung Deutschlands zwar gefährlich, aber langfristig unvermeidbar war und sich - wenn schon - nur in Folge einer teilweisen Abrüstung vollziehen sollte. Am 13. Dezember 1957 bot Rapacki direkte Verhandlungen mit Bonn an. Wohlwissend, daß Bonn nicht mit Ost-Berlin verhandeln wollte, nannte er Grotewohls Vorschlag direkter deutsch-deutscher Verhandlungen nur die direkteste unter „anderen möglichen Methoden". Bundesaußenminister von Brentano unterstellte jedoch in seiner Regierungserklärung vom 23. Januar 1958, die Polen wollten durch ihren Plan gerade die Anerkennung Ost-Berlins durch Bonn erreichen. Außerdem bezweifelte er, daß es sich bei dem Rapacki-Plan wirklich um eine polnische Initiative handelte.

Daraufhin fuhr Rapacki mit seinen Begleitern - ohne von der UdSSR eingeladen worden zu sein - nach Moskau und verhandelte vom 28. Januar bis zum 1. Februar 1958 im sowjetischen Außenministerium über Konkretisierungs-Möglichkeiten seines Planes, die möglichst viele westliche, vor allem westdeutsche Einwände auffangen sollten. Dazu gehörten die Bereitschaft zu Vorabverhandlungen über Kontrollmethoden in einer atomwaffenfreien Zone, die Einbeziehung der konventionellen Bewaffnung und das Zugeständnis eines Vertragsmodus, der es der Bundesrepublik ermöglichen könnte, einem Abkommen beizutreten, ohne mit Ost-Berlin verhandeln oder direkte vertragliche Abmachungen treffen zu müssen. „Es war zwar nicht auszuschließen, daß sich die sowjetischen Politiker nur des polnischen Prestiges im Westen bedienen wollten, um die westliche Haltung überhaupt aufzuweichen", meinte Stehle. Rapacki habe jedoch auf einem „seriösen Vorgehen" bestanden.

Während alle anderen westlichen Adressaten ausführlich und zumeist in sehr freundlichem Ton antworteten - ohne sich den Plan jedoch in der Sache zueigen zu machen -, ließ sich der deutsche Außenminister von Brentano angeblich nur mit Mühe von seinem Staatssekretär überreden, den Empfang des Memorandums in zwei Sätzen zu bestätigen. Am 8. November 1958 bescheinigte das Bonner Regierungsbulletin zum ersten Mal „beträchtliche Beharrlichkeit und Flexibilität" und riet, den Plan „mit der gebotenen Sorgfalt" zu prüfen. Jedoch war es zu diesem Zeitpunkt für Überlegungen schon zu spät: „Kaum eine Woche nach Rapackis Pressekonferenz bereitete (...) Chruschtschow in seiner Moskauer Sportpalast-Rede (mit der er die Berlin-Krise entfachte und den Hebel für eine globale Deutschlandlösung seines Geschmacks ansetzte) dem polnischen Plan ein 'Staatsbegräbnis erster Klasse', wie polnische Diplomaten damals resigniert sagten (...). Im folgenden Jahr 1959 kam dann in Chruschtschows Plan der 'totalen Abrüstung' wiederum jene Politik des 'Alles oder nichts' zum Vorschein, die den Polen nie praktikabel erschienen war."[32]

Sicherlich hatten sich die polnischen Politiker keine großen Illusionen über die Realisierungsmöglichkeiten ihres Planes gemacht. Für viele westliche Beobachter hatte der Rapacki-Plan keine 'realpolitische' Relevanz. Diese Einschätzung entsprang jedoch dem traditionellen 'Blockdenken', das jede individuelle Regung im damaligen Ostblock vor vornherein als irrelevant abtat und Polen nur durch das Prisma der Sowjetunion sah. Der Rapacki- Plan war jedoch der Versuch einer eigenständigen polnischen Außenpolitik, dessen Grundgedanke - eine atomwaffenfreie Zone in Mitteleuropa - noch lange aktuell bleiben sollte.

Die Geschichte des Rapacki-Plans zeigt, wie sehr Deutschland im Zentrum der polnischen Außenpolitik stand. Das Bonner Hauptgegenargument, daß durch den Plan der Status quo festgeschrieben werde und er nicht dazu führen würde, „daß wir der Lösung der deutschen Frage auch nur um einen Schritt näher kommen" - so von Brentano am 23. Januar 1958[33] - erscheint nicht zutreffend. Die polnischen Politiker sprachen sich direkt gegen die Teilung Europas und damit indirekt gegen die Teilung Deutschlands aus.

In einem Vortrag an der Universität Oslo im Oktober 1958 trat Adam Rapacki sogar direkt für die Vereinigung Deutschlands ein: „Ich möchte in dieser Sache ganz offen sprechen. Es gibt in Polen viel Angst vor einer Wiedervereinigung Deutschlands. In vielen anderen

Ländern sind diese Bedenken noch viel stärker, als es in offiziellen Erklärungen zugegeben wird. Wir sind jedoch der Meinung, daß die Wiedervereinigung Deutschlands als friedliches Land die Bedingung für eine völlige Normalisierung der europäischen Verhältnisse ist. Wir stimmen natürlich damit überein, daß dies eine Sache der Deutschen allein ist[34], aber wir können doch von unserem Recht nicht abgehen, an Dingen, die direkt unsere Sicherheit berühren, teilzunehmen."[35]

Obwohl die Vision eines geeinten, hochgerüsteten oder gar atombewaffneten Deutschlands mit Gebietsansprüchen im Osten einem Albtraum glich, konnten die Polen aus eigener historischer Erfahrung die Teilung Deutschlands nicht als etwas Endgültiges ansehen.[36] Sicherlich wirkte der sowjetisch gezähmte Pufferstaat DDR zwischen sich und der Bundesrepublik durchaus beruhigend, und die Andeutungen über die Überwindung der Teilung Europas (und damit Deutschlands) mögen auch taktischer Natur gewesen sein. Da die polnischen Politiker die Wiedervereinigung jedoch auf lange Sicht für unvermeidlich hielten, waren sie bestrebt, für diesen Fall möglichst günstige Ausgangspositionen für Polen in Europa zu schaffen.

D. Klimawechsel: Jetzt stellt Polen die Bedingungen

Trotz oder auch wegen der ablehnenden Haltung der Bundesregierung zu allen polnischen Vorschlägen blieb der „charakteristische Aspekt der polnischen Außenpolitik, (...) die Aufmerksamkeit auf die deutsche Frage (...) zu konzentrieren"[37] erhalten. Nachdem die Versuche, mit der Bundesrepublik in direkten Kontakt zu treten, erfolglos geblieben waren, verlegte sich die polnische Diplomatie auf die Politik der internationalen Isolierung Deutschlands: „Polnische Politiker und Diplomaten unterbreiteten diesen Standpunkt [daß die Bonner Regierung die Atmosphäre in Europa vergifte, E.H.] unermüdlich bei allen politischen Kontakten mit Vertretern der kapitalistischen Staaten, in offiziellen Dokumenten und Ansprachen, auf bilateralen und multilateralen Konferenzen, in den Massenmedien. Der polnische Standpunkt zur deutschen Frage wurde der Öffentlichkeit in ganz Europa in allen Einzelheiten dargelegt."[38]

Im Juli 1960 protestierte die polnische Regierung in einer Note an die Regierungen der NATO-Staaten gegen das antipolnische Auftreten Adenauers und forderte von den Westmächten, sich von den Ansichten des Kanzlers zu distanzieren. Gegenüber der Bundesrepublik wurde eine andere Taktik eingeschlagen: Nun stellte Polen die Bedingungen - die Anerkennung der Grenze - und wartete auf das Einlenken der Bundesregierung. Am 5. Februar 1961 erschien in der Zeitung 'Trybuna Ludu' ein grundsätzlicher Artikel unter dem Titel „Polen - Bundesrepublik Deutschland", in dem die offizielle polnische Haltung zu den Beziehungen zur Bundesrepublik umrissen wurde. Darin wurden vor allem die Forderungen nach Anerkennung der Grenze, Verzicht auf territoriale Forderungen sowie auf die Hallstein-Doktrin unterstrichen.[39] Jetzt arbeitete die Zeit für Polen, da die westlichen Partner der Bundesrepublik zunehmend an Entspannung interessiert waren und die weiter auf dem Kurs des Kalten Krieges beharrende Bundesrepublik zunehmend als Störfaktor empfunden wurde. Nachdem auch spätere Varianten des Rapacki-Plans von der Bundesregierung mit Rücksicht auf die Vertriebenenverbände in oft unnötig verletzender Form abgelehnt wurden, kühlten sich die Beziehungen zwischen der Bundesrepublik und Polen bis zum Ende der Ära Adenauer auf den Stand „eisiger Korrektheit" ab.[40]

Der zögernde Versuch einer neuen Ostpolitik unter Außenminister Schröder (Ende 1961 bis Ende 1966), der die Hallstein-Doktrin mit der 'Geburtsfehler-Theorie'[41] aufzuweichen begann und die Lockerung des sozialistischen Blocks durch wirtschaftliche Zugeständnisse erreichen wollte, blieb ohne größeren Erfolg. Nach der Aufnahme diplomatischer Beziehungen zu Rumänien rückten die übrigen Ostblockländer nur um so enger zusammen.

Mit Polen wurde jedoch am 7. März 1963 ein auf drei Jahre befristeter Handelsvertrag geschlossen, der die Errichtung einer deutschen Handelsmission in Warschau zur Folge hatte. Ihr Status wurde demjenigen der bereits bestehenden Handesvertretung in der Bundesrepublik gleichgestellt und ließ den Außenhandel beider Länder beträchtlich wachsen. Die Bundesrepublik entwickelte sich zum wichtigsten westlichen Handelspartner Polens. Polen reagierte jedoch ablehnend auf jegliche mit Wirtschaftskontakten verbundenen politischen Ambitionen der Deutschen: Polen verkaufe nur Waren, nicht aber seine nationalen Interessen, schrieb Tomala im Jahre 1973.[42]

Die deutsche Absicht, die Handelsvertretung nach und nach mit konsularischen Rechten zu versehen und so die Hallstein-Doktrin von innen auszuhöhlen, ohne offiziell von ihr Abschied nehmen zu müssen, mißlang.

„Die polnische Regierung", so der Historiker Hans Roos, „begriff die bundesdeutsche Politik um so weniger, als Bundeskanzler Adenauer den wegen des Mangels an diplomatischen Beziehungen nur inoffiziell akkreditierten Vertretern Polens mehrfach versichert hatte, die Bundesregierung sei sich dessen bewußt, daß die nationalsozialistischen Besatzungsbehörden während des Zweiten Weltkrieges mehr als fünf Millionen polnischer Staatsbürger umgebracht hätten, und daß die Bundesrepublik daher gegenüber Polen 'dieselbe moralische Verpflichtung' habe wie gegenüber Israel. Dieser Widerspruch zwischen der ausgesprochenen politischen Konzeption und den tatsächlichen politischen Handlungen Adenauers brachte die polnische Regierung ihrerseits dazu, die Bundesrepublik als ihren gefährlichsten politischen Gegner zu betrachten und sie nach Kräften mit ihren politischen Verbündeten zu entzweien. Dies gelang der geschickten polnischen Diplomatie - die ihrem Lande ohnedies einen weit über die wirkliche Bedeutung Polens hinausgehenden Rang in der Welt zu verschaffen wußte - zweifellos in gewisser Hinsicht."[43]

III. Staat und Kirche in Polen

A. „Die geistige Souveränität bewahren“: Das Selbstverständnis der katholischen Kirche

Zur Einschätzung der kirchlichen Aktivitäten auf politischem Gebiet ist es unabdingbar, das Selbstverständnis der katholischen Kirche wie auch das ihres langjährigen Führers, des ’Kardinals und Staatsmannes’[44] Stefan Wyszyńskis, zu kennen. „Wir fordern, daß der Staat die Tatsache anerkennt, daß die Kirche in Polen seit zehn Jahrhunderten existiert, daß sie einen positiven religiösen, moralischen und kulturellen Beitrag zur Geschichte der Nation leistet; ferner verlangen wir, daß der Staat die Eigenaufgaben der Kirche anerkennt: die Aufgabe nämlich, das Evangelium jedem Geschöpf zu verkünden, die Menschen zu heiligen, sie zum göttlichen Leben zu erwecken und ihre gemeinschaftlichen Bande durch die übernatürliche Liebe zu vertiefen; wir verlangen, der jetzige Staat solle die Aufgabe zugeben, daß die Kirche, die ihre eigenen Aufgaben hat, auch Rechte besitzt, die respektiert werden müssen, ferner religiöse Pflichten, die sie zu erfüllen hat und bei deren Erfüllung sie nicht behindert werden darf ...“[45]

Diese Worte Kardinal Wyszyńskis, hier einer Predigt aus dem Jahre 1965 entnommen, mag er bei unzähligen Gelegenheiten so oder ähnlich wiederholt haben. Sie zeugen von dem Selbstbewußtsein einer Kirche, die auf eine lange und angesehene Tradition zurückblikken konnte und die die überwältigende Mehrheit der Nation hinter sich wußte: Laut Statistischem Jahrbuch von 1966/67 bezeichneten sich 90 Prozent der Bevölkerung Polens als praktizierende Katholiken.

Kardinal Wyszyński erkannte „als Hauptquelle des kirchlichen Beharrungsvermögens die traditionelle, vor allem die bäuerliche Volksfrömmigkeit, jene ganz unreflektierte Gläubigkeit, die sich in Marienkult, Wallfahrt und Prozession manifestierte“.[46] Er selbst neigte – so zumindest schreibt Stehle – ebenfalls zum Kontemplativen und Mystischen. Er war kein im eigentlichen Sinne ’politischer’ Priester, auch wenn er häufig in seinen Predigten politische Themen aufgriff und Attacken gegen Sozialismus und Gottlosigkeit ritt.

Wyszyńskis besondere Anstrengung galt der Erziehung seines Volkes. Unermüdlich appellierte er an die nationalen Tugenden und das Gewissen der einzelnen Menschen. Fast alle seine Predigten, insbesondere aber die 'Große Novene', bei der das Volk durch intensive Gebetsaktionen und kollektive Gelübde auf das Millenium der Taufe Polens vorbereitet werden sollte, zeigten, welche Bedeutung der Primas dem Durchhaltevermögen und der moralischen Festigung des Einzelnen zumaß.

Eine polnische Besonderheit stellt nicht nur die Stärke der katholischen Kirche und ihr daraus resultierender großer Einfluß im Staate dar. Bemerkenswert ist auch, auf welche Art und Weise beide Institutionen zu Zeiten der 'Volksrepublik Polen' ihr Verhältnis zueinander bestimmten. Beide Seiten ließen eine gewisse Distanz zu ihren 'ideologischen Zentralen' erkennen. Verglichen mit der damaligen Praxis in der DDR oder anderen Staaten des 'realen Sozialismus' mochte es zumindest etwas merkwürdig anmuten, wenn sich ein Kaderchef der PVAP auf dem dritten Parteitag 1959 dagegen wandte, von einem Parteikandidaten zu erwarten, „daß er schon vorher die Grundsätze des Marxismus-Leninismus kennt oder daß er sich von seiner religiösen Überzeugung freimacht", oder wenn eine Zeitung, die für die Verbreitung des Atheismus kämpft, sich genötigt sieht, die Kirche vor „nicht mehr zeitgemäßen" Vorwürfen zu verteidigen.[47]

Der polnische Episkopat unter Wyszyński wandte sich - zumindest bis zum Zweiten Vatikanischen Konzil (1964-1965) - vehement gegen die 'künstliche' Trennung zwischen Kirche und Staat[48], ohne sich daran zu stören, daß dieser Staat ein kommunistischer war, und ohne sich auch um den Beschluß der vatikanischen Glaubenskongregation aus dem Jahre 1949 zu kümmern. Nach diesem Beschluß sollte die „bewußte und freiwillige Mitgliedschaft in kommunistischen Parteien, ihre Unterstützung sowie die Lektüre (!) und Verbreitung ihrer Druckerzeugnisse" mit dem Ausschluß von den Sakramenten bestraft werden. Denjenigen, die sich zur „Doktrin des antichristlichen Materialismus" bekannten, wurde mit der Exkommunikation gedroht.[49] Der polnische Episkopat wandte dieses Dekret nicht nur nicht an, sondern ließ auch noch verlautbaren, daß die Priester ihre Dienste „nicht davon abhängig machen werden, ob jemand dieser oder jener politischen Orientierung" angehöre. „Es kommt uns nicht zu" so hieß es weiter, „Menschen nach politischen Programmen zu werten.[50]

Sicherlich kann man nicht so weit gehen wie Bogdan Szajkowski, der in seinem Buch 'Next to God...Poland' Kirche und Staat als „indispensable allies", einander unentbehrliche Verbündete, bezeichnete. Beide hatten aber erkannt, daß sie aufeinander angewiesen waren und noch lange miteinander auskommen mußten. Die Sympathien für das 'gegnerische Lager' waren jedoch hier wie da denkbar gering. „So unmöglich beiden Mächten eine 'ideologische Koexistenz' erscheint, so unvermeidlich ist ihr praktischer 'modus vivendi'. (...) Die Brücke zwischen Staat und Kirche, Kommunismus und Katholizismus bildet eben die gemeinsame Sorge um die 'Nation' - an der sich beide zugleich entzweien, weil sie sich beide mit ihr identifizieren wollen" - charakterisierte Stehle das schwierige Verhältnis im Jahre 1966.[51]

B. Kleinkrieg, Kampf, Kooperation: Die Entwicklung 1945-1965

Um die Ausgangssituation der polnischen Kirche vor dem Bischofsbrief im Jahre 1965 zu verstehen, ist die Kenntnis der historischen Entwicklung des Verhältnisses zwischen Kirche und Regierung unabdingbar, die von enger Zusammenarbeit beim Aufbau des neuen polnischen Staates über den erbitterten Kampf um die Stellung der Kirche in einem sozialistischen Staat bis hin zu einem zähen Tauziehen um die Gunst der polnischen Gesellschaft reichte.

In einem Memorandum der Britischen Mission in Rom, das Informationen der Moskauer Botschaft enthielt, hieß es im April 1945 über die Situation der Kirche in Polen: „Alle Berichte bestätigen, daß die katholische Kirche in Polen sehr gut behandelt wird. Es gibt keine Eingriffe in den Gottesdienst; die Priester werden nicht behelligt. Die provisorischen Behörden bemühen sich sehr um das Einvernehmen mit der katholischen Hierarchie. Zum Beispiel wurde vor kurzem anläßlich einer Kundgebung Erzbischof Sapieha mit Ehrungen überhäuft und gegenüber den deutschen Invasoren als vorbildlicher Pole herausgestellt. Der Grundbesitz der Kirche wird von der Behandlung ausgenommen, die das Privateigentum erfährt. Die kirchlichen Autoritäten wahren ihrerseits völlige Neutralität; sie wollen nicht zum Sammelpunkt gleich welcher politischen oder nationalen Bewegung werden."[52]

Tatsächlich war die Zeit von 1945 bis 1949 für die katholische Kirche eine „Ära der Heilung der Kriegsschäden und damit eines gewissen Wiederaufblühens“[53]. Gemäß einer Zusicherung aus dem Jahre 1944 wurde der kirchliche Grundbesitz von insgesamt etwa 450.000 Hektar von der Landreform ausgenommen. Für den Wiederaufbau und die Restaurierung vieler während des Krieges beschädigter Kirchen gab es staatliche Kredite. Das innere Leben der Kirche wurde kaum behindert. Im September 1945 wurde der obligatorische Religionsunterricht an den Schulen nach der Verfassung von 1921 bestätigt. Die Partei stimmte für die Beibehaltung des religiösen Eides bei Gerichtsverhandlungen, und auf den Richtertischen standen nach wie vor Kreuze.

Die Katholische Universität Lublin nahm ihre Tätigkeit wieder auf. Von März 1945 an erschien die seither wichtigste katholische Wochenzeitung 'Tygodnik Powszechny'; weitere sechs katholische Blätter folgten. Der Staatspräsident und KP-Chef Bolesław Bierut wurde bei religiösen Feierlichkeiten gesehen, Einheiten der polnischen Armee marschierten in Uniform in der Fronleichnamsprozession mit. Kardinal Hlond weihte zehn Bischöfe, und in den Priesterseminaren gab es zwei Jahre nach Kriegsende bereits 4.500 Alumnen. Die kommunistische Regierung war an einer friedlichen Koexistenz mit der Kirche und an deren Unterstützung bei der Aufbauarbeit nach dem Kriege interessiert. Sie argumentierten, daß beide Seiten von der Erfahrung der jeweils anderen Seite profitieren könnten.

Die duldsame Haltung der Kommunisten gegenüber der Kirche war in erster Linie von dem schwachen Rückhalt der Partei im Volk diktiert. Die oppositionellen Kräfte hatten ihre letzten Reserven mobilisiert. Der Kampf gegen verschiedene Wiederstandsgruppen, der bis Mitte 1947 dauerte, kostete auf beiden Seiten etwa 30.000 Tote[54]. Die Bauernpartei des Ex-Premierministers der Londoner Exilregierung, Stanisław Mikołajczyk, hatte großen Zulauf und konnte nur durch massive Einschüchterungsversuche des kommunistisch beherrschten Sicherheitsapparates und durch die Fälschung der Wahlergebnisse von 1947 ausgeschaltet werden. So waren die Kommunisten nicht daran interessiert, auch noch die Kirche zum Feind zu erklären.

In der 'Botschaft des polnischen Episkopats aus Anlaß der Sejm-Wahlen' im Jahre 1946 nahmen die Bischöfe zwar sehr deutlich Stellung: „Gegenwärtig zeichnen sich bei den politischen Veränderungen zwei Bestrebungen ab", heißt es da, „die einen möchten das staatliche Leben auf starken christlichen Grundlagen aufbauen, die anderen suchen Rettung für die Welt in der Allmacht eines gottlosen, materialistischen Staates. Diese zwei Bestrebungen kämpfen miteinander. Welche wird siegen?"[55] Daß zumindest Katholiken „nur solche Personen, Listen und Wahlprogramme wählen können, die sich der katholischen Lehre und Moral nicht widersetzen", – daran ließen die Bischöfe keinen Zweifel.

Jedoch waren die polnischen Kirchenführer realistisch genug, um vorauszusehen, welche der beiden 'Bestrebungen' wohl siegen würde. Sie waren zu keinem Zeitpunkt gewillt, sich – wie wenig später der ungarische Kardinal Mindszenty – in einen aussichtslosen direkten Kampf mit den neuen Machthabern einzulassen. Ebensowenig wollte die polnische Kirche zu einer Untergrundkirche werden – mit geheimen Weihen und den wichtigsten Vertretern im Gefängnis, so wie es sich in Bulgarien, Rumänien und der Tschechoslowakei bereits abzeichnete. Auch die Umfunktionierung zu einem regimetreuen Apparat kam nicht in Frage. Ziel war vielmehr Wiederaufbau, Erhalt und Ausbau der innerkirchlichen Strukturen sowie die Festigung des Rückhalts im Volk.

Die kommunistischen Machthaber bemühten sich ihrerseits von Beginn an um eine Aufspaltung des bisher monolithischen Katholizismus. Das Versprechen, sich dahingehend verdient zu machen, befreite den aus der faschistischen Rechten stammenden Bolesław Piasecki aus sowjetischer Gefangenschaft.[56] Im September 1945 gründete er die Wochenzeitschrift 'Dziś i Jutro' und versammelte eine Gruppe katholischer Intellektueller um das – bis heute existierende – Verlagshaus 'PAX'. Die PAX-Gruppe nannte sich 'sozialprogressiv' und setzte sich zum Ziel, „zwischen Marxismus und Katholizismus eine Brücke zu schlagen"[57]. Auch tat sich eine Gruppe von rund 200 sogenannten 'patriotischen Priestern' zusammen, die in den Auseinandersetzungen zwischen Kirche und Regierung für die Regierungsseite Stellung nahm. Die regierungsfreundlichen Katholiken waren nicht ohne Einfluß, wozu der finanzielle Rückhalt ihrer Organisationen durch den Staat ebenso beigetragen haben mag, wie die Notwendigkeit eines Vermittlers zwischen den Fronten, die überall dort entsteht, wo zwei einander prinzipiell entgegengesetzte Mächte auf Dauer koexistieren müssen. Jedoch hatten diese Gruppen keinen Rückhalt in der Gesellschaft.

Mit der Stabilisierung der kommunistischen Macht in Polen im Jahre 1948 begann eine Verschärfung der staatichen Kirchenpolitik. Die bereits 1945 begonnene Kampagne gegen Papst Pius XII. wurde intensiviert. Im März 1948 hatte der Papst in einem offenen Brief Sympathie für die vertriebenen Deutschen geäußert und sogar seiner Hoffnung Ausdruck gegeben, daß die Ereignisse rückgängig gemacht werden könnten. Darüber hinaus war der Vatikan nicht bereit, die von Kardinal Hlond errichteten apostolischen Administraturen in den neugewonnenen Gebieten in reguläre Bistümer umzuwandeln und damit die neue polnische Westgrenze anzuerkennen. Da in dieser Frage die öffentliche Meinung - und im Grunde auch die Meinung der polnischen Kirchenführer - auf seiten der polnischen Staatsräson war, brachte das den polnischen Episkopat in eine schwierige Situation. Die polnische Regierung bemühte sich nach Kräften, die Abhängigkeit des Episkopats vom Vatikan zu betonen und die Deutschfreundlichkeit des Papstes herauszustellen, der während des Krieges niemals so kritische Worte gegen die Nationsozialisten gefunden hatte wie nach dem Krieg gegen die Kommunisten.

Vor diesem Hintergrund begann der Kampf um die Jugend. Es wurden marxistische Jugendverbände gegründet und das bislang obligatorische Schulgebet abgeschafft, die Kruzifixe aus dem Klassenzimmern entfernt, die für den Religionsunterricht vorgesehene Stundenzahl gekürzt, Parteiveranstaltungen auf die Zeiten religiöser Feiern gelegt.

Im Oktober 1948 vollzog sich eine wichtige Veränderung in der katholischen Hierarchie Polens: Kaum 67 Jahre alt starb Kardinal Hlond: „Dem alten Polen stark verbunden und von einem den 20er Jahren entstammenden Antikommunismus geleitet, war der alte Primas für die neuen Machthaber ein schwieriger Partner gewesen. An seiner Stelle ernannte der Papst den Bischof von Lublin, Stefan Wyszyński, mit dem Titel des Erzbischofs von Gnesen und Warschau[58]. Wyszyński war der jüngste polnische Bischof und insbesondere durch seine Beschäftigung mit sozialen Problemen aufgefallen. Außerdem schien seine im Gegensatz zu Kardinal Sapieha bescheidene Herkunft sein Wirken in einem neuen Polen zu erleichtern", kommentierte Castellan die Wahl.[59] Dreiunddreißig Jahre lang sollte von nun an der Sohn eines Pfarrorganisten aus Masowien an der Spitze der polnischen Kirche stehen.

Nach der Zwangsvereinigung der Polnischen Sozialistischen Partei mit der Kommunistischen Partei zur Polnischen Vereinigten Arbeiterpartei' (PVAP) und der Entfernung des 'Nationalkommunisten' Gomułka zugunsten des moskautreuen Bolesław Bierut verschärfte sich die Lage der Kirche zusehends. Im Februar 1949 erbat Wyszyński die Einsetzung einer gemischten Kommission zur Regelung der Streitpunkte zwischen Kirche und Regierung. Die Antwort der Regierung war eindeutig: Der Klerus habe dem Staat gegenüber loyal zu sein und in den Westgebieten reguläre Bischöfe einzusetzen.

Im April erklärte Wyszyński in einer Predigt: „Von neuem haben wir in Polen Konzentrationslager und immer mehr Gefängnisse. Ziegel und Steine im Krieg beschädigter Kirchen dienen nun zum Bau von Strafanstalten, in denen zahlreiche Priester einsitzen.“[60] Die Folge waren weitere Verhaftungen von Geistlichen, die Schließung katholischer Schulen und die Beschlagnahmung der kirchlichen Druckereien. Die Gewaltakte von seiten des Staates wurden durch heftige Attacken von Radio Vatikan erwidert.

Am 1. Juli 1949 wurde vom Heiligen Offizium ein Dekret erlassen, das denjenigen, die der „materialistischen und atheistischen Lehre des Kommunismus“ folgten, die Exkommunikation androhte. Dieses Dekret allerdings ging Wyszyński viel zu weit und lieferte darüberhinaus den Kirchengegnern einen willkommenen Vorwand für weitere Repressionen - zu einem Zeitpunkt, als die polnische Kirchenführung mit Sorge den Mindszenty-Prozeß in Ungarn und die wachsende antivatikanische Kampagne in ganz Osteuropa beobachtete. Das Dekret hatte ernste Folgen: Im September 1949 wurden die kirchlich geführten Kliniken, Kindergärten, Krippen und andere Sozialeinrichtungen verstaatlicht. Im Januar 1950 nahm man der Kirche die Caritas-Organisation, im März wurde das kirchliche Grundeigentum, das über 100 Hektar pro Pfarrei hinausging, beschlagnahmt: Insgesamt 375.000 Hektar fielen an den Staat.

Der neue, erst 47jährige Primas versuchte zu retten, was zu retten war. Im Februar 1950 protestierte er in einem Brief an Staatspräsident Bierut gegen den 'Krieg gegen Gott', bot jedoch zugleich ein Arrangement an. Zur Überraschung aller Welt und insbesondere des Vatikans, der gerade verkündet hatte, „daß auch in Zukunft die Wege der Gottlosen im Verderben enden und ihre Pläne zuschanden werden“[61], unterschrieben die Mitglieder der gemischten bischöflichen und staatlichen Kommission am 14. April 1950 eine bislang präzedenzlose 'Verständigung'. Die wichtigsten Artikel lauteten:

„Der Grundsatz, daß der Papst die einzige und höchste Autorität der Kirche ist, bezieht sich auf Fragen des Glaubens, der Moral und der kirchlichen Jurisdiktion; in anderen Bereichen läßt sich der Episkopat von der polnischen Staatsräson leiten.“ (Art. 5) und „Getreu ihren Grundsätzen wird die Kirche jedes antistaatliche Auftreten verurteilen und sich vor allem jeder Ausnutzung religiöser Gefühle für antistaatliche Zwecke entgegenstellen.“ (Art. 7).[62]

Außerdem versprach der Episkopat, sich für die 'wiedergewonnenen Westgebiete' einzusetzen und sich der Genossenschaftsbewegung nicht zu widersetzen. Die Regierung erklärte ihrerseits, sie beabsichtige nicht, den gegenwärtigen Umfang des Religionsunterrichts an den Schulen zu verringern. Außerdem versprach sie, die Katholische Universität, die kirchlichen Vereinigungen sowie das Recht der Kirche auf karitative Aktionen zu erhalten. Den katholischen Verlagen wurden die gleichen Rechte wie anderen Verlagen zugesichert, und die öffentliche Kultausübung (wie Prozessionen oder Wallfahrten) wurde ebenso wie die Militärseelsorge, die Gefängnisseelsorge und die Krankenseelsorge garantiert.

Besonders bedeutsam war angesichts der Tatsache, daß die Ordensgemeinschaften in der Tschechoslowakei und in Ungarn gerade vollständig aufgelöst worden waren, der letzte Artikel der 'Verständigung': „Orden und Kongregationen werden im Bereich ihrer Berufung und der geltenden Gesetze völlige Betätigungsfreiheit haben.“[63] In einem Zusatzprotokoll wurde u.a. die Zurückstellung der Priesteramtskandidaten und die Befreiung der Priester vom Militärdienst geregelt.

Primas Wyszyński setzte sich durch die Unterzeichnung dieses Abkommens heftiger Kritik aus. Studenten der Katholischen Universität Lublin protestierten: „Mit dem Teufel schließt man keine Vereinbarungen!“[64] Der Vatikan ließ verlauten, man habe dieses Papier „mit Schmerz“ aufgenommen.[65]

Der Mut Wyszyńskis, sich über die herrschende Meinung hinwegzusetzen, entsprang jedoch einer eher pessimistischen Lageeinschätzung: Die polnische Kirche würde einen langen Atem brauchen - der Kampf hatte gerade erst begonnen. Der Weg, den der neue Primas nun auch in Zukunft immer wieder einschlagen würde, war somit markiert: Weitestgehendes Entgegenkommen, was die nationalen Interessen Polens und die Staatsräson betraf, eigenständiges Auftreten gegenüber dem Vatikan und beharrlicher Kampf um den Erhalt - in besseren Zeiten um den Ausbau - der kirchlichen Einrichtungen in Polen. Wyszyński legte Wert darauf, der Kirche eine legale Basis zu schaffen.

Ansatzpunkt für eine baldige Durchlöcherung des Abkommens bildete der dritte Artikel über die 'wiedergewonnenen Westgebiete'. Die Bischöfe hatten sich verpflichtet, beim Heiligen Stuhl die Umwandlung der Kirchenverwaltungen in bischöfliche Ordinariate zu erbitten. Der Vatikan sollte also einen Teil des Abkommens erfüllen, zu dem seine Zustimmung vorher nicht eingeholt worden war und die er auch mit Sicherheit nicht erteilt hätte. Es stand nicht in der Macht der polnischen Bischöfe, die Haltung des Vatikans in dieser Frage zu ändern. Wie nicht anders zu erwarten, warf ihnen die Regierung die Nichterfüllung des Abkommens vor und forderte am 23. Oktober 1950 den Episkopat auf, anstelle der noch von Primas Hlond ernannten Administratoren reguläre Bischöfe in den Westgebieten einzusetzen. Da der Episkopat diese Forderung, die auf eine Abspaltung der polnischen Kirche vom Vatikan hinausgelaufen wäre, nicht erfüllen konnte, vertrieben die Behörden am 26. Januar 1951 die Apostolischen Administratoren aus ihren Residenzen und zwangen die Geistlichen der Domkapitel dann, an Stelle der Administratoren gefügigere Kapitularvikare zu wählen.

Dieser direkte Eingriff des Staates in die innere Struktur der Kirche war umso gefährlicher, als die öffentliche Meinung in jener Frage nicht eindeutig auf seiten der Kirche stand. Erzbischof Wyszyński erkannte die Kapitularvikare formell an, um einer Spaltung der Kirche vorzubeugen.

Weiterer Konfliktstoff kam hinzu. Die meisten Priester weigerten sich, auf Wunsch der Behörden einen 1950 in Stockholm ergangenen Friedensappell zu unterzeichnen, obwohl der Sekretär der Bischofskonferenz zur Loyalität gegenüber der Regierung aufgerufen hatte. Der Kirchenkampf, der in anderen Ostblockstaaten bereits voll im Gange war, setzte nun auch in Polen ein. Die Moskauer Parteizeitung 'Prawda' hatte das Signal gegeben. In einem Artikel vom 17. Juli 1951 hieß es: „Der Papst handelt weiter durch seine Doppelagenten. Seine Polenpolitik ist ausschließlich von der Sicht der amerikanischen Imperialisten, die nach der Weltherrschaft streben, bestimmt. (...) Der Vatikan spricht sich entschieden für die Wiederbewaffnung und die Rückkehr des faschistischen Regimes in Westdeutschland aus. (...) Gehorsam den Wünschen von Pius XII. hat der Episkopat dem Vertrag Polens mit der DDR, in dem die Oder-Neiße-Grenze anerkannt wird, nicht zugestimmt. Die Reise Wyszyńskis hat nichts daran geändert (...). Die Clique, die die katholische Kirche in Polen lenkt, verfolgt voll und ausschließlich die Linie des Vatikans, der ein Feind von Frieden und Demokratie ist."

Laut Micewski war dieser 'Prawda'-Artikel für Wyszyński der Beweis, daß nicht die polnische kommunistische Partei, sondern Moskau selbst den Kampf gegen die Kirche organisierte und der PVAP nur die Rolle des ausführenden Organs zukam. Durch die im Juli 1952 verabschiedete neue Verfassung wurden weitere Handhaben gegen die Kirche geschaffen. In Schauprozessen hatten sich kirchliche Laien und Priester, darunter auch drei Bischöfe, gegenüber dem Vorwurf zu verantworten, während des Zweiten Weltkrieges mit der Besatzungsmacht kollaboriert oder bereits nach dem Krieg für die Amerikaner spioniert zu haben.

Im Jahre 1953 spitzte sich die Situation zu. Am 9. Februar wurde die 'Verordnung über die Besetzung kirchlicher Ämter' erlassen und mit deren Durchführung das neu geschaffene 'Büro für Kirchenangelegenheiten' betraut, das dem Innenministerium unterstand. Die Verordnung regelte die Ausbildung und Anstellung sämtlicher Geistlicher und schrieb vor, die Loyalität der Priesteramtskandidaten gegenüber dem Staat zu überprüfen. Auch ein Treueeid war vorgesehen.

Der Punkt war erreicht, an dem Wyszyński nicht mehr zum Nachgeben bereit war. In einem langen, von allen Bischöfen unterzeichneten Brief an Staatspräsident Bierut listete er die Beschwerden über die kontinuierliche Verschlechterung der Lage der Kirche in Polen auf. Die vier Hauptpunkte waren:

- „Gott wird aus den Schulen vertrieben und bis in die Herzen der Kinder verfolgt";
- „Auf die Geistlichkeit wird politischer Druck ausgeübt";

- „Unerbittliche Liqidierung der katholischen Presse und Publizistik";
- „Einmischung in das kirchliche Leben".

Die Bischöfe verglichen die im Kampf gegen den Katholizismus angewandten Mittel mit denjenigen des Zarenregimes und beriefen sich sogar auf „führende Marxisten, Lenin und Stalin an der Spitze", die dererlei „traurige Tricks" verwerflich gefunden hätten. Als Hauptschuldiger wird in dem Brief der Bischöfe die Doktrin des dialektischen Materialismus ausgemacht, die Haß, Zwietracht und Kampf hervorrufe. Der Brief schließt mit den Worten:

„Unserer Mission bewußt, erklären wir feierlich und kategorisch, daß wir die Gültigkeit dieses Dekrets nicht anerkennen können, das der Verfassung des Volksstaates widerspricht und den Gesetzen Gottes und der Kirche Gewalt antut. Man muß Gott mehr gehorchen als den Menschen. (...) Wenn das Leiden unser Los ist, so leiden wir einzig für Christus und für unsere Kirche. Wir haben nicht das Recht, auf dem Altar des Kaisers darzubringen, was Gottes ist. Non possumus."[66]

Den Sommer über schien die Staatsmacht mit der Antwort zu zögern. Stalin war gerade gestorben. Die Lage war unklar, die Macht der Kirche nach wie vor gewaltig: „Fronleichnam 1952 gab der Polizei Gelegenheit, eine Bilanz des Stalinismus zu ziehen. Sie stellte fest, daß an der feierlichen Prozession in Tschenstochau aktive Mitglieder aller politischen Parteien teilnahmen, einschließlich der PVAP, und praktisch alle Angehörigen der Vereinigten Polnischen Jugend - die polnische Variante des Komsomol; die jungen Mädchen trugen die Statue des hl. Antonius, die Jungen aus dem Gymnasium die der Heiligen Jungfrau, und der Direktor der Technischen Schule für Metallurgie trug das Herz-Jesu Banner!"[67]

Die Regierung begann zu verhandeln. Als nach einigen Monaten die Gespräche ins Stocken gerieten, entschloß sich die Staatsmacht zu einer radikalen Lösung. Als Wyszyński von der Kanzel herab gegen den Prozeß protestierte, den die Regierung gegen Bischof Czesław Kaczmarek aus Kielce führte, ließ man ihn am 26. September 1953 verhaften. Anschließend wurde er ohne Gerichtsverfahren drei Jahre lang an verschiedenen Orten, zuletzt im Kloster Komacza im äußersten Südosten des Landes, gefangengehalten.

Zunächst schien es, als habe die Regierung erreicht, was sie wollte. Zwei Wochen nach der Verhaftung des Primas wählte der Episkopat Bischof Michał Klepacz aus Lodz zu seinem Präsidenten. Am 17. Dezember 1953 leisteten alle Bischöfe und Kapitularvikare den vorgeschriebenen Treueeid. Die folgenden drei Jahre wurden zu den härtesten der polnischen Kirche nach dem Zweiten Weltkrieg. „Der Prozeß der formalen Ausschaltung der Kirche mit der Übertragung der Schlüsselpositionen an die im Kielwasser der Kommunisten agierenden 'Fortschrittlichen' erreichte 1955 einen Höhepunkt, als ein Drittel der Kirchen und Kapellen sowie zwei Fünftel der Männer- und Frauenklöster geschlossen und schließlich durch die Verfolgungsmaßnahmen ein Viertel der gesamten Welt- und Klostergeistlichkeit verhaftet, deportiert oder ins Exil gezwungen wurde", schrieb der Historiker Hoensch über diese Zeit.[68]

Jedoch blieb der Religionsunterricht - wenn auch in stark eingeschränktem Umfang - erhalten, und breite Massen des Volkes demonstrierten durch ihre Teilnahme an den Wallfahrten auf Polens Weißen Berg in Tschenstochau ihre Treue zur Kirche. Der Primas begann bereits in der Gefangenschaft mit dem Entwurf der 'Novene', einer großangelegten geistlichen Aktion zur 'Reinigung der Seele der Nation', der 1957 beginnenden neunjährigen Vorbereitung auf die Tausendjahrfeier der Taufe Polens im Jahre 1966.

Am 26. August 1956, nach dem XX. Parteitag der Kommunistischen Partei der Sowjetunion und den schweren Unruhen in Posen, die mindestens 54 Tote gefordert hatten, pilgerten mehr als eine Million Gläubige auf den Weißen Berg, um den 300. Jahrestag der Krönung der Heiligen Jungfrau von Tschenstochau zu feiern. Am leeren Thron des noch internierten Primas zelebrierten 34 polnische Bischöfe mit einer von Wyszyński gesandten Hostie die heilige Messe. Die Menge forderte in Sprechchören Freiheit für den Kardinal und Freiheit für die Religion.

Am 26. Oktober 1956 erschienen zwei der engsten Mitarbeiter des inzwischen rehabilitierten Gomułka in Komacza. Sie baten den Kardinal, auf dem schnellsten Wege nach Warschau zurückzukehren, seine früheren Funktionen wieder wahrzunehmen und die Bevölkerung zur Ruhe zu mahnen, um auf diese Weise die noch unsichere Position der Gomułka-Equipe zu stützen.

Jetzt war es der Primas, der die Bedingungen stellte: die Rücknahme des Dekrets über die Besetzung kirchlicher Ämter, die Rückkehr der kirchlichen Würdenträger in ihre jeweiligen Positionen und die Wiederzulassung der katholischen Presse. Nachdem ihm die Erfüllung seiner Bedingungen zugesagt worden war, kehrte er in sein Palais in der Warschauer Miodowa-Straße zurück und rief die Bevölkerung zu Ruhe und Ordnung auf.

Am 7. Dezember 1956 vereinbarte die kirchlich-staatliche Kommission ein neues Abkommen, welches an die 'Verständigung' von 1950 anknüpfte, ohne sie direkt zu nennen. Das Dekret vom Februar 1953 wurde durch ein neues ersetzt, das dem Staat nur noch ein zeitlich und sachlich begrenztes Einspruchsrecht bei der Besetzung kirchlicher Ämter zugestand. Der Religionsunterricht in den Schulen sollte wiederaufgenommen werden, wenn die Eltern dies wünschten. Die Regierung stimmte auch der Einsetzung der Titularbischöfe zu.

Für den 20. Januar 1957 waren Sejm-Wahlen angesagt, bei denen zum ersten Mal Streichungen möglich sein sollten; Gomułka erhoffte sich dadurch eine Legitimierung seiner Macht. Wieder fühlte man sich auf die Unterstützung durch die Kirche angewiesen. Nach einem Gespräch mit Ministerpräsident Cyrankiewicz forderte der Primas die Priester auf, die Gottesdienste am Wahlsonntag so zu legen, daß die Gläubigen ihre Bürgerpflicht erfüllen könnten - und half somit, den Wunsch der Regierung nach einer hohen Wahlbeteiligung zu erfüllen. Dafür zog mit der ZNAK- [Zeichen] Gruppe erstmals eine kleine Gruppe nicht regierungstreuer Katholiken ins Parlament ein.

In der Literatur über die Ereignisse von 1956 wird übereinstimmend unterstrichen, daß die Kirche damals wesentlich zur Stabilisierung des neuen Regimes beigetragen habe: „Für die Legitimation des Gomułka-Regimes durch die Wahlen zum Parlament, welches bislang für die meisten Polen nur zur Bestätigung der Entscheidungen der kommunistischen Partei da war, war die Unterstützung durch die Kirche ausschlaggebend“, meinte der Historiker Szajkowski[69]. Hans Roos betonte, daß die Kirche, indem sie die neue Ordnung moralisch unterstützte, „keineswegs kollaborationistisch“ sondern lediglich „in ihrem eigenen, wohlverstandenen Interesse“ gehandelt habe: „Sie erkannte nur allzu gut, daß die jetzt gewährten Freiheiten das Höchstmaß dessen darstellten, was die Sowjetregierung zuzugestehen bereit war, und daß mithin jedes Weitertreiben der Revolution, ja jede energische Opposition nur zu einer Verhärtung des Regierungskurses führen würde."[70] Daß dies auch die Einstellung des Primas war, bestätigt sein Biograph Micewski: „Zeitweilig verlangte er [Wyszyński, E.H.] kein weiteres Nachgeben, weil die Situation im Lande weiter unsicher und schwierig war. Die Regierung zögerte lange genug, das bereits früher vereinbarte Kommuniqué zu veröffentlichen."[71]

Zum Hauptgegenstand der Auseinandersetung wurde nun der Religionsunterricht an den Schulen, dessen Erneuerung einem Teil der kommunistischen Partei ein besonderer Dorn im Auge war. Obwohl entgegen der Absprache mit dem Episkopat eine schriftliche Anmeldung durch die Eltern gefordert wurde, kamen 95 Prozent aller Eltern dieser Aufforderung fristgerecht zum 15. Januar 1957 nach. Im August 1958 wurden per Dekret Ordensmitglieder von der Erteilung des Religionsunterrichts an den Schulen ausgeschlossen. Da bisher ein hoher Anteil der Katecheten von Nonnen gestellt wurde, war damit die Fortsetzung des Unterrichts überhaupt in Frage gestellt. Im Jahre 1961 wurde der Religionsunterricht durch ein Gesetz über die 'Weltlichkeit der Schulen' ganz aus der Schule verbannt.

Der Fortgang des Streites betraf die sogenannten Katechetischen Punkte, die die Kirche nun überall einrichtete. Versuche, die Katecheten durch Arbeitsverträge an staatliche Stellen zu binden oder den Katechetischen Punkten durch Vorschriften über Registrierung und Hygiene den Garaus zu machen, schlugen fehl. Die Entfernung des Religionsunterrichts an den Schulen hatte nach Szajkowskis Einschätzung genau den gegenteiligen Effekt: „Sie stärkte nicht nur die Entschlossenheit der Katholiken, ihre erzieherische Rolle zu verteidigen, sondern stimulierte auch noch den weiteren Entwicklungsprozeß der Kirche als einer autonomen Organisation innerhalb der Gesellschaft".[72]

Weitere Dauerstreitpunkte waren die Besteuerung der kirchlichen Einrichtungen seit 1959 in willkürlicher, oft schwindelerregender Höhe, die (Nicht-)Genehmigung von Kirchenbauten sowie die Einziehung von Priesteramtskandidaten zum Militär entgegen den Abmachungen. In der Frage, ob und wie der ehemals ostdeutsche Kirchenbesitz an die polnische Kirche übergeben werden sollte, konnte kein Einvernehmen erzielt werden, und auch die Bemühungen der Kirche um die Rückgabe der Caritas blieben ergebnislos.

Nach Beginn des Zweiten Vatikanischen Konzils im Oktober 1962 wurde Größe und Zusammensetzung der polnischen Bischofsdelegation zum Gegenstand der Auseinandersetzung, bei der jedoch der Primas seine Vorstellungen weitgehend durchsetzen konnte. Für Gomułkas Wunsch, zu Beginn der 60er Jahre im internationalen 'Tauwetter' diplomatische Beziehungen zum Vatikan aufzunehmen, war Wyszyński gewiß kein vorbehaltsloser Übermittler, wenn sein Biograph auch Pressespekulationen, daß der Primas gegen solche Beziehungen gewesen sei, vehement zurückwies.[73] Man kann jedoch annehmen, daß die Kommunisten versucht hätten, im direkten Kontakt mit dem Vatikan den Einfluß des polnischen Kirchenfürsten zu schmälern.

Im Jahre 1965 verschärften sich die Beziehungen zwischen Regierung und Kirche wieder. Der Grund für die zunehmenden Schikanen und eine Art 'Wyszyński-Psychose' - auf Familienmitglieder des Kardinals wurde Druck ausgeübt, die Geheimpolizei versuchte sogar, den Friseur des Primas als Agenten zu werben - sah Micewski in Fraktionskämpfen innnerhalb der PVAP: „Kräfte, die an die Macht drängten, wollten Gomułka und den Primas gegeneinander aufbringen, um auf diese Weise den ersten Sekretär der Partei endgültig zu kompromittieren".[74] Auch die patriotischen Feierlichkeiten aus Anlaß der 20jährigen Anwesenheit der polnischen Kirche in den Westgebieten im September 1965 in Breslau brachten keine Annäherung zwischen Kirche und Regierung, obwohl sie ganz im Geiste der damals geltenden Staatsräson gehalten waren und in der Bundesrepublik auf heftige Kritik stießen. Mit immer größerem Unbehagen schaute die Regierung auf die Vorbereitungen der Kirche zur Tausendjahrfeier der Taufe Polens 1966.

Im Zusammenleben von Staat und Kirche während der ersten 20 Jahre der Volksrepublik Polen lassen sich vier Phasen unterscheiden:

- die Anfangsjahre, die das kommunistische Regime zu seiner Konsolidierung benötigte, und in denen sich die Kirche relativ ungestört dem Wiederaufbau widmen konnte;

- die schlimmsten Jahre des Totalitarismus in der Volksrepublik von etwa 1949 bis 1956, die 1953, dem Todesjahr Stalins, in der Internierung des Primas kulminierten;

- die kurze Phase des Einvernehmens zwischen Staat und Kirche bis 1958, bedingt durch die Schwäche der neuen Gomułka-Equipe, und

- die Phase bis 1965, in der sich Gomułka allein schon aus innerparteilichen Gründen zu einem harten Kurs gegen die Kirche veranlaßt sah.

Von Beginn des Oktoberumbruchs 1956 an hatte es viele entschiedene Gegner einer Liberalisierung gegenüber der Kirche gegeben, die oft zugleich versteckte Gegner Gomułkas waren und nur auf die Gelegenheit warteten, aktiv zu werden. Durch Angriffe auf die Religion stellten sie ihre Orthodoxie unter Beweis. Im Verlauf der Richtungs- und Flügelkämpfe innerhalb der Partei wurde die zunehmend schärfere Kirchenpolitik zum einigenden Faktor, der Gomułka half, seine Stellung zu festigen.

Die Schwankungen in der Haltung der Staatsmacht gegenüber der Kirche sind nicht als Richtungsänderungen zu bezeichnen. Der einmal eingeschlagene Weg wird nur, der politischen Situation im Lande Rechnung tragend, mit unterschiedlicher Entschlossenheit verfolgt. Die Linie der katholischen Kirche dem Staat gegenüber schien sich jedoch spätestens 1953 nach der Internierung des Primas zu spalten, in die unnachgiebige Wyszyńskis und in die kompromißbereite derjenigen Bischöfe, die der Gefangennahme entgangen waren. Dieser Sieg der Staatsmacht, erreicht durch schärfste Repressionen, war jedoch nur ein scheinbarer, da beide Linien - Unnachgiebigkeit auf der einen und Kompromißbereitschaft auf der anderen Seite - immer in der Person des Primas vereint blieben. Seine politische und auch menschliche Größe verhinderten selbst in kritischen Situationen die von seinen Gegnern so sehr gewünschte Spaltung der Kirche. Ein Beispiel für diese Haltung des Primas ist sein Verhalten Bischof Klepacz gegenüber, der die Führung des Episkopats in der Zeit von Wyszyńskis Gefangenschaft übernommen und zahlreiche Entscheidungen getroffen hatte, die für Wyszyński, wie sein Biograph schreibt, „sehr schmerzhaft“ sein mußten. Dennoch zeigte der Primas nach seiner Freilassung Verständnis für die Haltung von Klepacz, dankte ihm sogar schriftlich und nahm ihn zusammen mit Bischof Baraniak, der wie er im Gefängnis gewesen war, zu seiner nächsten Papstreise mit.

In einem Gespräch mit den Redakteuren der katholischen Wochenzeitung 'Tygodnik Powszechny' im Oktober 1952 faßte der Primas seine Haltung gegenüber der Staatsmacht mit folgenden Worten zusammen: „Vom ersten Moment meiner Amtsausübung (...) an arbeitete ich an einer Verständigung, obwohl das Verhältnis der Regierung zu mir von Anfang an feindlich war, ja, obwohl man sogar nicht einmal vor Schikanen und Hinterhalt zurückschreckte. Das konnte keinen Einfluß auf mein Verhältnis zur Regierung haben. Ich bin der Ansicht, daß eine Verständigung eine unbedingte Notwendigkeit für beide Seiten darstellt. (...) Was auch immer die Zukunft bringen mag, man muß daran denken, daß die ganzen sogenannten gesellschaftlichen Errungenschaften den Charakter dauernder Errungenschaften tragen. Dazu zähle ich die Übernahme der Schwerindustrie und des Großgrundbesitzes in gesellschaftliches Eigentum. Die Kirche in Polen wird nicht um die Rückgabe der Landgüter kämpfen, sie wird auch ihre Vorwerke nicht zurückverlangen.[75] Wenn Gott von uns noch einmal Märtyrertum verlangt, verweigern wir unser Blut nicht. Aber mir scheint, daß das Ideal unserer Zeit eher sein muß, 'für die Kirche und für Polen zu leben' als zu sterben. Denn daß wir für die Kirche und für Polen sterben können, das haben wir schon gezeigt."[76]

IV. Die polnische Kirche 'im Dienste der Westgebiete'

A. Die Anfänge: Integration per Gesangbuch

Auch die Haltung der polnischen katholischen Kirche zur deutschen Frage war in erster Linie vom Problem der Oder-Neiße-Gebiete bestimmt. Die Westverschiebung Polens brachte eine Rekatholisierungswelle ungeheuren Ausmaßes mit sich; Gebiete, die seit der Reformation überwiegend evangelisch gewesen waren, kehrten zum Katholizismus zurück. Allein 3.300 Kirchen und Kapellen fielen auf diese Weise an die polnische katholische Kirche. Die katholische Hierarchie ging von Anfang an von der Endgültigkeit der Gebietsveränderungen aus und tat alles, um zur sozialen, kirchenpolitischen und staatspolitischen Integration der Gebiete beizutragen. Eine Botschaft Primas Kardinal August Hlonds an die katholische Bevölkerung der 'wiedergewonnenen Gebiete' aus dem Jahre 1948 sprach die Schwierigkeiten und Probleme an, die sich im Zusammenhang mit der Westverschiebung Polens ergaben:

„In Polen ist der Katholizismus der Glaube der Nation und die Religion der Massen. In jeder Lage war die Kirche mit dem Volk und das Volk mit der Kirche verbunden.
Und so, geliebte Brüder und Schwestern, ging die Kirche mit Euch, als die Stunde der Abrechnung des Jahrhunderts gekommen war und Ihr Euch aus allen Gegenden Polens und aus dem Ausland auf den Weg machtet, um Euch auf der Piastenerde und an der Oder anzusiedeln, an den Pommerschen Küsten und Höhen, im grünen Ermland und an den Masurischen Seen.
Anderntags, nachdem Ihr Euch in den neuen Wohnsitzen niedergelassen hattet, öffnetet Ihr die verlassenen Gotteshäuser, begabt Euch in die seelsorgerische Obhut opfermütiger Priester und gründetet neue Gemeinden von Gläubigen unter der hierarchischen Führung Eurer ebenso ehrwürdigen wie eifrigen priesterlichen Apostolischen Administratoren. (...)
Heute bereits stellen die gemeinsamen Leistungen der umgesiedelten Bevölkerung und der bisherigen polnischen Bewohner dieser Gebiete eine der großen und denkwürdigen Errungenschaften der Nation dar.“[77]

Die Worte Hlonds lassen das Selbstverständnis der Kirche bezüglich der Westgebiete erkennen, welches hier offenbar gegen Angriffe verteidigt werden mußte; sie berühren das Problem der kirchenrechtlichen Einordnung der ehemals deutschen Diözesen (die 'eifrigen Apostolischen Administratoren') und sie thematisieren die Integrationsprobleme der Um- und Neusiedler aus Ostpolen, die von der - laut Text - „bisherigen polnischen“ Bevölkerung (gemeint sind die einheimischen, also vielfach deutschen Schlesier) nicht eben mit offenen Armen aufgenommen wurden.

Mit den Umsiedlern aus Zentralpolen und den Vertriebenen aus den polnischen Ostgebieten, die häufig als geschlossene Dorfgemeinschaften zusammen mit ihrem Priester, dem Altarbild und den Kreuzwegstationen auf Leiterwagen oder in Bahnwagons nach Westen reisten, änderte sich das Verhältnis der Konfessionen zueinander - die früher protestantisch geprägten Gebiete wurden katholisch. Die Häuser der vertriebenen Deutschen wurden geplündert und in Besitz genommen; an manchen Orten standen die Neusiedler - mit der entsprechenden Behördenanweisung - vor Häusern, die von den früheren Bewohnern noch gar nicht verlassen waren. Andernorts entstanden Konflikte zwischen Neuankömmlingen und Autochthonen; Zwangsarbeiter und Auslandspolen kehrten in die Heimat zurück, russische Soldaten waren überall. Mit anderen Worten: Es herrschte ein schwer vorstellbares Chaos. Vom Krieg entwurzelte Menschen unterschiedlichster Herkunft und Religion sollten auf fremder Erde, in fremden Eigentum und in einem aufgezwungenen politischen System heimisch werden.

Unter diesen Umständen wuchs der Kirche eine entscheidende Rolle zu. Nur sie schien in der Lage, der Probleme Herr zu werden und die neu entstehende Gesellschaft zu integrieren und zu stabilisieren. Der spätere Breslauer Erzbischof und Kardinal Bolesław Kominek beschreibt in seinen Erinnerungen, wie entgegenkommend die lokalen Behörden der Kirche gegenüber waren und oft sogar um die 'Zuteilung' eines Pfarrers für eine bestimmte Ortschaft baten, „weil die Schaffung einer polnischen Pfarrgemeinde gewöhnlich den Beginn der Stabilisierung der jeweiligen Umgebung versprach.“ Die Gemeinden waren, so Kominek, „die ersten dauerhaften Einrichtungen in dieser allgemeinen Fluktuation“, und es kam sogar vor, daß „die sowjetischen Besatzungstruppen (sic!) um polnische Priester für bestimmte Orte baten.“[78]

Der erst im Herbst 1948 endgültig aus Breslau ausgewiesene deutsche Priester und Kirchenhistoriker Professor Hermann Hoffmann, ein Freund Komineks, berichtet in seinen Erinnerungen ebenfalls über die schweren Umbruchsjahre: „Der Übergang Breslaus in polnische Verwaltung ist nicht schmerzlos vor sich gegangen. (...) Die Aufrichtung von Ruhe und Ordnung in einer so zerstörten Großstadt erforderte nicht nur Mühe und Geschick, sondern vor allem auch Menschen und Zeit. Wieviel Schlupfwinkel bietet eine zerstörte Großstadt! Und wieviele Menschen nützen die Gelegenheit, die sich ergibt, wenn Gewordenes aufhört und das Werdende nur in langsamem Anmarsch kommt! Kein Wunder, daß unter solchen Verhältnissen Diebstahl und Raub blühen und mühelosen Gewinn versprechen. Es gab deutsche, polnische und russische Räuber, die einzeln oder als übernationale Räuberbanden ihren Gewinn suchten.“[79]

Auch Hans-Georg Lehmann stellt in seiner Untersuchung über den Oder-Neiße-Konflikt fest: „Integrationsfaktoren der bunt zusammengewürfelten Siedlergemeinschaft waren: der Deutschenhaß, der Kolonisationsgeist, die nationale Identität (Sprache, Abstammung, Kultur) und nicht zuletzt der Katholizismus“, und an anderer Stelle: „Den stärksten Einfluß auf die Siedler übte wohl - obgleich von Regierung und PVAP bestritten - die katholische Kirche aus. Sie tat alles, was in ihren Kräften stand, die 'urpolnischen Westgebiete' für 'Gott und Polen' nach 'Jahrhunderten der Trennung' zurückzugewinnen, und sie war von einem Missionseifer beseelt, der vielfach gegenreformatorische Züge annahm“.[80]

Bei Kominek stellt sich dieser 'Missionseifer' aus einem anderen Blickwinkel dar: „Ganz am Anfang, wenigstens im entscheidenden Jahr 1945, gab es nicht allzu viele Menschen, die ernsthaft an die polnische Zukunft dieser Gebiete glaubten. Es fanden sich jedoch von der Zukunft stark faszinierte Persönlichkeiten, voller Glauben an die neue polnische Sendung in der alten westlichen Heimat. (...) Diese Menschen verstanden es, zu ermutigen, andere zu erwärmen und ihnen unerschütterlichen Glauben und Enthusiasmus zu übermitteln. Und so entstand nahezu ein Mythos oder eine Legende der wiedergewonnenen Gebiete.“[81] Daß Kominek selbst eine dieser faszinierten Persönlichkeiten war, geht aus seinem Buch hervor, das noch heute etwas von dem damals herrschenden Pioniergeist, der Aufbruchsstimmung und dem Sendungsbewußtsein widerspiegelt.

Zur Integration der östlichen Neusiedler und der Einheimischen entfaltete die Kirchen eine rege Verlagstätigkeit. Mit Hilfe von populären Kalendern und billigen Gesangsbüchern lernten die aus dem Osten Kommenden, auf den schlesischen Annaberg zu pilgern, und die deutschsprechenden Schlesier das patriotische 'Boże cos Polskę' zu singen.[82] Zu den von Kominek aufgeführten Buchtiteln zählen Positionen wie: 'Es gingen Heilige durch Schlesien' von Banach und 'Gut, daß wir hier sind' (Dobre nam tu być) von Józef Smandzich. Kominek wurde nicht müde zu betonen, daß sich die Kirche aller ihrer Kinder ohne Rücksicht auf deren Herkommen in gleicher Weise annehme:

„Damals begann eine Aufklärung der einen wie der anderen, d.h. der Autochthonen und der Repatrianten[83] (...). Wir erklärten unseren Repatrianten durch Hirtenbriefe, entsprechende Verlautbarungen, Predigten und Konferenzen, daß die Schlesier unsere Brüder und Kinder desselben Vaterlandes und desselben katholischen Glaubens seien. Dem großen vaterländischen Baume entsprängen viele Zweige, so verschieden, wie es die polnischen Stämme seien (...).
Sie hätten auch unterschiedliche Eigentümlichkeiten der Sprache und der Aussprache. Die Sprache der Schlesier sei eine alte, ehrwürdige polnische Sprache, die in der Isolation nicht weiterentwickelt worden sei, weil Schlesien sich jahrhundertelang außerhalb der Grenzen der Republik befunden habe. Die Germanismen, welche sie verunstalteten, seien das Nebenprodukt einer gesellschaftlichen und politischen Zwangssituation.
Die Schlesier besäßen etliche soziale und staatsbürgerliche Eigenschaften, um die sie von anderen Regionen Polens beneidet würden. Außergewöhnlicher Arbeitseifer und Gewissenhaftigkeit, Ordnung in der Wirtschaft, in der Gemeinschaft und in der Wohnung, die manchmal bis zum Übermaß gepflegt werde. (...)
Den Schlesiern hingegen stellten wir die zu Hunderttausenden neu ankommenden Landsleute (...) als Opfer einer Zwangssituation vor Augen, die durch den Zweiten Weltkrieg, (...) durch die Schuld des Nationalsozialismus, entstanden sei. Diese Polen hätten während des Krieges auf dem Gebiet des ehemaligen Generalgouverements unvergleichlich mehr Unrecht erfahren als die Schlesier, die in den Grenzen des Dritten Reiches wohnten und durch die Gesetze und die deutsche Staatsbürgerschaft vergleichsweise besser geschützt gewesen seien. Wir erklärten ihnen von den Kanzeln und auf den Tref-

fen in den Pfarrgemeinden, daß die Neuankömmlinge ebenfalls Katholiken und Verehrer der Heiligsten Mutter seien. (...)
Wir freuten uns über jede neue 'gemischte' Ehe zwischen Schlesiern und Nicht-Schlesiern und über jede gemeinsame Feier oder Veranstaltung. Am besten verband die Kirche die einen mit den anderen durch gemeinsame Gottesdienste, Kirchmessen, Wallfahrten und Versammlungen".[84]

Einer der Betroffenen erinnert sich 40 Jahre nach Kriegsende: „Die Neuankömmlinge aus so äußerst unterschiedlichen Gegenden Polens – es gab auch solche aus sehr entlegenen Gebieten – gingen sehr vorsichtig an diese Gemeinschaft von Autochthonen heran. Die Reserve ging von beiden Seiten aus. (...) Die einen wie die anderen wußten fast nichts von der Vergangenheit und von dem Schicksal der jeweils anderen. Die anfängliche Sprachbarriere kam hinzu. In den Gottesdiensten konnte es noch eine Zeitlang geschehen, daß während die versammelten Gläubigen das 'Ojcze Nasz' ['Vater Unser'] begannen, dieser und jener Autochthone fromm 'Vater Unser' flüsterte, denn so hatte er es schließlich als Kind gelernt, und hier in der Kirche des Hl. Josef hatte er oftmals viele Jahre lang das Gebet des Herrn auf deutsch gesprochen. Heute ist es für die nachkonziliäre Kirche selbstverständlich, daß die Sprache des Gebets nicht das Wichtigste ist. Aber damals war es schwer, sich damit abzufinden, wenn in einem Chor von Stimmen mit deutlichem Wilnaer, Lemberger oder Posener Akzent auf deutsch gebetet wurde."[85]

B. Der langsame Aufbau von Rechtspositionen

Ebenso wie die polnische Regierung bemühte sich auch die polnische katholische Hierarchie von Anfang an um die pastorale, kirchenpolitische und auch staatspolitische Integration der neu gewonnenen Gebiete. Keine zwei Wochen nach Abschluß der Potsdamer Konferenz zu Mariä Himmelfahrt, am 15. August 1945, verankerte Kardinal Hlond mit Hilfe der ihm vom Papst übertragenen besonderen Vollmachten die polnische Kirchenverwaltung in den West- und Nordgebieten. Die kirchenrechtlich weiterbestehenden deutschen Diözesen teilte er in fünf neue Jurisdiktionen ein und berief je einen polnischen Prälaten zu ihren Apostolischen Administratoren.

Es entstanden folgende Administraturen:

1) Ermland (Warmia),
   das den polnischen Teil der Diözese umfaßte, mit Sitz des Administrators in Allenstein (Olsztyn)

2) Oppeln (Opole),
   mit einem von der Erzdiözese Breslau (Wrocław) abgetrennten Gebiet (Sitz in Oppeln)

3) Niederschlesien (Dolny Śląsk),
   das stark verkleinerte Stammgebiet der Erzdiözese Breslau, ohne das in die DDR hineinragende Gebiet und ohne das Oppelner Schlesien (Sitz in Breslau)

4) Westpommern (Pomorze Zachodnie),
   ein mit 44.836 qkm riesiges Gebiet, das von Grünberg (Zielona Góra) bis Stolp (Słupsk) reichte und Teile der Erzdiözese Berlin sowie das Gebiet der Freien Prälatur Schneidemühl (Piła) umfaßte (Sitz in Landsberg a.d. Warthe (Gorzów)) - Stettin (Szczecin) war - so Kominek - wegen seiner geographischen Lage nicht in Betracht gekommen)

5) Kulm und Danzig (Chełmno/Gdańsk)
   mit zwei Sitzen in Pelplin und Oliva.

Zwar waren die Apostolischen Administratoren - laut Ernennungsdekret Kardinal Hlonds 'ad nutum Sanctae Sedis', gemäß dem Willen des Heiligen Stuhls ernannt und mit den Rechten und Pflichten von residierenden Bischöfen ausgestattet worden, doch war es noch nie zuvor in der Kirchengeschichte zur Ernennung von Apostolischen Administratoren gekommen, die nicht zugleich Bischöfe waren. Die Ernennung schuf somit einen Präzedenzfall, dessen Vereinbarkeit mit dem kanonischen Recht noch zu prüfen war.[86] Der Inhalt der 'facultates specialissimae', die die Hl. Kongregation Kardinal Hlond am 8. Juli 1945 übertragen hatte, wurde jedoch offiziell bis heute nicht veröffentlicht. Da der Kardinal, wie Kominek schreibt, „diese Vollmachten restlos und in beinahe blitzartigem, in jedem Fall zumindest überraschendem Tempo ausnützte“[87], blieb dem Vatikan kaum etwas anderes übrig, als die vollendeten Tatsachen, vor die ihn der polnische Primas stellte, hinzunehmen. Eine ausdrückliche Anerkennung blieb jedoch aus.

Der aus Breslau stammende Moraltheologe und Priester Franz Scholz veröffentlichte in seinem 1988 erschienenen Buch 'Zwischen Staatsräson und Evangelium' die deutsche Übersetzung des Dokuments, das nach seinen Worten „irgendwie unter Verschluß gehalten" wurde und dessen italienischer Urtext auf privatem Wege in seine Hände gelangt sei. Diesem Dokument zufolge kam Kardinal Hlond tatsächlich das Recht zu, in „besonderen Situationen" Apostolische Administratoren für vakante Bischofsstühle zu benennen und sie mit den Vollmachten von Residentialbischöfen auszustatten. Strittig ist aus Scholz' Sicht allein, welches Gebiet der Vatikan mit der Formulierung „im ganzen polnischen Territorium" gemeint habe, für das die Vollmachten gelten sollten. Aus der Tatsache, daß das Dokument bereits am 8. Juli 1945, also noch vor dem Potsdamer Protokoll, abgefaßt wurde, schloß Scholz, daß die Oder-Neiße- Gebiete von der Vollmacht nicht erfaßt sein konnten. Kardinal Hlond und später Kardinal Wyszyński legten diese Formulierung jedoch anders aus.

Scholz selbst jedoch widerlegte in seinem Buch, offensichtlich ohne es zu merken, seine These vom eingeschränkten Geltungsraum der Vollmachten. Der Breslauer Priester Johannes Kaps, so führte Scholz aus, habe in einer Audienz am 10. Oktober 1945 Papst Pius XII. die „unvorstellbare, apokalyptische Situation" in der Erzdiözese Breslau vor Augen geführt. Der Papst sei „erstaunt" gewesen, wie Kaps berichtete, besonders über die Ernennung *polnischer* Administratoren. „Er habe nur an Priester der *Erzdiözese Breslau* gedacht, besonders an den früheren Generalvikar Dr. Negwer", führte Scholz unter Berufung auf Kaps aus. [Hervorhebung E.H.] Aus dieser Information geht hervor, daß Pius XII. bei der Erteilung der Vollmachten selbstverständlich auch an ehemals deutsches Gebiet gedachte hatte – es war schließlich auch vor Unterzeichnung des Potdamer Protokolls abzusehen, daß sich 'tutto il territorio polacco', so die Formulierung der Vollmacht, nach Westen hin ausdehnen würde. Nicht vorausgesehen hatte der Papst offenbar nur das Ausmaß und die Radikalität der Vertreibung, die es der polnischen Kirche (selbst wenn sie es gewollt hätte) unmöglich machte, deutsche Administratoren einzusetzen. Die römischen Vollmachten für Osteuropa dienten, wie auch Stehle in einem Artikel anmerkte, in erster Linie dem Ziel, in kirchlichen Notstandssituationen Seelsorge und Kirchenstrukturen zu sichern – auch unter Berücksichtigung neuer politischer Gegebenheiten.[88]

Die zunehmenden Proteste und Beschwerden der Vertriebenen, die nun in der Bundesrepublik lebten, zeigten schon bald Wirkung: Die kirchlichen Zentralbehörden in Rom gingen zu den Apostolischen Administratoren in den Westgebieten mehr und mehr auf Distanz. Die Ernennungen und Amtseinsetzungen nahm man zwar noch zur Kenntnis. Direkter Kontakt mit den Administratoren wurde jedoch vermieden: „Es gab fast keine direkte Korrespondenz", so Kominek. „Man vermied im Prinzip das Adjektiv 'apostolisch' und bemühte sich, für das, was in den weiten westlichen Gebieten Polens geschah, Primas Hlond die persönliche Verantwortung aufzubürden".[89] Bis in das Jahr 1967 blieb die kirchenrechtliche Stellung der Administratoren umstritten.

Unterdessen betrachteten der Vatikan und die Bundesrepublik Deutschland das Länderkonkordat mit Preußen aus dem Jahre 1929 sowie das Reichskonkordat vom 20. Juli 1933 als weiterhin gültig. Das Konkordat mit Preußen hatte die Errichtung der 'Ostdeutschen Kirchenprovinz' mit der Erzdiözese Breslau als Metropole bewirkt. Ihr unterstanden die damals neugeschaffene Diaspora-Diözese Berlin, die Diözese Ermland und die freie Prälatur Schneidemühl, die vorher direkt dem Vatikan untergeordnet war. Die Änderung der Diözesangrenzen war nach den Buchstaben des Reichskonkordats nur mit Zustimmung des 'Dritten Reiches' bzw. der Bundesrepublik Deutschland als dessen Rechtsnachfolgerin möglich. Während der polnische Episkopat den Vatikan seit Kriegsende bedrängte, die Diözesangrenzen den polnischen Staatsgrenzen anzupassen und polnische Oberhirten für die betroffenen Gebiete zu ernennen, vertrat die Bundesrepublik den Standpunkt, daß diese Gebiete nur vorläufig unter polnischer Verwaltung stünden. An eine Zustimmung der CDU-Regierung oder des deutschen Episkopats zu irgendwelchen Veränderungen im polnischen Sinne war nicht zu denken. Der Vatikan wartete auf eine völkerrechtlich gültige Entscheidung in der Grenzfrage.

In dieser Situation herrschte zwischen der deutschen und der polnischen Lobby im Vatikan ein ununterbrocher Kleinkrieg: Um jeden Punkt und jedes Komma im 'Annuario Pontificio', dem vatikanischen Jahrbuch, wurde erbittert gekämpft. Eifersüchtig wachte man darüber, ob der deutsche, polnische oder lateinische Name einer Stadt zuerst genannt wurde, ob unter 'Germania' oder 'Polonia', mit Fußnote oder ohne, welche Postadresse für die Korrespondenz mit der betroffenen Diözese angegeben wurde usw. Zur Illustration hier ein Abschnitt aus dem Buch 'Państwo i Kościół w Polsce Ludowej' [Staat und Kirche in Volkspolen] von Stanisław Markiewicz:

„Im alphabetischen Verzeichnis wurden bei der Erzdiözese Breslau sowie bei den Diözesen Ermland (mit Sitz in Allenstein) und Danzig die polnischen Bezeichnungen genannt, wenn auch in unterschiedlicher Reihenfolge. Die Erzdiözese Breslau wurde unter ihrer italienischen, deutschen und (zuletzt) polnischen Bezeichnung aufgeführt, die Diözese Ermland mit der polnischen Bezeichnung an erster und der deutschen an zweiter Stelle. Es wurden die aktuellen Adressen der genannten drei bischöflichen Kurien angeben, und dabei das Wort 'Polska'. Bei Danzig wurde Bischof Splett nicht erwähnt. In der Abteilung 'Distribuzione geografica' wurden die Erzdiözese Breslau, die Diözese Ermland und die Prälatur Schneidemühl sowohl in der Rubrik 'Germania' als auch 'Polonia' aufgeführt. Bei Breslau wurde im alphabetischen Verzeichnis der Diözesen eine Notiz aufgenommen, in der wir lesen: 'Der apostolische Stuhl unternimmt solange keine endgültigen Veränderungen in bezug auf die Diözesangrenzen, wie Probleme des Völkerrechts, die jene Gebiete betreffen, nicht durch Verträge geregelt wurden und vollständige Anerkennung erlangt haben.' (...)
Kurz darauf wurde jedoch dem 'Annuario Pontificio 1958' eine Ergänzung beigefügt mit der Erklärung, daß die im Jahrbuch durchgeführten Änderungen keinen politischen Charakter gehabt hätten; die aktuellen Adressen der bischöflichen Kurien seien angegeben worden, um (...) den Postverkehr zu erleichtern. In der Ergänzung wurde der Name Spletts als bischöflicher Ordinarius der Diözese Danzig wieder hinzugefügt. – Die Autoren des 'Annuario Pontificio 1959' zogen einige der im Jahr zuvor eingeführten Verbesserungen wieder zurück. In der Abteilung 'Distribuzione geografica' (...) gibt es unter dem Titel 'Polonia' die Erzdiözese Breslau, die Diözese Ermland und die Prälatur Schneidemühl nicht mehr, diese Einheiten figurieren nur noch unter der Rubrik 'Germania'."[90]

Im Vatikan herrschte, besonders unter Pius XII., der in den Jahren 1930 bis 1939 als Nuntius bzw. Kardinalstaatssekretär Eugenio Pacelli in Deutschland das Reichskonkordat vorbereitet hatte, eine eher deutsch- als polenfreundliche Stimmung. Die neue polnische Regierung wurde vom Vatikan nicht anerkannt; dagegen war noch lange Jahre ein Vertreter der Londoner Exilregierung im Vatikan akkreditiert. Stehle beschreibt das Dreiecksverhältnis 'Vatikan - polnische Kirche - polnische Regierung' so: „Das Bemühen [d.h. die Einrichtung der polnischen Kirchenverwaltung durch Kardinal Hlond, E.H.] zugleich auch als Anerkennung der neuen Lage durch den Vatikan darzustellen, mußte schon deshalb erfolglos bleiben, weil die römische Kurie sich aus allem völlig heraushielt (...). 'La Polonia fara da se' - Polen erledigt seine Dinge selbst, hieß die römische Parole. Man hatte Hlond freie Hand gegeben. (...) Der Heilige Stuhl hielt sich heraus - und (...) brachte auch die polnische Kirche ins Zwielicht und in Verlegenheit."[91]

Die Quittung ließ denn auch nicht lange auf sich warten. Am 12. September 1945 kündigte die 'Regierung der Nationalen Einheit' das Konkordat, das der Apostolische Stuhl im Jahre 1929 mit der Republik Polen geschlossen hatte. Es habe aufgehört, verpflichtend zu sein, so die Regierung in der Ministerratserklärung, „da es vom Apostolischen Stuhl während der Besatzungszeit durch Rechtsakte des Apostolischen Stuhls, die im Gegensatz zu den Bestimmungen standen, einseitig gebrochen wurde".[92]

Gemeint war der Danziger Bischof Splett, der seine Jurisdiktion während der Besatzungszeit auf die Diözese Kulm (Chełmno) ausgedehnt und einen deutschen Administrator für die deutschen Katholiken in der Erzdiözese Gnesen-Posen (Gniezno-Poznań) eingesetzt hatte. Da aber laut Artikel IX des Konkordats „kein Teil der Republik von einem Bischof abhängig sein wird, dessen Sitz sich außerhalb der Grenzen des polnischen Staates befindet" und außerdem für jede Veränderung der Hierarchie oder der Diözesangrenzen die Zustimmung des polnischen Staates erforderlich gewesen wäre[93], verstieß das Vorgehen von Bischof Splett gegen die Bestimmungen des Konkordats. Zur eigentlichen Intention der Konkordatskündigung meinte Castellan: „In Wirklichkeit ging es darum, die polnische Hierarchie zu umfassenden Verhandlungen mit dem Ziel zu zwingen, die Stellung der Kirche innerhalb der neuen politischen Ordnung zu präzisieren.".[94] Stehle vermutete hingegen, daß der Kirche die Kündigung des Konkordats zupaß kam, da sie nun ihre Ämter in Polen so selbständig wie nie zuvor habe besetzen können. Daher habe sie auch keine Eile an den Tag gelegt, was neue Verhandlungen über die Stellung der Kirche betraf, zumal man zum damaligen Zeitpunkt die Lage der polnischen Kirche noch nicht als bedrängt ansah.[95]

Obwohl die Regierung betonte, daß die als Kündigungsgrund genannten Beschwerden sich nur gegen den Vatikan richteten, verband sich mit der Konkordatskündigung auch der erste offizielle unfreundliche Akt gegen die polnische Kirche: „In Abwägung der Tatsache, daß der Apostolische Stuhl im Gegensatz zur Mehrheit der Staaten bisher die Provisorische Regierung der Nationalen Einheit nicht anerkannt hat und daß infolgedessen zwischen ihr und dem Apostolischen Stuhl keine normalen diplomatischen Beziehungen bestehen, nimmt die Regierung der Nationalen Einheit die Nominierung Apostolischer Administratoren, die der Apostolische Stuhl am 15. August vornehmen ließ, nicht amtlich zur Kenntnis", hieß es in dem schon genannten Dekret des Ministerrats - ungeachtet der Tatsache, daß die Nominierung ja eigentlich nicht vom Heiligen Stuhl vorgenommen worden war und daß die Nichtanerkennung der Diözesenneueinteilung letztlich gegen polnische Interessen verstieß.

Die polnische katholische Hierarchie befand sich somit in einer mißlichen Lage: Weder war die römische Kurie bereit, die Rekatholisierung der neuen polnischen West- und Nordgebiete gebührend zu würdigen[96], noch wollte die neue polnische Regierung die staatspolitischen Entscheidungen Kardinal Hlonds anerkennen. Das Dilemma schien kaum lösbar: Die polnischen Bischöfe konnten einerseits unmöglich mit den Kommunisten gegen den Vatikan Partei ergreifen, noch waren sie andererseits willens oder in der Lage, die Interessen der vertriebenen Deutschen, soweit diese vom Vatikan gewahrt wurden, im eigenen Lande zu vertreten. Da die Macht der polnischen Kirche in erster Linie auf ihrem Rückhalt im Volk beruhte, durfte die Hierarchie keinen Zweifel an ihrer nationalen und patriotischen Gesinnung aufkommen lassen, um ihre Position nicht zu gefährden. Daß die ehemals deutschen Gebiete von nun an zum polnischen Staatsgebiet gehören würden, unterlag für die Bischöfe keinem Zweifel. Dies war für sie nicht nur ein Akt der historischen Gerechtigkeit Gottes, sondern auch und vor allem eine unumstößliche politische Tatsache.

Zu dem klar erkennbaren Interesse der polnischen Kirche an der nationalen und kirchenrechtlichen Integration der Westgebiete, trat als weiteres Moment der Wunsch hinzu, dieses Ziel ohne kommunistische 'Hilfe' zu erreichen. Da die staatliche Propaganda mit dem Vorwurf arbeitete, daß der Kirche gar nicht an der Stabilisierung der

Westgebiete gelegen sei und sie dieser sogar entgegenwirke, verstärkte die Kirche ihr Engagement in den neuen Westgebieten und trat noch entschiedener als zuvor für deren Integration in den polnischen Staat ein.

Von seiten des Vatikans war keinerlei Hilfe zu erwarten - im Gegenteil. Bereits im Dezember 1945 stellte Papst Pius XII. in seiner Weihnachtsbotschaft an das Kardinalskollegium fest: „Das Friedensgebäude stützt sich auf brüchige Fundamente, die stets zum Einsturz zu führen drohen, wenn neue Grenzen mit einem Federstrich festgelegt werden, wenn man mit einer willkürlichen Entscheidung das ökonomische Leben eines Volkes ruiniert, wenn mit offenkundiger Grausamkeit Millionen von Menschen umgesiedelt werden, Hundertausende von Familien, die ins allerschrecklichste Elend getrieben werden und deren Zivilisation und Kultur, die ganze Generationen schufen, ausgelöscht werden."[97]

Im Januar 1946 drückte Pius XII. in einem Brief an die deutschen Bischöfe sein besonderes Mitgefühl für die Heimatvertriebenen aus. Auf noch größere Resonanz in Polen, ja auf Empörung, stieß jedoch sein Brief vom 1. März 1948 an die deutschen Bischöfe. Hier plädierte der Papst dafür, „das, was geschehen ist, in dem Maße in dem das noch möglich ist, rückgängig zu machen"[98].

Primas Hlond sah sich genötigt, sich am 24. Mai 1948 mit einer eigenen Botschaft an die Bewohner der Westgebiete zu wenden und diese zu beruhigen: „Nicht wenig bleibt Euch noch zu tun. Gleichwohl gibt es keinen Zweifel daran, daß Ihr dort endgültig das polnische und das kirchliche Leben begründet. Haltet aus! Laßt Euch nicht ängstigen oder entmutigen! Seid vertrauensvoll und ruhig! Das, was Ihr schafft, soll für Jahrhunderte bestehen. Die Kirche wird bei Euch und bei Euren Kindern sein, von Jahr zu Jahr die Reihen Eurer Kapläne erweitern und das seelsorgerische Netz verdichten. Laßt Euch nicht irreführen und laßt keinen Zwiespalt in Eure Seele eindringen, als ob die Kirche Vorbehalte bezüglich der polnischen Zukunft der Wiedererlangten Gebiete haben könnte. Es gibt nämlich keine Gründe, aus denen die Kirche eine Verkleinerung des Gebietes der Republik erstreben sollte. Grundlos sind Behauptungen, daß die Kirche eine Revision der Grenzen des polnischen Staates anstrebe. (...) Entgegen anderslautenden Gerüchten versichere ich Euch auch, geliebte Brüder, daß Polen keine Geichgültigkeit, und noch weniger eine Benachteiligung von seiten des Heiligen Stuhls zu befürchten hat."[99]

Im weiteren Verlauf der Botschaft zitiert Hlond Fragmente aus Briefen des Papstes an die polnischen Bischöfe, in denen Pius XII. sein Mitgefühl mit dem polnischen Volke und denjenigen bekundet, „die durch geschichtliche Notwendigkeit gezwungen wurden, sich an einen anderen Aufenthaltsort umzusiedeln".

Nach der Entfernung der Administratoren durch die Kommunisten im Jahre 1951 spitzte sich das Verhältnis zwischen Staat und Kirche weiter zu. Auf den Protest des Episkopats hin erläuterte ein Regierungsvertreter dem Sekretär der Bischofskonferenz, man habe ja nun die Lage des Episkopats gegenüber dem Apostolischen Stuhl erleichtert. Genau das Gegenteil war der Fall. Die Lage hatte sich inzwischen soweit verschlechtert, daß der Episkopat, um eine weitere Eskalation zu verhindern, auf einen öffentlichen Protest verzichtete und Wyszyński sich selbst als Apostolischen Administrator einsetzte. So konnte er die Kapitularvikare zu seinen Generalsvikaren ernennnen und ein Schisma der Kirche vermeiden. Immer dringlicher erschien ihm jedoch eine Reise nach Rom. Als er Anfang April 1951 endlich fahren konnte, hatte Wyszyński vor dem Papst keine leichte Position zu vertreten. Er mußte sein im Vatikan mit Mißfallen aufgenommenes Abkommen mit der Regierung rechtfertigen und zugleich um vatikanische Zugeständnisse bezüglich der Westgebiete bitten. Es gelang ihm tatsächlich, den Papst dazu zu bewegen, die abgesetzten Administratoren zu Titularbischöfen[100] zu nominieren, ein - wie Stehle es nennt - „für Polen minimales, für den Vatikan maximales Entgegenkommen des Papstes".[101] Immerhin konnten diese Ernennungen als erster Schritt hin zur päpstlichen Anerkennung der von Kardinal Hlond geschaffenen Tatsachen verstanden werden.

Nach seiner Rückkehr nach Polen gelang es Wyszyński allerdings nicht, Staatspräsident Bierut für die Einsetzung der Titularbischöfe, die mit den eben erst abgesetzten Administratoren identisch waren, zu gewinnen. Er verzichtete daher vorerst auf die Bekanntgabe der päpstlichen Entscheidung und sprach lediglich etwas nebulös von „Entscheidungen, die große Bedeutung für eine günstige Einrichtung der kirchlichen Verhältnisse" in den Westgebieten hätten, und erklärte, daß die „Realisierung dieser Entscheidungen" noch Zeit verlange.[102] Darüberhinaus gab sich der Primas in diesem Interview größte Mühe, die Einstellung des Vatikans zu den Westgebieten als möglichst polenfreundlich darzustellen. Wyszyński engagierte sich von nun an noch mehr für die Westgebiete und besuchte sie 1950/51 in drei längeren Reisen.

Ein Gegner ganz besonderer Art trat ihm dabei in der Person des regimetreuen Katholiken Bolesław Piasecki entgegen. Am 1. Januar 1952 antwortete der PAX-Vertreter in einem Artikel der regierungstreuen katholischen Tageszeitung 'Słowo Powszechny' auf das Interview Wyszyńskis im Konkurrenzblatt 'Tygodnik Powszechny'. Er warf ihm Schönfärberei in bezug auf das Verhältnis der römischen Kurie zum polnischen Episkopat vor und führte folgende Gründe für die reservierte Haltung Roms an: „Erstens die fehlende Bereitschaft, sich die Gunst der Westdeutschen zu verscherzen, deren Einflüsse in der Kurie grundlegenden Charakter haben. Zweitens die fehlende Bereitschaft, sich den amerikanischen Einflüssen entgegenzustellen, die die Stabilisierung der Kirche in den polnischen Gebieten nicht wollen, weil sie mit diesen Gebieten die Rache- und Eroberungstendenzen der deutschen Soldaten aufstacheln, die sie für die Armeen des Atlantischen Paktes brauchen.
Diese Tatsachen sind so unbestreitbar, daß alle Versuche, die Politik des Staatssekretariats [des Vatikans, E.H.] als vorteilhaft für Polen hinzustellen, vollkommen zum Mißerfolg verurteilt sind."

Trotz aller Kritik und ungeachtet der ablehnenden Haltung des Vatikans und der Störversuche der Kommunisten verfolgte Primas Wyszyński unbeirrt sein Ziel der kirchenrechtlichen Integration der Westgebiete in Polen: 24 Jahre nach seiner Amtseinsetzung sollte er es erreichen.

Die Ernennung der Kapitularvikare zu Generalvikaren des Primas brachte Wyszyński den Vorwurf der Regierung ein, die Stellung der Kapitularvikare zu untergraben. Nachdem aus Rom auf eine erneute Bitte des Primas um die Änderung der Diözesangrenzen eine ablehnende Antwort eingegangen war, entschloß sich der Primas, seine gerade erst ernannten Generalvikare mit Hilfe der am 18. April 1951 in Rom bestätigten 'facultates specialissimae' zu besonderen Delegierten mit den Rechten residierender Ordinarien zu erheben. Die näheren Umstände dieses erneuten Alleingangs des Primas sind nicht genau zu klären, weil die entsprechenden Dokumente bis heute nicht veröffentlicht wurden.[103] Der Primas mußte damit rechnen, daß die von den Kommunisten lancierten Kapitularvikare auch ohne seine Erlaubnis alle bischöflichen Funktionen ausüben und die Gläubigen damit in einen kaum zu überwindenden Zwiespalt stürzen würden. Wie sollte denn ein von einem Kapitularvikar geweihter Priester in Zukunft behandelt werden? Offener Widerstand, das Festhalten an den abgesetzten Würdenträgern war unmöglich. Andererseits bedeutete die Ausstattung der Kapitularvikare mit bischöflichen Rechten faktisch die Sanktionierung der staatlichen Einmischung in die kirchlichen Angelegenheiten. Die Regierung hatte einen Ansatzpunkt gefunden, die Geschlossenheit der kirchlichen Hierarchie aufzubrechen.

Auf Vermutungen bleibt man auch angewiesen, wenn es um die Frage der Umsetzung geht:

- Hatte Wyszyński wirklich allen Generalvikaren die Vollmachten von residierenden Ordinarien übertragen?

- Warum schreibt dann Micewski, daß Wyszyński nach dem Kirchenrecht weiterhin Ordinarius des Ermlands und des Oppelner Schlesien geblieben sei?[104]

- Warum nennt es Wyszyński 1958 im Gespräch mit Johannes XXIII. absurd, daß er formell Ordinarius von sechs Diözesen sei?

- Zog etwa die Ausstattung der Generalvikare mit den Vollmachten residierender Ordinarien keine kirchenrechtlichen Konsequenzen nach sich? Blieb formell alles beim Alten?

Eine weitere Station auf dem Weg zur kirchenrechtlichen Stabilisierung der Westgebiete war die Bildung eines neuen Domkapitels in Breslau. Ende Mai 1952 erklärte Wyszyński die Plätze des Breslauer Domkapitels, deren sieben deutsche Inhaber nicht mehr in Polen weilten, für vakant und berief ein neues Domkapitel. Bei seiner Zusammensetzung mußte er – zumindest in einem Fall – die Wünsche der Regierung berücksichtigen. In einem feierlichen Akt wurde das neue Domkapitel eingesetzt, das den Wunschkandidaten der Regierung, Kapitularvikar Kazimierz Lagosz, noch einmal in seinem Amt bestätigte, obwohl dieser – wie Marschall anmerkte – „als staatstreuer Priester vom gläubigen Volk entschieden abgelehnt" wurde.[105]

Dem Primas ging es dabei in erster Linie um die kirchenrechtliche Gültigkeit des vollzogenen Aktes, um deretwillen er andere Gesichtspunkte zurückstellte - die Gläubigen sollten rechtsgültig gewählte Hirten erhalten. Wie Micewski schreibt, war Wyszyński sich darüber im klaren, daß der feierliche kirchliche Akt 'Mißtöne' in Polen und Deutschland hervorrufen würde; in Polen wegen der kompromißhaften Zusammensetzung des neuen Kapitels, in Deutschland u.a. wegen des Protests der bisherigen Mitglieder des Domkapitels. „Der Primas war sich all dieser Vorbehalte bewußt, jedoch vollkommen von dem, was er tat, überzeugt", meinte sein Biograph.[106]

Gegen Anfang Mai 1952 unternahm Wyszyński eine große seelsorgerische Reise in die kirchenpolitischen Problemgebiete, hielt Dutzende von Ansprachen und Predigten und erteilte die Sakramente, vor allem das der Firmung. Seine Reiseeindrücke faßte der Primas wie folgt zusammen: „Über alle Gedankengänge hinaus ragt die Tatsache, daß die Kirche von neuem hier ist. Und das sofort als allerwichtigste, notwendigste und einigende Kraft. Denn alles andere ist hier schwach: Die Verwaltung ist miserabel, dem wirtschaftlichen Leben sind durch die Doktrin und durch die Kolchosen die Wurzeln abgeschnitten, das Volk fühlt sich vorläufig. Aber es bleiben hier die Kapläne mit ihrer kirchlichen Organisation, und das Gebet wird nicht aufhören. (...) Und dadurch leistet sie auch dem Staat, der hierher kam, den wichtigsten Dienst."[107]

Die polnische Regierung verlangte immer kategorischer vom polnischen Primas, er möge von sich aus, ohne Zustimmung des Heiligen Stuhls, reguläre Bischöfe ernennen und die Diözesangrenzen verändern. In diesem Punkt jedoch blieb der sonst nach jedem neuen Gewaltakt erneut gesprächsbereite Primas unzugänglich. Um ihn zum Nachgeben zu zwingen, verbot man ihm, zur Entgegennahme des Kardinalhutes nach Rom zu fahren. Wyszyński wies in einem Gespräch mit Vertretern der Regierung im Dezember 1952 vergeblich darauf hin, daß dieses Verbot sich gegen die polnischen Interessen in den Westgebieten auswirken werde.

Im April 1953 erfuhr der Primas über den PAX-Vertreter Piasecki von dem Plan, die Administraturen Oppeln (Opole) und Landsberg an der Warthe (Gorzów), die ja durch Hlond von der Diözese Breslau (Wrocław) abgetrennt worden waren, wieder mit der Administratur Breslau zu verbinden, um auf diese Weise einen Bischof für Breslau zu erhalten. Wie sich herausstellte, stammte dieses Projekt von dem Breslauer Kapitularvikar Lagosz, der sich selbst gerne mit dem Bischofstitel schmücken wollte. Um solchen Spekulationen ein Ende zu bereiten, gab der Primas auf der Sitzung des Episkopats Anfang Mai 1953 die zwei Jahre lang geheimgehaltenen Nominierungen der Titularbischöfe namentlich bekannt. Da es sich hierbei um die früheren Administratoren der von Hlond entworfenen Kirchenverwaltungsbezirke handelte, hatte der Plan von Lagosz nun keine Chance mehr. Der Primas verteidigte seine Konzeption, daß Landsberg und Oppeln einmal vollberechtigte Diözesen sein sollten.

Die erste Etappe des kirchlichen Engagements für die Integration der Westgebiete endete am 23. September 1953 mit der Verhaftung Wyszyńskis. Die Staatsmacht führte auch hier die Frage der Westgebiete als Begründung an: Wyszyński habe, so erklärte die 'Trybuna Ludu' am 26. November 1953, „gemäß den Wünschen der römischen Kurie alles getan, um eine Stabilisierung der kirchlichen Verwaltung in den Wiedererlangten Gebieten zu verhindern"; zudem, so hieß es in dem Presseorgan der PVAP weiter, trage der Primas die Verantwortung für die „den westdeutschen Kreuzrittern erwiesene effektive Hilfe".

Drei Jahre später, im Oktober 1956, als Gomułka den internierten Primas bat, doch wieder nach Warschau zurückzukehren, stellte dieser u.a. die Bedingung, daß die vom Papst nominierten Titularbischöfe anstelle der Kapitularvikare in den Administraturen eingesetzt würden. Micewski bezeichnete die Einsetzung der Titularbischöfe als „den wohl größten Triumph des Primas" unter den neuen Vereinbarungen zwischen Staat und Kirche 1956.

Bolesław Kominek, damals Titularbischof in Breslau, beschrieb die neue Situation so: „Dank der Kirchenpolitik der Behörden der VR Polen im Jahre 1956 wurde in Rom ein riesiger Schritt nach vorne in Richtung der kirchenrechtlichen Stabilisierung getan. Das neue Zugeständnis, welches beim Apostolischen Stuhl erreicht wurde, besaß in höherem Maße psychologisch-spektakuläre, denn rechtliche Bedeutung. Aber gerade das war zum gegebenen Zeitpunkt in den Westgebieten am meisten vonnöten. (...) Der Episkopat behandelte die westlichen Diözesen unter der besonnenen Führung Primas

Wyszyńskis immer deutlicher 'per viam facti' und durch die Praxis des täglichen Lebens wie selbständige Diözesen im vollen Sinne des Wortes."[108] Der Vatikan hatte allerdings eigens in einer Note hervorgehoben, daß die Einsetzung der Titularbischöfe die Rechtslage nicht verändere.

Einen Rückschlag erlitten die Bemühungen der polnischen Kirche im April 1959, als das Kircheneigentum in den Westgebieten verstaatlicht wurde. Auch erwies sich im Rahmen der zunehmenden antikirchlichen Schikanen, daß den Westdiözesen die höchsten Steuern auferlegt wurden. Im März 1960 gab sich die Regierung erneut gesprächsbereit, da sich in den Westgebieten – „unter anderem als Resultat der antikirchlichen Politik der Regierung" die „Autochthonen massenhaft vom Polentum abwandten", wie Micewski es formulierte.[109] Schon im November desselben Jahres jedoch verlangten die Wojewodschaftsbehörden von Bischof Kominek den Abschluß von Mietverträgen und die Bezahlung von Miete für die Benutzung sakraler Objekte in Breslau – die Situation wurde zunehmend absurder. Im Dezember schrieb Kominek einen Protestbrief an Gomułka, der jedoch zunächst keine Wirkung zeigte.

Mit Johannes XXIII. kam bereits im Oktober 1958 ein den Polen wohlgesonnener Papst auf den Stuhl Petri. Wyszyński war mit dem ehemaligen Patriarchen von Venedig, Kardinal Roncalli, schon vor dessen Wahl zum Papst befreundet gewesen. Johannes XXIII. bestätigte und erweiterte Wyszyńskis Vollmachten, die Kirchenpolitik in Polen nach eigenem Ermessen zu führen. Im März 1962, während eines erneuten Besuchs des Primas im Vatikan, wurde Bolesław Kominek zum Titularerzbischof erhoben, „mit Sicherheit in Hinblick auf die Bedeutung der [Diözesan-, E.H.] Hauptstadt Breslau", wie Kominek selbst kommentierte.[110] Der Papst versprach, den Diözesen Danzig und Ermland sein besonderes Augenmerk zu schenken. Eine auch staatspolitisch wichtige Entscheidung des Papstes betraf das Verhältnis des Vatikans zur polnischen Exilregierung in London, – der Akkreditierungsvertrag des Vertreters der Exilregierung wurde nicht mehr verlängert.

Ein besonderer Erfolg wurde den polnischen Bischöfen zu Beginn des Zweiten Vatikanischen Konzils zuteil. Johannes XXIII. empfing am 8. Oktober 1962 die am Vortage als erste Delegation aus einem Ostblockland eingetroffenen polnischen Bischöfe mit einer ausgesprochen herzlichen Ansprache. Er unterstrich seine persönliche Sympathie für Polen, erzählte von einer früheren Polenreise und würdigte die Denkmäler, die Polen einem seiner Landsleute errichtet habe, auch in „Wrocław, in den nach Jahrhunderten wiedergewonnenen Westgebieten“[111]. Diese Ansprache des Papstes während einer Privataudienz wurde drei Tage später auf Briefbögen des Konzil-Presseamtes in polnischer Sprache veröffentlicht und erregte sofort großes Aufsehen. Der Botschafter der Bundesrepublik wurde im vatikanischen Staatssekretariat mit einer Protestnote vorstellig, die jedoch nicht angenommen wurde, da das Staatssekretariat keine offizielle Erklärung abgegeben habe.

Auf weiteres Drängen erhielt der Botschafter schließlich vom Leiter des Konzil-Presseamtes eine schriftliche Erklärung, daß die betreffende Verlautbarung nicht vom Presseamt herausgegeben worden sei; das Papier sei unrechtmäßig benutzt worden. Außerdem wurde dem Botschafter versichert, daß der Standpunkt des Heiligen Stuhls hinsichtlich der Ostgebiete unverändert sei.[112] Daß der Papst sich jedoch von der Veröffentlichung nicht distanzierte, sondern im Gegenteil die polnischen Bischöfe danach noch zweimal empfing, rief eine entsprechend heftige Reaktion in der Bundesrepublik hervor. Herbert Hupka, der Vorsitzende der Vertriebenenverbände, warf dem Vatikan „zweisprachiges Taktieren“ vor: „Privat bedient sich der Papst der Rede weiter, wie wir sie aus der kommunistischen Terminologie uns gegenüber kennen (...). Um es knapp auszudrücken: Für uns Deutsche hat das Vatikanische Konzil mit einem Mißklang begonnen.“[113]

In der Tageszeitung 'Die Welt' war am 16. Oktober 1962 zu lesen: „In deutschen diplomatischen Kreisen hat der Text der Rede deutliches Befremden hervorgerufen. Man fragt sich, wie diese Papstäußerung zu vereinbaren sei mit dem bisher vom Vatikan strikt eingehaltenen Grundsatz, daß die Oder-Neiße-Linie nicht eingehalten werden könne und daß an eine Änderung der Diözesangrenzen in den polnisch verwalteten deutschen Ostgebieten nicht zu denken sei, solange noch kein deutscher Friedensvertrag oder eine andere allgemein anerkannte Vereinbarung abgeschlossen worden ist.“

Ein halbes Jahr später war Johannes XXIII. nicht mehr am Leben. Während ihm in Polen – in Breslau – ein Denkmal errichtet wurde, formulierte man in der Bundesrepublik fast schon makaber anmutende Nachrufe, wie etwa in der 'Würzburger Allgemeinen Sonntagszeitung': „Gott hat am Pfingstmontag 1963 unmißverständlich gesprochen. Mitten in den Tagen, in denen heiß debattiert wurde, ob es opportun sei, daß das Oberhaupt der katholischen Kirche den höchsten Vertreter aus dem Weltkommunismus im Vatikan empfangen soll, hat der Herr über Leben und Tod Papst Johannes XXIII. in die Ewigkeit heimgerufen. Der Mensch denkt, und Gott lenkt."[114]

Direkte Folgen hatte die Äußerung Johannes XXIII. insofern, als der Breslauer Titularerzbischof Bolesław Kominek die Erlaubnis erhielt, zu den Konzilsvätern hinzuzustoßen, was später nicht folgenlos bleiben sollte. Auch Wyszyńskis Bemühungen wurden nun offiziell gewürdigt: Der polnische Botschafter in Rom sah sich plötzlich genötigt, sich beim Primas für seine Nichtanwesenheit auf dem Bahnhof bei dessen Ankunft zu entschuldigen. Doch die Eintracht dauerte nicht lange. Schon bald schwenkte die polnische Regierung von der Linie 'antipolnisches Komplott zwischen Vatikan und Episkopat' auf die Gegenüberstellung 'guter Papst - böser Primas' über.

Die Bemühungen Wyszyńskis unter dem neuen Papst Paul VI. konzentrierten sich zunächst auf Danzig. Während der zweiten Konzilssitzung im Oktober 1963 begann man im Vatikan über die polnischen Diözesen in den Westgebieten nachzudenken. „Der Heilige Vater beabsichtigte, Bischof Splett den Rücktritt von seiner Danziger Diözese aufgrund seiner Nichtanwesenheit in deren Gebiet vorzuschlagen", meinte Micewski.[115] Mitte Oktober sprach Wyszyński in dieser Angelegenheit mit dem Vorsitzenden der deutschen Bischofskonferenz, Kardinal Joseph Frings, sowie mit dem Danziger Bischof Carl Maria Splett. Anfang Dezember erneuerte der polnische Primas seine Petition beim Papst, da Splett auf den Rücktrittsvorschlag nicht reagiert hatte. Am 9. März 1964 - Bischof Splett war inzwischen verstorben - traf die Nominierung des polnischen Bischofs Edmund Nowicki für die Diözese Danzig beim Primas ein. In der Ernennungsurkunde tauchte jedoch das Wort 'Polen' nicht auf - eine Tatsache, auf die der Apostolische Nuntius in Bonn den damaligen Vorsitzenden des Vertriebenenverbandes, Wenzel Jaksch, in einem langen Rechtfertigungsbrief hinwies. Danzig, welches nicht vom Reichskonkordat erfaßt war, blieb bis 1972 dem Vatikan direkt unterstellt.

Das Engagement sowohl Wyszyńskis als auch Komineks für die Sache der Westgebiete verdeutlichten einmal mehr die 20-Jahr-Feiern

der polnischen Kirche vom 31. August bis zum 2. September 1965 in Breslau, die auch in der Bundesrepublik viel - negatives - Aufsehen erregten. Vorangegangen war bereits am 23. Juni 1965 ein Hirtenbrief zum 20jährigen Bestehen der kirchlichen Organisation in den West- und Nordgebieten, in dem an Kardinal Hlonds Botschaft vom Mai 1948 angeknüpft wurde: „Wir stehen heute hier im Gefühl der sichtbaren Intervention Gottes", heißt es in dem Brief, „wodurch wir den einheitlichen Standpunkt aller Kinder des polnischen Volkes vertreten, die ohne Rücksicht auf ihre politische oder weltanschauliche Orientierung der Ansicht sind, daß die Westgebiete im Sinne natürlicher Gerechtigkeit untrennbar mit dem Mutterland verbunden sind. So denken wir und das bekennen wir! (...)
Geliebteste Kinder! Wir gehen im Glauben ins neue Jahrtausend. Wir stehen an der Schwelle, am Vortage der Tausendjahrfeier der Taufe Polens. (...) Denkt nur, wie Gott manches Mal auf den Karten der Geschichte mit seinem Finger der Vorsehung schreibt! Im Jahr 1000 stand der heldenhafte König Bolesław der Tapfere gemeinsam mit dem römischen Imperator, seinem Freund Otto III., am Grabmal des Hl. Adalbert auf dem Lech-Hügel in Gnesen (...). Damals entstand die erste polnische Metropole. Sie umfaßte die ersten hierarchischen Diözesen der polnischen Kirche: Gnesen, Krakau, Breslau.
(...) Nach tausend Jahren stehen wir wieder am gleichen Ort (...). Ist das nicht vielsagend? Ist das nicht der Finger Gottes, der in der Geschichte unseres Volkes schreibt?! Ist das keine Weisung für zukünftige Generationen?"[116]

Dieses Musterbeispiel der polnischen Vertriebenenseelsorge trägt ganz die Handschrift Wyszyńskis: Von der väterlichen Anrede „Geliebte Kinder!" zu dem mit sicherem Gefühl eingesetzten vollen Pathos, der keinen Zweifel laut werden läßt an der eigenen Position, und - unüberhörbar - der ahistorisch-propagandistische Ton. Der gleiche Ton bestimmt Wyszyńskis Predigt zur 20-Jahr-Feier am 31. August 1965. Hier fielen die später oft (und ungenau) zitierten Worte, wonach die Steine in Breslau polnisch sprächen. Die umstrittensten historischen Passagen der Predigt lauteten:

„Schaut euch um! Schaut auf die herrlichen Heiligtümer, die uns auf der Dominsel umgeben. Das sind Zeugen unserer uralten Vergangenheit hier. Die ganze heutige Stadtmitte Breslaus - sein Stolz - entstand zu polnischen Zeiten. (...)

Wir entziffern, Geliebte, steinerne Relikte. In den Kathedralen aus dem Jahre 1000 erkennen wir unsere Zeichen. Diese steinernen Relikte und wunderbaren Zeichen der Vergangenheit reden: Wir waren hier! Ja! Wir waren hier! Und wir sind wieder hier! (...) Wir verstehen diese Sprache! Die irdischen Überreste, die in unterirdischen Gängen blieben (...), sprechen zu uns in unserer Muttersprache. (...) Wenn wir auf die Heiligtümer der Piasten schauen, uns hineinfühlen in ihre Sprache, dann wissen wir: Bestimmt ist das nicht ehemals deutsches Erbgut, das ist polnische Seele!"[117]

Wyszyńskis Redeweise war stets von zwei Faktoren geprägt: vom Zuhörer und vom angestrebten Ziel. In Breslau waren Zielgruppe und Zweck der Rede klar umrissen: Angesprochen waren acht Millionen polnische Bewohner der Oder-Neiße-Gebiete, und es galt, diese historisch entwurzelten Menschen fest in die polnische Geschichte einzubinden, ihnen das Gefühl der Zugehörigkeit zu einer Tradition zu vermitteln und sie so immer enger mit dem historischen Polentum zu verbinden. Dabei hat die Geschichte in Wyszyńskis Augen dienende Funktion:

„Es geziemt sich, geliebte Kinder, aus der Geschichte das hervorzuholen, was edel ist. In die Geschichte fallen freudige und schmerzliche Momente. Vielleicht gibt es der schmerzlichen mehr, vielleicht bleiben sie uns tiefer im Gedächtnis als die freudigen, denn sie verwunden, sind ein Dorn, den man nicht aus dem Herzen herausreißen kann und durch den die Vergangenheit verwundet ist. Richtig jedoch handelt, wer nüchtern auf die Geschichte schaut und es vermag, aus ihr alles hervorzuholen, was edel ist, was der Mensch, gestützt auf Gottes Gnade und brüderliche Liebe erzielt hat, um die kommenden Generationen damit zu nähren. (...)
Aber es ist nicht unsere Sache, in diesem Augenblick Historiker zu spielen, wir fühlen uns dazu durchaus nicht gewappnet. Aus der fernen Vergangenheit wählen wir das, was erquickt, den Geist aufrichtet, was uns ein rechtfertigendes Argument ist für unsere Anwesenheit heute hier, für das Gebet und das 'Te Deum' des Breslauer Gebiets!"[118]

Die Fragmente zeigen, daß Wyszyński, wie er selbst sagt, kein Historiker ist. Die Geschichte gleicht ihm einem großen Reservoir von Ereignissen, aus dem man nach Bedarf auswählt, was der 'geistigen Erhebung und moralischen Stärkung' zuträglich ist. Es kann hier nicht darum gehen, die Richtigkeit der Argumente und der Geschichtsauffassung Wyszyńskis zu überprüfen, zu kritisieren oder zu rechtfertigen. Allein die Richtung der Argumentation und die Perspektive des polnischen Primas soll aufgezeigt werden.

Stil und Diktion Bolesław Komineks, des Titularerzbischofes in Breslau, wichen von der Redeweise Wyszyńskis erheblich ab. „Ihm, dem Schlesier (geb. 1903), war von Kindheit an das Verheerende der Nationalismen buchstäblich eingebläut worden - auf der deutschen Schulbank, wenn er polnisch, im polnischen Elternhaus, wenn er deutsch sprach“, schreibt Stehle.[119] Zwar richtete sich Kominek an die gleiche Zielgruppe, und auch der Zweck seiner Rede entsprach dem der Reden Wyszyńskis, aber - und das ist der entscheidende Unterschied - Kominek rechnete damit, daß ihm auch Deutsche zuhörten. Er vermied die historisierende, national-religiöse Argumentation des Primas. Manche Passagen seiner Rede glichen einer Rechtfertigung, warben um Verständnis bei den nie direkt angesprochenen früheren deutschen Bewohnern der nunmehr polnischen Westgebiete; etwas, wozu sich Wyszyński nicht veranlaßt sah.

In seiner Festansprache während derselben 20-Jahr-Feier in Breslau knüpfte auch Kominek - wenn auch zurückhaltender als Wyszyński - an Spuren der polnischen Vergangenheit an; seine Beispiele sind Dorf- und Flurnamen, religiöse Traditionen sowie der Erhalt slawischer und polnischer Namen auch dann, „als das öffentliche Leben in diesen Gebieten seinen volkstümlichen Charakter verlor“. Er sprach von „tieferen, jedoch nicht immer gleichermaßen faßbaren Grundlagen“ des polnischen kirchlichen Lebens in den Oder-Neiße-Gebieten und legte das Hauptgewicht auf die Schilderung der Aufbauarbeit nach dem Krieg und des bisher Erreichten: 8.850.000 Einwohner in den Westgebieten, davon 47 Prozent bereits dort geboren; 1.736 Gemeinden mit 153 Dekanaten und 3.737 Priestern; 5.846 Ordensschwestern, 1.630 Priesterweihen in den vergangenen 20 Jahren und derzeit 605 Alumnen. Aber, so Kominek weiter,

„wir vernichten die Altäre der Vergangenheit nicht - auch wenn wir vollkommenere errichten sollten. Im Gegenteil - wir bemühen uns, fast jede Kirche zu erhalten, z.B. in Pommern übernahmen wir 1.400 ehemals protestantische Gotteshäuser. Dort, wo es möglich ist - im Oppelner Land und im Ermland - knüpfen wir gerne an die von den bewährten Bewohnern dieser Erde erarbeiteten Muster an.

Wir bemühen uns auch, alles zu achten, was sich Angenehmes, Gutes und Schöpferisches aus den Vorkriegsjahren bewahrte. Je nach Bedarf halten wir an einigen Orten deutsche Gottesdienste ab – obwohl deren Zahl im Laufe der Jahre schrumpft.
Wir nahmen einst hier in Breslau aus dem Munde des ehemaligen deutschen Kapitels die Bitte an, die seelsorgerische Betreuung für die verbliebenen Gläubigen deutscher Nationalität sicherzustellen. Wir handeln nicht nach dem Grundsatz: 'Nur für Polen'."[120]

Der deutsche Priester Monsignore Helmut Holzapfel bestätigte in seinem 1972 veröffentlichten Artikel 'Deutschenseelsorge in Polen', daß für die in Polen verbliebenen Deutschen seit Jahren eine „gerechte Seelsorge" bestehe, die von der erzbischöflichen Kurie in Breslau finanziert werde. Die jährlichen Wallfahrten der deutschen Katholiken unterstütze Erzbischof Kominek sogar regelmäßig aus eigener Tasche, da es sich dabei meist um ältere und ärmere Leute handele. Die in Polen verbliebenen Deutschen seien jedoch zumeist zweisprachig und könnten einer Messe auf polnisch gut folgen.

Interessant ist Komineks Aufforderung in derselben Ansprache, mehr wissenschaftliche Arbeiten über die neueste Entwicklung in den polnischen Westgebieten zu schreiben. Er begründet seinen Aufruf mit westdeutschen Aktivitäten:

„Im Laufe der vergangenen Jahre [entstanden] in Westdeutschland sehr viel mehr Publikationen, die sich für das polnische kirchliche Leben interessieren, (...) als in Polen. Wir freuen uns über dieses Interesse – solange es sich durch Redlichkeit und Objektivität auszeichnet. Aber wir treffen auch auf Vorbehalte von deutscher Seite, daß wir uns nicht bemühten, unsere Tätigkeit in den Westgebieten ausreichend darzustellen und in Publikationen und wissenschaftlichen Untersuchungen nachzuweisen, die dem, was wir erreicht haben, Gewicht und Anerkennung weit über unsere Landesgrenzen hinaus hinzufügen würden." Das, was Kominek „Vorbehalte von deutscher Seite" nannte, dürften in Wirklichkeit wohlmeinende Ratschläge deutscher Besucher gewesen sein, die ihm – und in späteren Jahren auch Wyszyński – erklärten, welche Argumente im Westen zugkräftig sein könnten.

Im letzten Teil seiner Rede sprach Kominek – höchstwahrscheinlich als einziger der Veranstaltungsredner – die Vertriebenen an:

„Wir wünschen uns aufrichtig, daß die polnische Wirklichkeit der Westgebiete nicht nur alle Mitglieder unseres Volkes vereine, sondern auch den Weg der Verständigung und des Friedens mit unseren Nachbarn bahnen möge - vor allem mit denjenigen, denen der nicht von uns verschuldete Gang der Ereignisse diese Gebiete weggenommen hat.“

Wie sehr sich der Breslauer Oberhirte bemühte, auf deutsche (Gegen-) Argumente einzugehen, zeigt noch deutlicher sein Vortrag zum Thema 'Die Westgebiete in theologischer Perspektive', den er drei Tage zuvor im Rahmen der Vortragsreihe 'Die Kirche und die Westgebiete' gehalten hatte: „Als ich bei verschiedenen Auftritten des letzten Jahres die baulichen und organisatorischen Verdienste der fast neun Millionen hiesigen Einwohner unterstrich, die in den 20jährigen Mühen und Sorgen dieser Gebiete ihre Lebensaufgabe fanden, wurde ich von einigen Kreisen im Ausland gewollt oder ungewollt falsch verstanden. Man hat den Vorwurf erhoben, daß ich im Gefühl eines messianistischen nationalen Größenwahns den hiesigen Bewohnern der Westgebiete besondere Vollmachten zuschriebe, die sie direkt von Gott erhalten hätten. Der Vorwurf wurde natürlich bösartig formuliert, indem man von den „von Gott gesandten Polen“ [in deutscher Sprache, E.H.] sprach. (...)
Es erschien ein Artikel unter dem Titel: 'Gott als Räuberhauptmann im Osten'. In dieser Arbeit wird uns gewissermaßen eingeredet, daß wir den Herrgott zum Anführer unseres territorialen Eroberungsdranges machten.“[121]

Obwohl Kominek sich mit dieser vom Pressedienst des Bundes der Vertriebenen[122] verbreiteten Polemik nicht auf gleicher Ebene auseinandersetzen wollte[123], nahm er doch die zugrundeliegende Problematik ernst und sprach von einem „außerordentlich schwierigen Problem“. Zunächst setzte er sich mit der Frage auseinander, ob der Christ ein Eingreifen Gottes bzw. die Anwesenheit der Vorsehung in der menschlichen Geschichte anzunehmen habe. Kominek bejahte dies und wagte die These, „daß das Handeln der göttlichen Vorsehung sich auf besondere Weise dort abzeichnen muß, wo es um existentielle Dinge eines Einzelnen, eines Volkes oder auch der ganzen Menschheit“ gehe.

Er wies darauf hin, daß sich das polnische Volk während der deutschen Besatzung „am Rande seiner Existenz“ befunden habe und die polnische Erde einem riesigen Friedhof immer ähnlicher geworden sei. Dann aber habe sich der Gang der Ereignisse gewendet:

„Nach diesen makaberen Erlebnissen, als Volk bis zum Äußersten niedergetreten und vernichtet, fanden wir uns in diesen Gebieten wieder. Nicht vorher! Wir standen hier zu einem Zeitpunkt, als wir am Rande des Aushaltbaren waren. Das bis zur Erschöpfung der letzten Kräfte vorangetriebene Martyrium - verwandelte sich in eine neue Chance des Durchhaltens und der Entwicklung. (...) Es war unsere Pflicht, das Leben, die Existenz zu erhalten in den schlichtweg einzigen Bedingungen, die uns der Lauf der Ereignisse anbot. Man darf wohl in diesem furchtbaren existentiellen Ringen die diskrete Anwesenheit der Vorsehung erblicken."

Die Frage nach einem Eingreifen Gottes in die Geschichte mag aus polnischer, zumal bischöflicher Perspektive durchaus verständlich, ja sogar naheliegend sein. Es kann allerdings nicht verwundern, daß diese These, die sich leicht zu einer 'göttlich gewollten Vertreibung' zuspitzen läßt, besonders heftige Reaktionen bei den deutschen Vertriebenen weckte - obwohl es auch unter ihnen etliche gab, die das Geschehene als gottgewollt akzeptierten.[124]

Kominek flocht in seine Ausführungen - eine große Seltenheit zum damaligen Zeitpunkt in Polen - immer wieder Anerkennung für die „kritischen Geister des deutschen Volkes" ein, gegen die sich das Hitlersche Ausrottungsprogramm ebenso gerichtet habe wie gegen das slawische und das jüdische Volk. Er erwähnte u.a. die 'Weiße Rose', Reinhold Schneider, „einen der alleredelsten deutschen Erwecker der Gewissen", und seinen persönlichen Freund, den Priester Dr. Max Josef Metzger, der 1940 nach Kattowitz gefahren sei, um seine polnischen Gesprächspartner für das furchtbare Unrecht um Verzeihung zu bitten, welches die Deutschen Polen zufügten, und der später (1944) wegen Hochverrats hingerichtet wurde.

Abschließend ging Kominek auf die Theologie der Erlösung ein. Jesus komme zu den gläubigen Völkern durch die Vergebung, meinte er und zog daraus den Schluß: „Wenn wir ein gläubiges Volk sind - und wir sind es - dann können wir nicht anders verfahren, als der Erlöser selbst es will. 'Vergib uns, wie auch wir vergeben'."

Aus diesen Worten sprachen die christliche Grundhaltung und der nicht von politisch-taktischem Kalkül diktierte Wunsch nach Versöhnung. Es wurde auch deutlich, daß der wenige Wochen später geschriebene Versöhnungsbrief an die deutschen Bischöfe keine Kehrtwende um 180 Grad gegenüber den Breslauer Feierlichkeiten darstellte, als die er in der Bundesrepublik später interpretiert werden sollte.

V. Der Briefwechsel im Jahre 1965

A. Kontakte der polnischen katholischen Kirche zu Deutschland bis 1965

Zum Verständnis der polnischen Ausgangsposition muß man sich noch einmal die Lage der katholischen Kirche in Polen nach Kriegsende vergegenwärtigen: Im Jahre 1939 hatten in Polen 51 Bischöfe und 12.940 Priester gewirkt - 1945 waren es noch 33 Bischöfe und 8.624 Priester. Auch die Zahl der Ordensleute war erheblich zurückgegangen. 548 Priester waren erschossen oder erhängt worden, 1.283 starben während der Deportation, drei Bischöfe starben in Konzentrationslagern.[125] Insgesamt fielen den deutschen Angreifern 18 Prozent der im Jahre 1939 aktiven Priester zum Opfer. In den Diözesen Włocławek[126], Gnesen (Gniezno) und Kulm-Pelplin (Chełmno), also in den vom Reich annektierten Gebieten, erreichte dieser Anteil 50 Prozent. Viele Priester kämpften in der polnischen Untergrundarmee, viele, auch der spätere Primas Wyszyński, gingen in die Untergrundseelsorge.

Die polnische katholische Kirche hatte sich während der Besatzungszeit nicht kompromittiert, sondern sich als Stütze und Leidensgefährtin des Volkes erwiesen. „Und wenn", so der Kirchenhistoriker Castellan, „die Person des Kardinalprimas [August Hlond, 1881-1948, E.H.] während seines langen Exils etwas in Vergessenheit geraten war, so erschien der Erzbischof von Krakau, Msgr. Sapieha, gegenüber dem Generalgouverneur Frank als Oberhaupt des verfolgten Volkes". Die Nation habe in ihrer Kirche den Felsen erblickt, „auf den sie sich stützen konnte, um zu überleben."[127] Die Kirche war somit mehr als die kommunistische Regierung legitimiert, zu den Deutschen zu sprechen.

Mit der Beziehungslosigkeit auf politischer Ebene ging jedoch viele lang Jahre hinweg auch ein fast völliges Fehlen von Kontakten zwischen der polnischen und der deutschen katholischen Kirche einher. Kominek schrieb, daß in den ersten Jahren nach dem Krieg kaum ausländische Besucher in die Westgebiete kamen; sie fürchteten die unbekannte Welt hinter dem 'Eisernen Vorhang'. Hinweise auf die wenigen Berührungspunkte müssen mühsam aus verschiedenen Darstellungen zusammengelesen werden, und sie sind hier gewiß nicht vollständig aufgeführt.

Der einzige Kontakt der polnischen Hierarchie zu einem deutschen Bischof vor dem Konzil war der zu Bischof Carl Maria Splett in Danzig, der sich nach seiner Freilassung aus dem Gefängnis im Jahre 1956 bei den polnischen Bischöfen für ihre Unterstützung bedankte. Er war jedoch nicht bereit - auch nicht nach seiner Ausreise in die Bundesrepublik -, sein Amt zugunsten eines polnischen Bischofs niederzulegen.

Im Jahre 1957 wandte sich Wyszyński mit der Bitte um zumindest symbolische Entschädigung an Konrad Adenauer. Der deutsche Bundeskanzler antwortete ihm jedoch nicht. Der Historiker Hans Roos führte dazu aus: „Die ablehnende Haltung der Bundesregierung bestürzte die staatliche und die kirchliche Leitung Polens gleichermaßen. Der Widerspruch zwischen der moralisch-politischen Konzeption und den tatsächlichen politischen Handlungen Adenauers brachten die polnische Regierung - und teilweise auch den polnischen Episkopat - dazu, der Bundesregierung bösen Willen zuzuerkennen und sie als den gefährlichsten Gegner zu betrachten.“[128]

Dennoch regte sich nach dem Polnischen Oktober 1956 in der Bundesrepublik ein verstärktes Interesse an Polen. Im Jahre 1957 konnten Stanisław Stomma, als Repräsentant der katholischen ZNAK-Gruppe im Sejm, und Jerzy Turowicz, der Chefredakteur der wiederzugelassenen katholischen Wochenzeitung 'Tygodnik Powszechny', zu einem Kongreß der katholischen Presse nach Wien fahren, wo sie von deutschen Journalisten regelrecht belagert wurden. Als Konsequenz dieses ersten Zusammentreffens wurde Stomma 1958 in die Bundesrepublik eingeladen, wo er mit dem damaligen Außenminister Heinrich von Brentano sprach. Dieser gab seiner Überzeugung Ausdruck, daß die Oder-Neiße-Gebiete für immer für Deutschland verloren seien, wiederholte jedoch mehrfach „Ich kann nicht über meinen Schatten springen“.[129]

Wie schwierig jedoch in diesen Jahren die Kontaktaufnahme war, zeigte die Polenreise des SPD-Bundestagsabgeordneten Carlo Schmid im Jahre 1957, bei der er auch mit einem Vertreter der polnischen Kirche zusammentraf. Trotz Bedenken der Parteifreunde Ollenhauer, Erler und Wehner sowie auch von Brentanos hatte er sich entschlossen, auf Einladung des Rektors der Warschauer Universität einen Gastvortrag zu halten. Allerdings tat er dies, wie er in seinen Erinnerungen schreibt, unter der Vorbedingung, daß „dem Eingeladenen kein Verzicht auf seine Selbstachtung als Deutscher" zugemutet werde.[130] Nach seiner Rückkehr brachte Schmid allein die Tatsache, überhaupt nach Polen gereist zu sein, heftige Vorwürfe der Vertriebenenvertreter ein, obwohl er die damalige 'deutsche' Position - Nichtanerkennung der Grenze bis zum Friedensvertrag - selbstverständlich vertreten hatte. Ein Bundestagsabgeordneter warf ihm sogar vor, er habe mit seiner Eintragung ins Besucherbuch des Gestapokellers in Warschau gegen die nationale Würde verstoßen.

„Auf deutscher Seite wollte man nicht oder nur ungern zur Kenntnis nehmen, daß Kirche und kommunistisches Regime in Polen trotz ihrer Konflikte im Beharren auf der neuen Westgrenze des Landes stets einig blieben - auch wenn das Regime die Furcht vor 'westdeutschem Revanchismus' für eigene Zwecke nützte", schrieb Hansjakob Stehle über diese Zeit. „Auf polnischer kirchlicher Seite hingegen argwöhnte man hinter der vorwiegend innenpolitisch motivierten Bonner Tendenz, Hoffnungen auf Grenzrevision wachzuhalten, eine präzise außenpolitische Strategie."[131] So zum Beispiel stellte Bundeskanzler Adenauer im Juli 1960 den vertriebenen Ostpreußen die Rückkehr in ihre Heimat in Aussicht, wenn die Bundesrepublik nur stark und treu zum atlantischen Bündnis stehe.[132]

Darauf antwortete der polnische Kardinalprimas am 18. August im ostpeußischen Marienburg: „Es kommt zu euch der Widerhall von Drohungen, die ein feindseliger Mensch aus dem fernen Westen, der hochmütig auf seine Kraft vertraut, an die Adresse unserer Heimaterde schleudert. Vielleicht dringt dabei in manches Herz die Furcht: Was wird aus uns werden? - Schaut nur auf diese hohen Burgen, wo sich der Dünkel eingenistet hatte, der auf Stahl und Eisen vertraute. Wo sind sie geblieben, die von diesen Burgen mit der Macht von Zwang und Haß herrschten?"[133]

Zwei Monate später, zum Fest der Hl. Hedwig am 16. Oktober 1960, schlug der damalige Bischof von Berlin, Julius Döpfner, in seiner Predigt in der St. Eduard-Kirche einen anderen, versöhnlicheren Ton an. Er sprach „deutlicher als er selbst oder ein anderer Bischof später je sprechen würde"[134] die tabuisierte Grenzfrage an:

„Ganz besonders in den Jahren von 1933 an geschah dem polnischen Volke himmelschreiendes Unrecht, dessen wir uns nur mit Schmerz und Beschämung erinnern können. (...) Wir wissen, daß all die zahllosen Untaten jener Machthaber, die im Namen unseres Volkes an anderen Völkern begangen und von vielen Deutschen gedankenlos mitvollzogen wurden, in einer beispiellosen Katastrophe auf unser Volk zurückfielen. Wehe dem deutschen Volk, wenn es die Augen vor den Ursachen dieser Heimsuchung verschlösse. wenn es vergäße, daß wir solches Unrecht zu sühnen haben. (...)
Doch nach 1945 geschah von der anderen Seite schlimmes Unrecht, da deutsche Menschen aus Gebieten, die sie seit vielen Jahrhunderten unangefochten ihre Heimat nennen, vertrieben wurden. So möchte es scheinen, als ob das deutsche und das polnische Volk im Teufelskreis der Rechnung und Gegenrechnung verbleiben müßten. (...)
Das deutsche Volk kann nach allem, was in seinem Namen geschehen ist, den Frieden nur unter sehr großen Opfern erlangen. (...)
Für die Zukunft ist die Gemeinschaft der Völker und Staaten wichtiger als Grenzfragen."[135]

Von polnischer Seite antwortete der Chefredakteur des 'Tygodnik Powszechny', Jerzy Turowicz. Er wies zunächst den Vergleich der deutschen mit der polnischen Schuld zurück, den Döpfner seiner Auffassung nach vorgenommen hatte, nannte aber Döpfners Rede eine „zutiefst christliche Stimme"[136] und erklärte, die polnische Nation sei bereit, sich unter den von Döpfner genannten Bedingungen zu versöhnen.

Ende der 50er, Anfang der 60er Jahre begannen einige Deutsche nach Polen und auch in die Westgebiete zu reisen. Besonders dann, wenn sie aus der Bundesrepublik kamen, hatten sie „zur Tatsache der polnischen Westgebiete eine Haltung kritischer Reserve, oder sogar entschiedener Feindschaft", schrieb Kominek.[137] Viele von ihnen besuchten den Breslauer Erzbischof: „Man mußte ihnen viele Stunden Zeit widmen, mit ihnen diskutieren, ihnen die Unumkehrbarkeit gewisser geschichtlicher Prozesse erklären", erinnerte er sich. Unter den westdeutschen Gästen Komineks war u.a. der protestantische Bischof Martin Niemöller, der nach seiner Rückkehr mit dem Satz „dieses Land ist nicht mehr unser Land" eine Welle des Protestes auslöste. Außerdem erwähnte Kominek den „verdienten schlesischen Historiker und authentischen Breslauer", den Priester Dr.

Hermann Hoffmann aus Leipzig, der alljährlich gekommen sei, und den ebenfalls aus Breslau stammenden späteren Berliner Bürgermeister Pastor Albertz.

Den meisten polnischen Bischöfen ermöglichte erst das Zweite Vatikanische Konzil (1962-1965) ein persönliches Kennenlernen ihrer deutschen Amtsbrüder. Mit den Bischöfen aus der DDR, schrieb Kominek, sei man sofort zu Einmütigkeit gekommen, da sie sich „unter ähnlichen gesellschaftspolitischen Bedingungen befinden wie wir". Mit den westdeutschen Bischöfen sei der Kontakt schwieriger gewesen, weil jeder von ihnen eine „eigene Denkrichtung" besessen habe - „im Grunde waren sie Polen wohlgesonnen, einige von ihnen sogar sehr wohlgesonnen".

Zu den wohlgesonnenen deutschen Bischöfen gehörte auch der spätere Vorsitzende der deutschen Bischofskonferenz, Julius Döpfner. Stehle sah in ihm einen „Kominek auf manche Weise geistesverwandten Amtsbruder". Beide seien „bestrebt, Brücken zu schlagen, nationale Ressentiments abzubauen, auch ideologisch-tagespolitische Barrieren zu durchbrechen - zugleich aber sorgsam, ja oft ängstlich darauf bedacht, sich und der eigenen Kirche das patriotische Image zu bewahren."[138] Während Kardinal Döpfner stets Rücksicht auf das Gesamtkollegium der deutschen Bischofskonferenz nehmen mußte, hatte Kominek auf Solidarität mit Primas Wyszyński zu achten. Das Problem der Oder-Neiße-Gebiete belastete das Verhältnis zwischen der deutschen und der polnischen katholischen Kirche zumindest ebenso nachhaltig wie das zwischen den beiden Staaten.

B. Vom Tübinger Memorandum bis zur evangelischen Denkschrift

Die erste bekannte Initiative zu einer neuen, aktiven Ostpolitik der Bundesrepublik wurde 1961 von einer kleinen Gruppe bedeutender evangelischer Wissenschaftler[139] ergriffen. In ihrem 'Tübinger Memorandum', welches ursprünglich als Gesprächsgrundlage mit Bundestagsabgeordneten aller Parteien gedacht war, im Februar 1962 jedoch an die Öffentlichkeit kam, forderten sie unmißverständlich die Anerkennung der Oder-Neiße-Grenze. Dies werde, so führten sie aus, „unsere Beziehungen zu Polen entscheidend entlasten, unseren westlichen Verbündeten das Eintreten für unsere übrigen Anliegen erleichtern und der Sowjetunion die Möglichkeit nehmen, Deutschland und Polen gegeneinander auszuspielen."

Das geistig-politische Klima der damaligen Zeit beschrieben die 'Tübinger Acht' wie folgt: „Mit dem Wohlstand ist in breiten Kreisen des Volkes und seiner Führung die Neigung eingezogen, den Blick vor gesellschaftlichen und politischen Übelständen zu verschließen und harten Entscheidungen auszuweichen. Wir können keine der politischen Parteien von dem Vorwurf freisprechen, daß sie dem Volk die Wahrheit, die es wissen muß, vielfach vorenthalten und stattdessen das gesagt haben, wovon sie meinten, daß man es gerne hört. (...) Die Außenpolitik der Regierung erscheint uns zu einseitig defensiv. Die Reaktionen in der Öffentlichkeit bewegen sich in der Unwirklichkeit einer Atmosphäre, die mit ihrer Mischung aus überhöhten Ansprüchen und dumpfer Angst alle Gebiete der Politik durchzieht."[140]

Obwohl es Zustimmung auch von seiten der Heimatvertriebenen gab - Teilnehmer des Beienroder Konvents ostpeußischerr Pfarrer bezeichneten den Verlust der Heimat als 'Gottes Gericht über ihre Schuld' - war das überwältigende Echo auf das Memorandum in der Öffentlichkeit negativ.

Unmittelbar nach seinem Bekanntwerden distanzierte sich die Kirchenkanzlei der Evangelischen Kirche Deutschlands (EKD) von dem Schriftstück und erklärte, es sei die private Äußerung einiger evangelischer Christen. Da es sich jedoch bei den Autoren um führende Vertreter des Protestantismus in der Bundesrepublik handelte und der Anschein entstehen konnte, daß hier einzelne das ausgesprochen hätten, was im Stillen die herrschende Meinung in der Kirchenleitung war, sah sich die EKD genötigt, eine eigene Stellungnahme zum Recht auf Heimat und zu den deutschen Ostgebieten zu erarbeiten.

Nach einigen Auseinandersetzungen wurde damit die 'Kammer für öffentliche Verantwortung' und nicht die Vertriebenenvertretung in der evangelischen Kirche beauftragt. Der Vorsitzende dieser Kammer war Ludwig Raiser, der seinen persönlichen Standpunkt als Mitunterzeichner des Tübinger Memorandums bereits festgelegt hatte. In mehrjährigen Anhörungen und Diskussionen versuchten die Kammermitglieder[141] die unterschiedlichen Positionen einander anzunähern. Die Thesen des 'Bielefelder Arbeitskreises christlicher Bruderschaften' von 1963, die dem Frieden Vorrang vor dem Rechtsgedanken einräumten, standen den 1965 veröffentlichten 'Lübecker Thesen' der Vertriebenenvertreter beinahe diametral gegenüber, die sich gegen eine Anerkennung von Unrecht wandten. Ein Kompromiß, der ein Verhältnis der Partnerschaft mit Polen anstrebe und dessen Lebensinteressen achte, wäre ihrer Meinung nach ein Verzicht auf die Grenzen von 1914 gewesen; man habe sich durchgerungen, sich mit dem Gebiet von 1937 zu begnügen. Jedoch konnten sich die Wortführer der Vertriebenen in wesentlichen Fragen nicht durchsetzen.[142]

Die am 14. Oktober 1965 veröffentlichte Denkschrift ging jedoch nicht so weit wie das Tübinger Memorandum, da sie keine direkten politischen Empfehlungen aussprach oder Forderungen erhob. Jedoch war die Tendenz in Richtung Anerkennung der Oder-Neiße-Grenze deutlich erkennbar. Außerdem wurden - anders als im Tübinger Memorandum - zahlreiche theologisch-ethische Argumente für einen Verzicht auf die Ostgebiete angeführt, auch wenn der Begriff des 'Verzichts' selbst als unzureichend verworfen wurde.

„Zwanzig Jahre nach Beendigung des Zweiten Weltkriegs", so hieß es in der Denkschrift, zeichne sich noch immer „kaum die Möglichkeit ab, die schwerwiegenden Fragen der Schuld und des Rechtes zwischen den beteiligten Völkern in sachlicher Offenheit zu erörtern". Auch die noch immer mangelhafte Integration der Vertriebenen in der Bundesrepublik wurde kritisiert. Die Kirche habe im Blick auf die Vertriebenen „politische Diakonie" zu leisten und den gewaltsamen Verlust der Heimat zum „Geschichtshandeln Gottes" in Beziehung zu setzen. Die Frage nach der Schuld könne nicht aus der Geschichte herausgelöst werden. Wörtlich hieß es, „daß nur das Ja zum Gericht Gottes den Weg zu neuen Aufgaben freimacht, daß dieses Ja aber zusammen mit den Vertriebenen von der Gesamtheit des Volkes in der Solidarität einer einzigen großen Schuld- und Haftungsgemeinschaft gesprochen werden muß."

In der Denkschrift wurde auch die schwierige Ausgangssituation Polens nach dem Krieg geschildert, die Vorgeschichte der Westverschiebung Polens vom deutsch-sowjetischen Pakt über Teheran, Jalta und Potsdam aufgezeigt und an den Verlust der polnischen Ostgebiete sowie die wirtschaftliche Bedeutung der Oder-Neiße-

Gebiete für Nachkriegs-Polen erinnert. Den Lesern wurde erklärt, warum zwischen Kommunisten und Nicht-Kommunisten, zwischen Staat und katholischer Kirche in Polen, zumindest in einem Punkt – dem der Westgebiete – Einigkeit herrscht. So wird der stets falsch als 'Erzbischof von Breslau' statt 'Titularerzbischof in Breslau' apostrophierte Kominek zitiert, laut dem „es eine allgemein bekannte und bezeichnende Sache [sei], daß die Westgebiete für die deutschen Aussiedler oder Flüchtlinge längst aufgehört [hätten], eine Lebensfrage zu sein. Für Polen jedoch [würden] die Westgebiete niemals aufhören, eine Existenzfrage für neun Millionen Menschen zu sein.“

Die Autoren der Denkschrift appellierten an die „Friedenssicherungspflicht“ der Deutschen und verwiesen auf die moralische Unmöglichkeit, die inzwischen in den Westgebieten angesiedelte polnische Bevölkerung erneut zu vertreiben. Im fünften Kapitel 'Theologische und ethische Erwägungen' wurde für das Prinzip der Verantwortungsethik gegenüber der Aufrechterhaltung der reinen Rechtsposition plädiert. Die deutsche Ostpolitik sei somit ein aktueller „Anwendungsfall einer theologisch bestimmten politischen Ethik“. Eine theologische Verankerung des Rechts auf Heimat wurde ebenfalls verneint, da der Mensch durch „Fremdlingschaft“ in dieser Welt gekennzeichnet sei. Die Kirche habe die Aufgabe, „dem deutschen Volk die Ziele, auf die es ankommt, deutlicher bewußt zu machen, als das in der innerdeutschen Diskussion meist geschieht, und die in dieser Diskussion so oft zutage tretenden Widerstände gegen diese Ziele auszuräumen.“

Die Denkschrift löste, wie Karl-Alfred Odin, Redakteur der 'Frankfurter Allgemeinen Zeitung', schrieb, einen „Orkan der Entrüstung aus den Vertriebenen-Verbänden“ aus: „Die Diskussion (...) wurde (...) mit einer Leidenschaft geführt, wie sie die Bundesrepublik selbst auf der Höhe der Auseinandersetzung über die Wiedervereinigungspolitik nicht gekannt hat. Die Erregung war beispiellos. Öffentlich wurde dazu aufgefordert, aus der Kirche auszutreten, aus der Luft gegriffene Verdächtigungen gegen die Verfasser der Denkschrift wurden publiziert, es gab Morddrohungen und Brandstiftungen und Waschkörbe voller Schimpf- und Drohbriefe.“[143]

Einen erschütternden Einblick in das Leid, die Verletztheit und Betroffenheit vieler Vertriebener gibt Eberhard Stammlers Auswertung von Antwortbriefen an die Kirche. So schreibt z.B. eine Religionslehrerin: „Was mich zu meinem Protestschreiben drängt, ist die innere Empörung eines Menschen, dessen Familie und gesamte Verwandtschaft (letztere total während des Krieges vernichtet) aus Ostpreußen stammt, dort Jahrhunderte hindurch gelebt, gelitten hat und gestorben ist. Wie konnte es dazu kommen, daß Menschen in so verantwortungsvoller Aufgabe zu einem solch erbärmlichen, unwissenden Urteil über die Massenaustreibung 1945 kommen konnten und es einfach in die Welt schleudern, ohne zu wissen, daß sie damit einen kommunistisch geschärften Dolch in den Rücken aller heimatvertriebenen Christen stoßen? Ich stelle die Frage nach der Herkunft dieser Schreiberlinge, die sich zum Richter über unser bitteres Leid aufschwingen und mit einer an pure Gehässigkeit grenzenden Naivität ausgerechnet den Ostpreußen, Pommern und Schlesiern den 'Zorn Gottes' andichten und noch gar wissenschaftlich theologisch belegen wollen?"[144]

Im Jahre 1969 erschien eine kommentierte Dokumentensammlung der 'Aktion katholischer landsmannschaftlicher Jugend', die die Denkschrift ein „Dokument rechtlosen Denkens"[145] nennt. Selbst in den 'Lindenfelser Gesprächen', die zwischen Osteuropaforschern und (Exil-) Polen geführt wurden, wird von der EKD-Denkschrift als „Kniefall vor der Macht" gesprochen, der auch „tatsächlich von der kommunistischen Presse als gute Munition" gebraucht worden sei.

Dennoch war, so stellte zumindest Odin fest, die Zustimmung bei weitem größer als die Ablehnung. Der Appell der Denkschrift sei, wie auch Richard von Löwenthal schrieb, „auf eine breite öffentliche Zustimmung gestoßen, die den Stand der Diskussion in der Grenzfrage entscheidend veränderte und die Vertriebenenverbände in die Defensive drängte".[146]

Die Evangelische Denkschrift machte deutlich, daß die polnischen Argumente - nicht diejenigen Wyszyńskis, wohl aber die von Kominek in ausführlichen Gesprächen mit deutschen Besuchern vorgebrachten - in der Bundesrepublik langsam Gehör fanden. Der Stimmungsumschwung wurde auch dadurch begünstigt, daß kein anderes Land mehr bereit schien, einen deutschen Anspruch auf die Oder-Neiße-Gebiete zu unterstützen. Da die Bundesrepublik trotz des Wunsches der Großmächte nach Entspannung noch immer an der Politik des Kalten Krieges festhielt, drohte sie sich politisch zu isolieren. Die Diskrepanz zwischen dem real Möglichen und den Forderungen, die Jahr für Jahr von den Vertriebenenverbänden und Politikern erhoben wurden, schien immer augenfälliger. Die fortschreitende Integration der Vertriebenen in die Bundesrepublik einerseits sowie die durch die wachsenden Bevölkerungszahlen immer deutlicher werdende Verankerung der Oder-Neiße-Gebiete im polnischen Staat andererseits taten ein übriges.

Dennoch darf man den Einfluß der Vertriebenenvertreter und die Auswirkungen der jahrelang genährten Hoffnung auf eine Wiedererlangung der verlorenen Gebiete nicht unterschätzen. Stammler verstand die Vertriebenen als eine „Schicht unseres Volkes, die immer noch krank ist. Sie krankt am Schmerz über ihr Geschick, sie leidet daran, daß sie keine Antwort findet auf ihr Warum, und sie bäumt sich dagegen auf, daß ihr die Welt zerstört wird.“[147] Die Denkschrift zitiert den langjährigen Vertriebenenvertreter Herbert Girgensohn mit den Worten: „Das seelische Trauma der Vertriebenen besteht vielleicht weniger in dem Verlust ihrer Heimatgebiete als in dem Stachel eines erlittenen Unrechts, das weder als solches anerkannt noch überhaupt berücksichtigt worden wäre.“[148]

Den Vertriebenen fiel es schwerer als den übrigen Deutschen, den Versöhnungsgedanken vor den Rechtsgedanken zu stellen oder gar das eigene 'Recht' durch die Anerkennung einer 'Schuld- und Haftungsgemeinschaft' für das von Deutschen begangene Unrecht zu relativieren.

Nach einer Kabinettsdiskussion über die Denkschrift wies der Pressesprecher der Bundesregierung auf die Regierungserklärung von Bundeskanzler Erhard hin, in der der Regierungsstandpunkt wiederholt wurde: „Nur mit und in diesem [Friedens-, E.H.] Vertrag können und müssen die endgültigen Grenzen Deutschlands festgelegt werden, das nach gültiger Rechtsauffassung in seinen Grenzen vom 31. Dezember 1937 fortbesteht, solange nicht eine frei gewählte gesamtdeutsche Regierung andere Grenzen anerkennt“.[149]

Auch im gesamtdeutschen Ministerium wurde eine Analyse der Evangelischen Denkschrift angefertigt, die jedoch, so Odin, „bei viel Kritik in den Einzelfragen – zu dem Schluß kommt, daß die Denkschrift weder in ihren konkreten Aussagen noch in ihrer grundsätzlichen Haltung die Position der Bundesregierung in der Grenzfrage schwächt. Sie erfülle vielmehr „eine wichtige Funktion in der öffentlichen Diskussion, weil sie Illusionen über die Möglichkeiten einer Wiederherstellung der Grenzen von 1937 zerstört und dadurch dem deutschen Volke hilft, die Aussichten und Grenzen deutscher Wiedervereinigungspolitik nüchterner zu erkennen als bisher."[150]

C. „Mit heiligem Eifer und politischer Arglosigkeit": Das Entstehen des polnischen Briefes

Der Brief der polnischen Bischöfe an ihre deutschen Amtsbrüder trägt das Datum vom 18. November 1965. War er eine Reaktion, eine Antwort gar auf die Evangelische Denkschrift? Knapper gefaßte, auch ausländische, Darstellungen stellten den Zusammenhang wie selbstverständlich her. So hieß es etwa bei Norman Davies: „Zur Überraschung vieler kam eine positive Antwort von der Hierarchie der römisch-katholischen Kirche in Polen, deren 'Brief der polnischen Bischöfe' an ihre deutschen Amtsbrüder vom 18. November 1965 einen historischen Appell zur Beendigung der Erbfeindschaft zwischen den beiden Nationen enthielt."[151]

Auch der 'Vater' der Evangelischen Denkschrift, Ludwig Raiser, nahm in seinem Vortrag vor der 'Gesellschaft für auswärtige Politik' den Brief der polnischen Bischöfe als Reaktion auf die protestantischen Bemühungen in Anspruch: „Die von der Denkschrift ausgesandte Taube ist mit einem Ölzweig zurückgekehrt."[152] Ebenso Odin: „Die tiefe Wirkung der Denkschrift auf Polen ging vom polnischen katholischen Episkopat aus. Nur einen Monat nach Veröffentlichung der Denkschrift haben Polens katholische Bischöfe beim Konzil den Versöhnungsruf aufgenommen und ihn im Geiste christlicher Versöhnung öffentlich erwidert."

Dieser Sicht der Dinge wurde von katholischer Seite widersprochen: „Es steht fest", so der katholische Publizist Otto Roegele, „daß der Brief vom 18. November 1965 keine Antwort auf die Vertriebenen-Denkschrift der Evangelischen Kirche in Deutschland darstellen kann, da er längst vor deren Erscheinen beschlossen und im wesentlichen bereits ausgearbeitet war."[153] Ähnlich war es auch in den 'Lindenfelser Gesprächen' und in einem Brief von Kardinal Döpfner an den evangelischen Präses Scharf formuliert.

Zwar trifft es zu, daß die Anfänge des polnischen Briefes vor der Veröffentlichung der Denkschrift datieren, dies ist jedoch kein stichhaltiges Argument gegen ihren möglichen Einfluß. Schließlich hatte sich der Entstehungsprozeß der Denkschrift über zwei Jahre hingezogen, und kaum jemand in Polen dürfte sich intensiver dafür interessiert haben als Bolesław Kominek, der Verfasser des polnischen Briefes. Von der Veröffentlichung der Denkschrift erfuhr Kominek während eines Abendessens mit den deutschen Bischöfen Franz Hengsbach von Essen, Joseph Schröffer von Eichstätt und Otto Spülbeck von Meißen am 4. Oktober in Rom, bei dem er den geplanten Brief zur Sprache brachte und die Meinung der deutschen Bischöfe zum ersten Entwurf einholte.[154] Bischof Hengsbach bestätigte später in einem Interview, daß er an seinem Namenstag - am 4. Oktober - zum ersten Mal von dem polnischen Vorhaben erfahren habe.[155]

Kominek habe, so Stehle, die Möglichkeit einer direkten Antwort der polnischen Kirche sondiert: „Seine deutschen bischöflichen Gesprächspartner rieten ihm davon ab, sogar von einer ausdrücklichen Erwähnung der Evangelischen Denkschrift - 'nicht aus konfessionellen Gründen', wie sie sagten."[156]

Die Absicht, in der deutsch-polnischen Aussöhnung die Initiative zu ergreifen, habe Kominek, so Stehle, bereits im April 1965 gehabt. Jedoch habe er damals noch gezögert. Dies seien „alles sehr politische, heißpolitische Sachen".[157] Er ließ sich jedoch nicht entmutigen und entschloß sich, das Konzil mit seiner versöhnlichen, politischem Taktieren abholden Grundstimmung für sein Vorhaben zu nutzen. Eine hervorragende Gelegenheit bot sich durch Kardinal Wyszyńskis Plan, zum Konzilsende Briefe an 56 Episkopate zu richten und die Bischöfe der Welt zur polnischen Milleniumsfeier im Jahre 1966 einzuladen. Es wurden Redaktionen für die verschiedenen Länder gebildet. Obwohl manche polnischen Bischöfe, auch Wyszyński, die Kontakte Komineks zu den deutschen Amtsbrüdern mit skeptischer Distanz beobachteten, konnte der engagierte Schlesier die Alleinredaktion des deutschen Briefes übernehmen. Mit „heiligem Eifer" und „diplomatischer Vorsicht, aber auch mit riskanter politischer Arglosigkeit"[158] machte sich Kominek ans Werk.

Sein damaliger Sekretär und persönlicher Gehilfe Zdzisław Seremak berichtete[159], daß Kominek sich mit ihm und einem weiteren Priester in Italien für zwei Wochen in ein Kloster zurückgezogen habe, um dort ganz alleine, ohne Handbücher und Berater, einen ersten Entwurf des Briefes in deutscher Sprache zu schreiben. Der Zeitpunkt der Entstehung des polnischen Briefes muß also während Komineks Aufenthalt zur letzten Konzilsperiode in Italien liegen. Es erscheint jedoch unwahrscheinlich, daß Kominek während des Konzils volle zwei Wochen abwesend war, und vor Beginn der vierten Konzilssitzung am 14. September 1965 konnte er vermutlich nicht nach Italien fahren. Es dürfte sich also um einen kürzeren Zeitraum gehandelt haben.

Die Urfassung des Briefes datiert somit vermutlich auf die zweite Septemberhälfte 1965. Das würde auch mit den Angaben Stehles übereinstimmen, der einen Brief Komineks erwähnt, den dieser im September 1965 in Rom aufgegeben habe.[160]

Wenn jedoch die Evangelische Denkschrift Kominek den letzten Anstoß zu seinem Versöhnungsbrief gegeben hat, dann spräche das dafür, daß die endgültige Fassung des polnischen Bischofsbriefes in der ersten Oktoberhälfte entstanden ist. Kominek selbst sagte in einem Interview: „Die Denkschrift der Evangelischen Kirche hat mutig den Dialog begonnen, sie hat uns ermutigt zu unserem Brief, nachdem wir im Sommer letzten Jahres nach unseren Feiern in Wrocław (Breslau) so entmutigende Stimmen aus Westdeutschland vernommen hatten."[161]

Die Art und Weise, wie der polnische Brief auf die Denkschrift eingehen sollte, hatte Kominek allerdings einiges Kopfzerbrechen bereitet. Er hatte nicht vor, dieses für ihn so positive Signal aus Rücksicht auf seine deutschen Kollegen völlig zu übergehen. Seremak nahm allerdings die Idee, die Protestanten in Form von „Grüßen und Dank" mit in die Denkschrift einzubeziehen, für sich in Anspruch.

Kominek konsultierte wegen des Briefes auch den in Rom weilenden Publizisten Walter Dirks. Wie dieser erzählte[162], kannte er Kominek vorher persönlich nicht. Eines Tages habe er an einer Tafel bei der Rezeption seines Hotels einen Zettel des Bischofs mit der Bitte um ein Gespräch vorgefunden. Dirks war Kominek aufgefallen, weil er als einer der ersten in der Bundesrepublik angeregt hatte, über ein

Nachgeben in der Grenzfrage nachzudenken. Den Brief habe er gelesen und einige sprachliche Korrekturen vorgeschlagen, jedoch keine inhaltlichen Ergänzungen oder Änderungen beigesteuert. Allgemein habe er Kominek zu seinem Vorhaben ermutigt.

Ermutigt wurde Kominek auch von seinem langjährigen Freund Johannes Schauff, der in der Weimarer Republik Mitglied der katholischen Zentrumspartei im Reichstag gewesen war und aus dem schlesischen Wahlkreis Liegnitz stammte.[163] Dem engagierten Förderer der deutsch-polnischen Aussöhnung gelang es, während des Konzils in Rom das Vertrauen der polnischen Bischöfe zu gewinnen, viele deutsch-polnische Kontakte zu vermitteln und praktisch-humanitäre Aktionen in Gang zu setzen. Sein Ziel war es, wie er es selbst ausdrückte, „ein moralisch besseres Klimas zu entwickeln".[164] Zu Schauffs persönlichen Freunden und Unterstützern zählten u.a. Adenauers Außenminister von Brentano, aber auch Herbert Wehner und Georg Leber. Stehle schreibt über Johannes Schauff: „Obwohl Schauff die deutsch-polnische Verständigung nie im Auftrag oder als Fürsprecher irgendeiner Partei in der Bundesrepublik förderte, schmerzte es ihn als Katholiken, daß entscheidende Anstöße von christlich-demokratischer Seite fehlten."[165]

Kominek selbst habe ihm, so Stehle, noch kurz vor seinem Tode gesagt, daß er zu seinem Versöhnungsbrief auch durch seine Gespräche mit Schauff ermutigt worden sei. Die Initiative zu dem Brief sei jedoch, so Schauff, ganz allein von Kominek ausgegangen.

Schließlich wollte sich Kominek vor der Fertigstellung des Briefes auch bei der polnischen Regierung absichern. Sein Assistent Seremak übergab dem polnischen Korrespondenten in Italien, Ignacy Krasicki, ein Exemplar des Briefes, das dieser ihm später wieder aushändigte. Krasicki, der als einziger kommunistischer Pressevertreter Polens und Vertrauensmann der polnischen Behörden beim Konzil akkreditiert war, sollte die Meinung der Warschauer Behörden zu dem Brief einholen. Laut Seremak habe Krasicki versichert, daß keine scharfe Reaktion auf den Brief aus Warschau zu erwarten sei. Die Hintergründe dieser Auskunft, die sich als falsch erweisen sollte, reizten zu Spekulationen. Stehle schrieb, daß Krasicki den Text zwar nach Warschau geschickt habe, aber nicht als vertrauliche Erkundigung Komineks, sondern als 'Geheimdokument', das er sich auf Umwegen, ohne Wissen der Bischöfe, beschafft habe[166].

Micewski schließt sich der Darstellung Stehles an und fügt noch einen weiteren Aspekt hinzu:
„Wie sich jedoch später erwies, hatte er den Brief nicht der Parteiführung, sondern Stellen übermittelt, die Gomułka mit Kardinal Wyszyński entzweien wollten, um die Position des Parteichefs zu schwächen.“[167]

Krasicki selbst bestätigte Seremaks Informationen über die von ihm eingenommene Mittlerrolle, erklärte jedoch, damals nach bestem Wissen und Gewissen Auskunft erteilt zu haben. Warschau habe ursprünglich keine negative Reaktion geplant und sich erst nach Kenntnis der deutschen Antwort dazu entschlossen.[168]

Die vorliegenden Informationen lassen es am wahrscheinlichsten erscheinen, daß der Brief an eine Fraktion innerhalb der Machtelite um den damaligen Innenminister Moczar weitergeleitet wurde, die offensichtlich weder das ihr unterstellte Amt für Kirchenfragen noch Gomułka davon in Kenntnis setzte und allenfalls eine allgemeine Information über neuerliche Pläne Wyszyńskis weitergab. Die politischen Fußangeln in dem Schriftstück dürften die Funktionäre sehr wohl erkannt haben - jedoch dachten sie nicht daran, Komineks Erwartung zu erfüllen und ihm vorab mitzuteilen, was ihnen an dem Brief mißfiel. Man wartete vielmehr ab, ob der zu erwartende Eklat verbunden mit der deutschen Antwort nicht die eigenen Interessen voranbringen könnte. Kominek wähnte sich von dieser Seite abgesichert und glaubte, nur noch die Zurückhaltung seiner polnischen Amtsbrüder, vor allem natürlich das Zögern Wyszyńskis, überwinden zu müssen. Das war nicht so einfach.

„Dem ausgeprägten politischen Instinkt des Primas entging nicht, daß das, was Kominek für eine psychologische Voraussetzung hielt ('eine für Deutsche verständliche Sprache zu benutzen' - so Kominek im Breslauer Dom am 27. Februar 1966), zur politischen Fußangel würde - falls die deutschen Bischöfe auswichen“.[169] Der Primas, der den Entwurf lange nur mit größter Skepsis betrachtet hatte, setzte seine Unterschrift am 13. November 1965 schließlich doch unter das Dokument, „für das wir werden zahlen müssen“, wie einer der Bischöfe befürchtete. „Dann werden wir um der Liebe willen dulden“, soll ein anderer geantwortet haben. An demselben Tag beklagte Wyszyński während einer Papstaudienz der polnischen Bischöfe zum Ende des Zweiten Vatikanischen Konzils überraschend einen Mangel an Verständnis und an Vertrauen gegenüber der polnischen Kirche „bei unseren Brüdern in Christus“.[170]

Was gab für Wyszyński den Ausschlag, den Brief Komineks doch noch zu unterzeichnen? - In vielen Publikationen wird die 'Konzilsstimmung' hervorgehoben, die sicherlich vieles zum Entstehen des Briefes überhaupt und zu Komineks Hoffnungen auf eine positive Antwort beitrug. Aber konnte diese Stimmung auch den Politiker und Staatsmann Wyszyński überzeugen? Wyszyński soll gegenüber einem Mitglied des Bensberger Kreises noch einige Jahre später mehrfach geäußert haben, daß die Zeit für die polnisch-deutsche Aussöhnung noch nicht reif sei, - und es ist kaum anzunehmen, daß er die Lage 1965 wesentlich optimistischer beurteilte.

Stehle mutmaßte, „daß der Kardinal plötzlich die negativen Auswirkungen des Briefes angesichts der Mentalität der Warschauer Regierung nicht nur voraussah, sondern bewußt riskieren wollte.“[171] Einer solchen Deutung, die darauf hinausliefe, daß der Primas im Bewußtsein der kirchlichen Macht oder zur Festigung seiner Position an einem neuen Streit zwischen Kirche und Staat interessiert gewesen wäre, widersprach jedoch sogar Krasicki entschieden, obwohl er in zahlreichen Artikeln heftig gegen den Kardinal polemisierte.

Eine andere Erklärungsmöglichkeit wäre das Zugrundelegen einer langfristigen außenpolitischen Konzeption, nämlich die Anbindung Polens an den Westen. Erst die freiwillige Anerkennung der nach dem Kriege geschaffenen Tatsachen durch die deutsche Gesellschaft würde die polnische Westgrenze wirklich sicher und den polnischen Staat von seinen östlichen Beschützern unabhängiger machen. Wyszyński könnte auf eine langfristige Bewußtseinsänderung sowohl bei den Deutschen als auch bei den Polen abgezielt haben. Nach Jacek Moskwa rechtfertigte der Primas den Brief der polnischen Bischöfe in einem persönlichen Schreiben an den damaligen katholischen Parlamentsabgeordneten Jerzy Zawieyski damit, daß „nur die öffentliche Meinung ein Garant der Grenzen sein könne, der durch keine Verträge zu ersetzen sei“.[172] „Eine gute Politik“, so Wyszyński in einer Predigt am 30. Januar 1966 auf dem Weißen Berg in Tschenstochau, „sichert sich immer nach allen Seiten hin ab“.[173]

Selbstverständlich ist der Brief auch im Rahmen der Bemühungen um die kirchliche Neuordnung in den Oder-Neiße-Gebieten zu sehen, aber auch hier dürfte sich Wyszyński keinen Illusionen über sofortige Änderungen hingegeben haben. Mit Sicherheit jedoch betrachtete er ihn als weiteren Anstoß zu der irgendwann fälligen Neuordnung, der den Deutschen Zugeständnisse erleichtern und sie zugleich zu solchen drängen sollte.

Es ist nicht auszuschließen, daß auch die Kritik der nichtpolnischen Konzilsväter am Stil der Breslau-Feiern Wyszyński beeinflußt hat. Von einer solchen Kritik schrieb Heinrich Stubbe am 10. Dezember in 'Christ und Welt': „In der Tat ist die politische Begleitmusik der polnischen Bischöfe bei den Breslau-Feiern unter den Konzilsvätern nicht günstig aufgenommen worden. Was man zu sagen habe, könne man auch anders ausdrücken, hieß es in Rom. So jedenfalls werde der Verständigung zwischen den Völkern kein guter Dienst erwiesen."[174]

In die gleiche Richtung scheinen auch Andeutungen in Kominek's Predigt nach seiner Rückkehr nach Breslau zu gehen. Dort heißt es, daß die Konzilsväter die deutschsprachige Ausgabe einer aus Anlaß der Breslau-Feiern herausgegebenen Zeitschrift als „zu propagandistisch, politisch und sogar brutal" verwarfen.[175] Mit dieser Erklärungsweise stimmen auch Äußerungen Wyszyńskis überein, wonach der Brief an die Deutschen ein Beweis gewesen sei, daß „Polens Bischöfe nicht nur in nationalen Kategorien" dächten.[176]

Viele, die Wyszyński kannten, wiesen schließlich darauf hin, daß er als tiefreligiöser Mensch auch zu intuitiven Entschlüssen neigte. Die Entscheidung, das Risiko der Unterschrift auf sich zu nehmen und alle Folgen zu tragen, könnte auch vorrangig religiös begründet sein. Die während des Konzils erarbeitete Pastoralkonstitution über 'Die Kirche in der Welt von heute' rief immer wieder zum Dialog der Christen in der internationalen Gemeinschaft auf. Im Schlußwort hieß es:
„Die Kirche wird kraft ihrer Sendung, die ganze Welt mit der Botschaft des Evangeliums zu erleuchten und alle Menschen aller Nationen, Rassen und Kulturen in einem Geist zu vereinigen, zum Zeichen jener Brüderlichkeit, die einen aufrichtigen Dialog ermöglicht und gedeihen läßt.
Das aber verlangt von uns, daß wir vor allem in der Kirche selbst, bei Anerkennung aller rechtmäßigen Verschiedenheit, gegenseitige Hochachtung, Ehrfurcht und Eintracht pflegen, um ein immer

fruchtbares Gespräch zwischen allen in Gang zu bringen, die das eine Volk Gottes bilden, Geistliche und Laien. Stärker ist, was die Gläubigen eint, als was sie trennt. Es gelte im Notwendigen Einheit, im Zweifel Freiheit, in allem die Liebe."[177]

Der polnische Kardinal könnte in diesem Sinne sein politisch bedingtes Zögern angesichts des 'heiligen Eifers' des versöhnungswilligen Kominek zurückgestellt haben, im Vertrauen darauf, daß sich ein Handeln nach den Grundsätzen des Evangeliums doch letztlich zum Guten wenden müsse.

Daß der Brief des polnischen Episkopats zu einem so bedeutenden Dokument des Versöhnungswillens wurde und nicht eine unverfängliche, protokollarisch knapp gehaltene Grußbotschaft aus Anlaß der Milleniumsfeiern blieb, ging jedoch ausschließlich auf das Engagement und die persönliche Überzeugung des Erzbischofs in Breslau zurück. Lediglich bei der Ausarbeitung half ihm der damalige Weihbischof Jerzy Stroba (seit 1978 Erzbischof von Posen).[178]

Der deutsche Publizist Otto Roegele, der das Zustandekommen des Briefwechsels beobachtet hatte, gewann den Eindruck, „daß die ganze Aktion augenscheinlich sehr sorgfältig überlegt und vorbereitet wurde", und daß an der Formulierung des Briefes an die deutschen Bischöfe „monatelang gearbeitet" worden sei.[179] Diese Einschätzung ist sicherlich nicht zutreffend, auch wenn man zugestehen muß, daß der Brief keine Eingebung des Augenblickes war. Kominek trug sich lange mit der Idee – „er sprach immer von Brücken", erinnert sich Seremak. Die Realisierung des Projektes dauerte jedoch kaum einen Monat – maximal könnten vom Entwurf bis zur Unterschrift Wyszyńskis sieben Wochen vergangen sein. Wahrscheinlicher noch ist, daß die einmal aufgesetzte Urfassung später kaum noch wesentliche Änderungen erfuhr. Nach dem, was über die Konsultationen Komineks bekannt ist, wäre es unwahrscheinlich, daß irgend jemand außer ihm selbst größeren Einfluß auf das Papier gehabt haben könnte.

Eher könnte man vermuten, daß sich Kominek seine schöne Idee von niemandem kaputt machen lassen wollte. Offenbar bemühte er sich auch nicht konsequent um eine Absicherung bei der deutschen Seite bezüglich der zu erwartenden Antwort. Stehle stellt zwar die Frage, ob der damalige Konsultationsabend (und man kann zwischen den Zeilen lesen: die beteiligten deutschen Bischöfe) nicht mehr versprach(en) als danach gehalten wurde.[180] Die an diesem Abend vorgebrachte Forderung der deutschen Seite nach Aushändigung des Manuskriptes, um die Polen hernach nicht in Schwierigkeiten zu bringen, hätte Kominek bei realistischer Betrachtungsweise nicht allzu hoffnungsfroh stimmen dürfen.

Den Stand der Beziehungen zwischen den katholischen Kirchen beider Länder zum damaligen Zeitpunkt verdeutlicht ein Artikel aus der 'Zeit' vom 29. Oktober 1965: „Der deutsche Kardinal Döpfner und der polnische Kardinal Wyszyński trafen sich in der vorigen Woche in Rom zu einem Gespräch unter vier Augen. Die Meinungsverschiedenheiten unter den Kardinälen sind dabei, wie zuverlässig verlautet, nicht beigelegt worden. Kardinal Döpfner bekundete sein grundsätzliches Verständnis für den polnischen Standpunkt zum Oder-Neiße-Problem, unterstrich jedoch, daß seiner Meinung nach die polnische katholische Kirche der Gefahr des Nationalismus zu erliegen drohe, wenn sie den polnischen Anspruch auf die ehemaligen deutschen Ostgebiete historisch begründe.
Wyszyński entgegnete, es sei Sache der polnischen Kirche, zu beurteilen, was dem nationalen Selbstverständnis Polens dienlich sei. Er äußerte auch sein Befremden darüber, daß (angeblich aus Kreisen des deutschen Episkopats) falsche Meldungen in die deutsche Presse lanciert worden seien, wonach die deutschen Bischöfe über den Vatikan der polnischen Kirche finanzielle Zuwendungen machen. Wyszyński soll sich außerdem über Berichte beschwert haben, nach denen auf polnischer Seite der Wunsch bestehe, deutsche Bischöfe sollten den Papst bei seiner wahrscheinlichen Reise nach Polen begleiten. Von einem solchen Wunsch könne keine Rede sein. Kardinal Döpfner erkundigte sich in dem Gespräch besorgt nach dem Archiv der Fuldaer Bischofskonferenz, das sich unter Obhut der polnischen Kirche in Breslau befand. Kardinal Wyszyński beruhigte ihn: Das Archiv sei der Wissenschaft zugänglich gemacht worden – auch deutschen Gelehrten, falls sie nach Breslau kommen."

Der Eindruck drängt sich auf, daß der Deutschlandkenner Kominek vor einer realistischen Einschätzung der zu erwartenden deutschen Antwort bewußt die Augen verschloß. Allerdings könnte man auch vermuten, daß Bischof Hengsbach Kominek tatsächlich die ausdrückliche Anerkennung des Heimatrechtes der Polen in den Oder-Neiße-Gebieten (bei gleichzeitiger Nennung der Vertriebenen) in

Aussicht gestellt hat. Auf Nachfragen nach dem Grund für Komineks Fehleinschätzung der zu erwartenden Antwort deuteten seine Freunde an, daß wohl auch auf deutscher Seite die Situation zunächst falsch eingeschätzt worden war.

Insgesamt spricht jedoch alles dafür, daß für Kominek die Tatsache, daß der Stein überhaupt einmal ins Rollen kam, wichtiger war als die konkrete Antwort der Deutschen. Die einzigartige Gelegenheit, einen offenen Brief von polnischer Seite an die Deutschen zu schreiben, konnte er einfach nicht ungenutzt verstreichen lassen.

D. „Wir vergeben und bitten um Vergebung ...“: Der Inhalt des polnischen Briefes

Der polnische Brief trägt das Datum des 18. Novembers 1965. Sein Text übertrifft an Länge alle anderen Grußbotschaften und auch die spätere deutsche Antwort - er zählt etwa 3.000 Worte. Nach einer kurzen Einleitung folgt die Schilderung der „tausendjährigen Entwicklung der polnischen Kulturgeschichte mit besonderer Berücksichtigung der deutsch-polnischen Nachbarschaft“, die etwa zwei Drittel des Briefes füllt. Sie behandelt vier Bereiche: die geschichtlichen Anfänge des christlichen Polen, den kulturellen und religiösen Austausch zwischen Polen und Deutschland, polnische Errungenschaften auf kulturellem und religiösem Gebiet und schließlich die unfriedlichen Zeiten in den deutsch-polnischen Beziehungen.

Nach diesem Gang durch die Geschichte folgt ein Exkurs über das Problem der Oder-Neiße-Gebiete, an die sich eine Würdigung des deutschen Widerstandes in der Zeit des II. Weltkriegs und ein Appell zum Dialog mit dem polnischen Volk anschließen. Der letzte Absatz ist Polens Anteil an der Konzilsarbeit in Rom und schließlich den später berühmt gewordenen Vergebungsworten gewidmet.

Zu Beginn nennt Kominek den Anlaß des Briefes - die bevorstehende Tausendjahrfeier der polnischen Kirche - und lädt die deutschen Bischöfe für den kommenden Mai zu den Feierlichkeiten auf den Weißen Berg nach Tschenstochau ein. Bereits der erste Satz ist bemerkenswert und offensichtlich wohlüberlegt formuliert: „Es sei uns gestattet, ehrwürdige Brüder, ehe das Konzil sich verabschiedet, Ihnen, unseren nächsten westlichen Nachbarn, die freudige Botschaft mitzuteilen ...“[181]

Die Anrede der deutschen Bischöfe als „unsere nächsten westlichen Nachbarn“ war zwar formal richtig, denn der deutsche Episkopat teilte sich nicht in bundesdeutsche und DDR- Bischöfe auf. Jedoch konnte man auch herauslesen, daß die polnischen Bischöfe mit ihrer Formulierung bewußt über die Teilung Deutschlands hinwegsahen – sehr zum Ärger der politischen Führung ihres Landes und natürlich der der DDR. In den Augen Kominek war der politisch nächste westliche Nachbar die Bundesrepublik, und aus der ganzen Argumentation des Briefes geht klar hervor, daß er sich in erster Linie an die westdeutschen Bischöfe wandte.

Die gemeinsame, über 1000jährige Geschichte, so heißt es in dem Brief weiter, möge „als historischer und zugleich sehr aktueller Kommentar unseres Milleniums dienen und vielleicht auch mit Hilfe Gottes unsere beiden Völker im gegenseitigen Dialog einander näherbringen.“ Es kann und soll hier nicht die Richtigkeit der historischen Darstellungen des Briefes erörtert werden. Die Sichtweise eines Bischofs unterscheidet sich sicherlich von der eines Historikers. Da eine 'rein objektive' Geschichtsschreibung ohnehin kaum möglich ist, soll hier - speziell für den deutschen Betrachter - auf Besonderheiten und Gründe der polnischen Argumentationsweise eingegangen werden.

Zunächst sucht der Brief ein polnisch-christliches Geschichtsbild zu vermitteln, indem auf das Zusammenfallen der Anfänge des christlichen Polens mit der nationalen und staatlichen Einigung verwiesen wird. Die Erwähnung Papst Silvesters II. und der ersten polnischen Hierarchie mit der Metropole Gniezno (Gnesen) und den Suffraganbistümern „Kraków, Wrocław, Kołobrzeg (Krakau, Breslau, Kolberg)“ weist diskret auf die ursprünglich polnische Natur der später deutschen Städte Breslau und Kolberg hin. Es habe von Anbeginn eine enge Verbindung von Staat und Kirche in Polen gegeben, die jedoch differenziert betrachtet wird:

„Die Symbiose Christentum, Staat, Kirche bestand in Polen seit Anfang und wurde eigentlich nie gesprengt. Sie erzeugte mit der Zeit die fast allgemeine polnische Denkart: Polnisch ist zugleich katholisch. Aus ihr heraus entstand auch der polnische Religionsstil, in dem seit Anfang an das Religiöse mit dem Nationalen eng verwoben und verwachsen ist, mit allen positiven, aber auch negativen Seiten dieses Problems."

Unter Berufung auf die „allerneueste deutsche Geschichtsschreibung" würdigen die polnischen Bischöfe das Wirken der ersten polnischen Herrscher, Mieszko I. und Bolesław des Tapferen. Dann werden die „fruchtbaren deutsch-polnischen Beziehungen" entwickelt, wobei gleich zu Anfang eingeschränkt wird, daß diese „nicht immer fruchtbar geblieben" seien. Der „rege und äußerst reichliche Austausch zwischen Polen und den abendländischen Ländern" im Mittelalter wird mit Hinweisen auf die Benediktiner, die Zisterzienser und Bettelorden, das Magdeburger Recht und den Nürnberger Bildhauer Veit Stoß, der nach Krakau umsiedelte, belegt. Der Anteil der deutschen Kultur an der Entwicklung Polens wird besonders gewürdigt: „Die Polen haben ihre Brüder aus dem christlichen Westen, die als Boten der wahren Kultur zu ihnen kamen, sehr geehrt und verschwiegen niemals ihre nichtpolnische Stammesherkunft. Wir haben der abendländischen - auch der deutschen - Kultur wahrhaftig sehr viel zu verdanken."

Die Bedeutung solcher Worte läßt sich nur verstehen, wenn man weiß, daß es in Polen über lange Jahre hinweg Empörung auslöste, wenn man auf die deutsche Herkunft des Bildhauers Wit Stwosz (Veit Stoß) anspielte. Aus dem Westen sind auch, so fährt der Brief fort, Apostel und Heilige gekommen, die „wohl zum Wertvollsten" gehörten, was das Abendland Polen geschenkt habe. Die heiliggesprochene Hedwig von Andechs (die als 'Jadwiga' heute noch immer als Patronin von Schlesien gilt, und deren deutsche Herkunft nicht allen Polen bekannt gewesen sein dürfte) wird als Beispiel „echter christlicher Kulturmission" gewürdigt. „Niemand", so heißt es in dem Brief weiter, „macht unserer großen Landesheiligen den Vorwurf, daß sie deutschen Geblütes war; im Gegenteil, man sieht sie allgemein - von einigen nationalistischen Fanatikern abgesehen - als den besten Ausdruck eines christlichen Brückenbaus zwischen Polen und Deutschland an - wobei wir uns freuen, auch auf deutscher Seite recht oft dieselbe Meinung zu hören."

„Brücken bauen zwischen Völkern", so fährt der Brief des polnischen Pontifex fort, „können eben am besten nur heilige Menschen, nur solche, die eine lautere Meinung und reine Hände besitzen. Sie wollen dem Brudervolke nichts wegnehmen, weder Sprache noch Gebräuche, noch Land noch materielle Güter; im Gegenteil: Sie bringen ihm höchst wertvolle Kulturgüter, und sie geben ihm gewöhnlich das Wertvollste, das sie besitzen: sich selbst".

Das Miteinander von Deutschen und Polen - so die indirekt vermittelte Botschaft - erlaube keine zwangsweise 'Beglückung' aus dem Gefühl der kulturellen Überlegenkeit heraus. Möglicherweise läßt sich auch eine Zurückweisung deutscher Ansprüche auf Land und materielle Güter aus dieser Passage herauslesen.

Als Zeichen für die rasche Entwicklung der polnischen Kultur wird die Gründung der Universität Krakau im Jahre 1363, „die erste neben Prag im ganzen osteuropäischen Raum", genannt. Im Abschnitt über die Universität wird unauffällig erwähnt, daß Schlesien zur Blütezeit der Jagiellonen-Universität schon nicht mehr zum polnischen Staatsverband gehörte: „Im 15. und 16. Jahrhundert, als die schlesischen Piastenländer nicht mehr zum polnischen Königreich gehörten, studierten in Krakau und dozierten daselbst Tausende von Studenten und Professoren aus Wratislavia (Breslau), Raciborz (Ratibor), Gliwice (Gleiwitz), Glogów (Glogau), Nysa (Neiße), Opole (Oppeln) und vielen anderen Städten Schlesiens".

Wer will, kann in der Erwähnung des offiziell Verschwiegenen eine Reaktion auf den Vorwurf der einseitigen Geschichtsdarstellung von deutscher Seite sehen. Interessant auch die Bezeichnung 'Wratislavia', nachdem an früheren Stellen vom Suffraganbistum Wrocław die Rede gewesen war. Fand es der Briefautor unangemessen, die Stadt auch während ihrer deutschen Zeit 'Wrocław' zu nennen? Stattdessen 'Breslau' an erster Stelle zu schreiben, dürfte allerdings in der damals auch in der polnischen Kirche strikt geltenden Nomenklatur nicht möglich gewesen sein.

Nachdem mehr als die Hälfte des Briefes einer positiven Darstellung der polnischen Geschichte sowie des deutsch-polnischen Zusammenwirkens gewidmet war, beginnt mit dem Abschnitt über die Deutschordensritter die Kritik am deutschen Wirken in Polen. Die Bekehrung der Ureinwohner mit Feuer und Schwert sei „für die Kirche, in deren Namen sie auftraten, im Laufe der Jahrhunderte eine furchtbare und äußerst kompromittierende Belastung geworden (...)

Noch heute, nach vielen Generationen und Jahrhunderten [sei] die Bezeichnung 'krzyżak' (Kreuzritter) Schimpfwort und Schreckgespenst für die Polen und [werde] leider nur allzu oft von alters her mit dem Deutschtum identifiziert."

Mit zwei Sätzen wird eine Linie vom letzten Ordensgroßmeister Albrecht von Brandenburg zu Hitler gezogen: „Aus dem Siedlungsgebiet der 'Kreuzritter' sind später jene Preußen hervorgegangen, die alles Deutsche in polnischen Landen in allgemeinen Verruf brachten. Sie sind in der geschichtlichen Entwicklung repräsentiert durch folgende Namen: jener Albrecht von Preußen, Friedrich der sog. Große, Bismarck und schließlich Hitler als Endpunkt."

Diese Darstellung nannte Castellan „in historischer Hinsicht erstaunlich"[182], nicht nur deswegen, weil Hitler kein Preuße war. Hier zeigt sich, wie weit die Identifikation des Briefschreibers mit der eigenen Geschichte zurückgreift, wie ungebrochen sie im Vergleich zum deutschen Geschichtsbewußtsein ist. Eine solche Auffassung mag 'einseitig' sein – aus der Sicht des polnischen Briefschreibers haben jedoch all diese Deutschen Polen Unrecht getan.

Natürlich konnte Kominek nicht damit rechnen, daß die deutschen Bischöfe über diese Version ihrer nationalen Geschichte besonders erfreut sein würden. Es ging ihm jedoch offenbar darum, keinen strittigen Punkt aus der Vergangenheit unberührt zu lassen. Sein Entgegenkommen bestand darin, den negativen Auswirkungen des Deutschtums vor Hitler so wenig Platz einzuräumen (nur ein Satz für die Kreuzritter, Friedrich II. und Bismarck) und den positiven Seiten des gegenseitigen Verhältnisses viel mehr Raum zu widmen – wobei natürlich auch der 'positive' Teil des Briefes Anhänger einer wertungsfreien Geschichtsschreibung nicht befriedigen kann, da er das politische und wirtschaftliche Eigeninteresse der 'Kulturträger' außer Acht läßt und ihr Tun idealisiert.

Nach einem kurzen Absatz über die Teilungen Polens, als deren Haupturheber Friedrich II. vom polnischen Volk „zweifellos nicht ganz zu unrecht" angesehen werde, folgt die eindringliche, wenn auch innerhalb des Briefes verhältnismäßig wenig Raum einnehmende, Schilderung der deutschen Besatzungszeit in Polen: „Über unser armes Vaterland senkte sich eine furchtbare, finstere Nacht, wie wir sie seit Generationen nicht erlebt hatten. (...) Wir waren alle macht- und wehrlos. Das Land war übersät mit Konzentrationslagern, in denen die Schlote der Krematorien Tag und Nacht rauchten. Über sechs Millionen Staatsbürger, darunter ein Großteil jüdischer Herkunft, haben diese Okkupationszeit mit ihrem Leben bezahlen müssen. Die führende polnische Intelligenzschicht wurde einfach weggefegt. Zweitausend polnische Priester und fünf Bischöfe (ein Viertel des damaligen Episkopats) wurden in Lagern umgebracht. (...) Wir wollen nicht alles aufzählen, um die noch nicht vernarbten Wunden nicht wieder aufzureißen. Wenn wir an diese polnische, furchtbare Nacht erinnern, dann nur deswegen, damit man uns heute einigermaßen versteht, uns selbst und unsere heutige Denkart. (...) Wir versuchen zu vergessen. Wir hoffen, daß die Zeit - der große göttliche Kairos - die geistigen Wunden langsam heilen wird."

Nach diesen Erfahrungen stehe das ganze polnische Volk unter einem „elementaren Sicherheitsbedürfnis", heißt es in dem Brief weiter, und betrachte „seinen nächsten Nachbarn im Westen immer noch mit Mißtrauen": „Diese geistige Haltung ist sozusagen unser Generationsproblem, das, Gott gebe es, bei gutem Willen schwinden wird und schwinden muß" - versucht der Brief zu überzeugen.

Nach diesem Abriß der gemeinsamen Geschichte der letzten tausend Jahre packt Kominek das von ihm so genannte 'heiße Eisen' der deutsch-polnischen Nachbarschaft an: die Grenze an Oder und Neiße, die „wie wir wohl verstehen, für Deutschland eine äußerst bittere Frucht des letzten Massenvernichtungskrieges - zusammen mit dem Leid der Millionen von Flüchtlingen und vertriebenen Deutschen (auf interalliierten Befehl der Siegermächte - Potsdam 1945! - geschehen) [ist]."

Und er fährt fort: „Für unser Vaterland, das aus den Massenmorden nicht als Siegerstaat, sondern bis zum äußersten geschwächt hervorging, ist es eine Existenzfrage (keine Frage 'größeren Lebensraumes!'); es sei denn, daß man ein über 30-Millionen-Volk in den engen Korridor eines 'Generalgouvernements' von 1939-1945 hineinpressen wollte - ohne Westgebiete; aber auch ohne Ostgebiete, aus denen seit 1945 Millionen von polnischen Menschen in die 'Potsdamer Westgebiete' hinüberströmen mußten."[183]

In diesem Abschnitt wird Komineks besondere Anstrengung deutlich, eine für Deutsche verständliche Sprache und Argumentation zu benutzen, eine Sprache, die sich von der offiziellen polnischen Darstellungsweise deutlich abhebt. Zum damaligen Zeitpunkt war es schon sehr viel, Verständnis für das Leid der deutschen Flüchtlinge zu äußern - 'vertriebene Deutsche' gar gab es in der offiziellen Terminologie überhaupt nicht, es wurde allenfalls von Umsiedlern gesprochen. Geradezu sensationell mußte auch die Rechtfertigung für die Übernahme der Westgebiete durch Polen anmuten: Statt des Verweises auf die historische Piastenerde wurde der Verlust der polnischen Ostgebiete angeführt und auf die Potsdamer Beschlüsse der Siegermächte verwiesen. Ganz unerhört für damalige Verhältnisse war auch die in einem Nebensatz versteckte Formulierung, daß Polen nicht als Siegerstaat aus dem Zweiten Weltkrieg hervorgegangen sei.

Die in dem Brief genannte Bevölkerungszahl von 30 Millionen bezieht sich natürlich auf das Jahr 1965, nicht auf die Situation direkt nach dem Krieg. Wenn Kominek von einer 'Existenzfrage' für Polen spricht, hat er dabei stets die weitere Entwicklung der Oder-Neiße-Gebiete und ihre wirtschaftliche Bedeutung für das Land im Sinn. Durch seinen Hinweis auf die Alliierten macht er noch einmal deutlich, daß Polen nicht der Urheber der Vertreibung war.

Die Aufzählung all dessen, was in den Kriegsjahren geschehen war, sollte aber - so heißt es in dem Brief weiter - „weniger eine Anklage als vielmehr eine eigene Rechtfertigung sein". Der „übermenschliche nationalsozialistische Gewissensdruck" großer Teile der deutschen Bevölkerung, die Widerstandsgruppen der Weißen Rose und des 20. Juli sowie die Namen und Schicksale anderer herausragender Widerstandskämpfer werden ausdrücklich gewürdigt.

Der nächste Absatz des Briefes birgt die Hauptintention, die große Hoffnung seines Autors - einen Appell, der sich sicherlich über die angesprochenen Bischöfe hinaus an die Politiker und an die Menschen beider Länder überhaupt richtete: „Und trotz alledem, trotz dieser fast hoffnungslos mit Vergangenheit belasteten Lage, gerade aus dieser Lage heraus, hochwürdige Brüder, rufen wir Ihnen zu: Versuchen wir zu vergessen! Keine Polemik, kein weiterer kalter Krieg, aber der Anfang eines Dialogs, wie er heute vom Konzil und vom Papst Paul VI. überall angestrebt wird. Wenn echter guter Wille beiderseits besteht - und das ist wohl nicht zu bezweifeln -, dann muß ja ein ernster Dialog gelingen und mit der Zeit gute Früchte bringen - trotz allem, trotz heißer Eisen."

Der nächste Absatz nennt es ein „Gebot der Stunde“, den Dialog auf bischöflicher Hirtenebene zu beginnen und einander näher kennenzulernen, „unsere gegenseitigen Volksbräuche, den religiösen Kult und Lebensstil, in der Vergangenheit verwurzelt und gerade durch diese Kulturvergangenheit bedingt.“ Diese Stelle verdeutlicht, wie sehr sich die polnischen Bischöfe als die eigentlichen, authentischen Vertreter ihres Volkes in vielen Lebensbereichen fühlen - im Gegensatz zu ihren deutschen Kollegen, die immer wieder darauf hinwiesen, daß sie den Gläubigen in politischen Dingen nichts vorschreiben und den Politikern nicht vorgreifen wollten.

Der Brief geht noch kurz auf die bisherigen Vorbereitungen zum Millenium ein, wobei auch der im Westen weniger gepflegte Marienkult theologisch gerechtfertigt wird. Der Einladung und Bitte, das Millenium durch Gebet oder einen besonderen Gedenktag mitzufeiern, schließt sich eine Grußbotschaft an die „deutschen evangelischen Brüder“ an, „die sich mit uns und mit Ihnen abmühen, Lösungen für unsere Schwierigkeiten zu finden.“

Erst jetzt - ganz zum Schluß - kommen die großen Vergebungs- und Versöhnungssätze, die den Brief später so berühmt machen sollten:

„In diesem allerchristlichsten und zugleich sehr menschlichen Geist strecken wir unsere Hände zu ihnen hin in den Bänken des zu Ende gehenden Konzils, GEWÄHREN VERGEBUNG UND BITTEN UM VERGEBUNG. [Hervorhebung E.H.] Und wenn Sie, deutsche Bischöfe und Konzilsväter, unsere ausgestreckten Hände brüderlich erfassen, dann erst können wir wohl mit ruhigem Gewissen in Polen auf ganz christliche Art unser Millenium feiern. Wir laden Sie dazu herzlichst nach Polen ein.“

Im Schlußsatz wird das Anliegen des Briefes dem barmherzigen Erlöser und der „Jungfrau Maria, Königin Polens, Regina Mundi und Mater Ecclesiae“ anvertraut.

Dem Datum (18. November 1965) und der Unterschrift Kardinal Wyszyńskis folgen die Unterschriften der 35 auf dem Konzil anwesenden polnischen Bischöfe. Dabei sind die Namen teilweise polnisch, teilweise lateinisch geschrieben, so z.B. Jerzy Ablewicz, aber Georgius Stroba. Die Titel sind ausnahmslos in lateinischer Sprache angegeben. Während jedoch die Namen traditionell polnischer

Städte ebenfalls lateinisch geschrieben werden, werden die Ortsnammen in den neu gewonnenen Nord- und Westgebieten meist in polnischer Sprache angegeben, so stammt beispielsweise Bolesław Kominek, Archiepp. Tit. aus 'Wrocław', Carolus Wojtyła ist Archiepiscopus Metropolitata Cracoviensis. Andererseits figuriert Antonis Baraniak zwar als Archiepiscopus Posnaniensis, sein Hilfsbischof Franciscus Jedwabski jedoch als Episcopus Auxil. in Poznań. Offensichtlich hatte sich jeder Bischof individuell die sprachliche Ausdrucksform seiner Personen- und Amtsbezeichnung aussuchen können.

Der polnische Brief ist ein Dokument, aus dem an vielen Stellen die tiefe Verwurzelung in einem national geprägten Geschichtsbild spricht. Es wäre dem Briefschreiber wohl kaum in den Sinn gekommen, etwa Bolesław den Tapferen als geschickten Eroberer oder gar als 'Imperialisten' darzustellen, wohingegen Friedrich II. für ihn nur der 'sog.' Große sein konnte. Allerdings darf man bei der Beurteilung dieser Sichtweise auch die völlig unterschiedliche Bedeutung Bolesławs des Tapferen für die deutsche Geschichte und Friedrichs des Großen für die polnische Geschichte nicht außer Acht lassen. Polnische Großmachtpolitik hat für das Deutsche Reich nie so einschneidende Folgen gehabt, wie es umgekehrt der Fall war. Empörte deutsche Kommentatoren wie etwa der Kirchenhistoriker Hubert Jedin, der von einem „nationalistisch verzerrten Geschichtsbild“[184] sprach, müssen sich fragen lassen, ob nicht auch viele deutsche Darstellungen das Wirken der Kreuzritter, Friedrichs des Großen, und Bismarcks von einem 'deutschen' Gesichtspunkt aus würdigen und die Auswirkungen ihrer Politik auf Polen übergingen oder bagatellisierten.

Ohne die Geschichte und ohne den Austausch über sie kann es – so vermittelt der Brief in eindringlichen Worten – keine Versöhnung geben. Die Darstellung der polnischen Kirchen- und Kulturgeschichte dient bereits dem Kennenlernen und Verstehen der Bräuche, des Kultes und des Lebensstiles des jeweils anderen in seiner historischen Gewachsenheit. Der deutsche Leser soll weniger über die geschichtlichen Ereignisse belehrt werden als vielmehr deren polnische Sichtweise verstehen lernen.

Der polnische Brief hat einen ausgesprochen appellativen, an manchen Stellen – wie es ein deutscher Kommentator später nennnen wird – fast beschwörenden Charakter:

„Seid uns (...) nicht gram!"
„Es soll weniger eine Anklage als vielmehr eine eigene Rechtfertigung sein!"
„Versuchen wir zu vergessen! Keine Polemik, kein weiterer kalter Krieg"
„Wenn echter guter Wille beiderseits besteht (...), dann muß ja ein ernster Dialog gelingen"
„Wenn wir an diese furchtbare polnische Nacht erinnern, dann nur deswegen, damit man uns heute einigermaßen versteht"

An vielen Stellen versucht der Autor auch, eine Art kritischer Distanz zu der beschriebenen polnischen Haltung zu gewinnen:

„entstand auch der polnische Religionsstil (...), mit allen positiven, aber auch negativen Seiten dieses Problems."
„wobei natürlicherweise Polen als jüngeres Staatengebilde (...) anfangs mehr der nehmende als der gebende Teil war."
„die Bezeichnung 'krzyżak' (...) wird leider nur allzu oft (...) mit dem Deutschtum identifiziert."
„Diese geistige Haltung ist sozusagen unser Generationsproblem."
„Es soll weniger eine Anklage als vielmehr eine eigene Rechtfertigung sein!"
„... und bitten um Vergebung."

Bei inhaltlicher Übereinstimmung mit der polnischen Regierung in der Frage der Oder-Neiße-Grenze tritt der Unterschied in Wortwahl und Argumentation deutlich hervor.

Äußerste Zurückhaltung übt der polnische Brief in dem einzigen Punkt, bei dem die deutschen Bischöfe - wenn sie gewollt hätten - Entgegenkommen hätten zeigen können, ohne ihre Kompetenzen zu überschreiten: in der Frage der kirchenrechtlichen Neuordnung der Oder-Neiße-Gebiete. Seelsorgerische Gründe hätten für eine solche Neuregelung gesprochen, wie später auch der deutsche Gutachter bestätigen sollte. Aber die polnischen Briefschreiber bringen ihre Amtsbrüder nicht in eine solche Zwickmühle. Sie erwähnen nicht einmal, wieviele polnische Menschen jetzt in diesen Gebieten leben. Hier läßt der polnische Brief Raum für eine 'große Geste' der deutschen Seite. Eine Anspielung oder gar eine diesbezügliche Forderung hätte die deutschen Bischöfe moralisch unter Druck gesetzt und den Episkopat im Falle einer Erfüllung des polnischen Wunsches in der deutschen Öffentlichkeit Vorwürfen der Nachgiebigkeit ausgesetzt.

Das heißt nicht, daß der polnische Brief in seiner Gesamtheit nicht doch geeignet war, auf die deutschen Bischöfe Druck auszuüben, was von diesen auch zumindest teilweise so empfunden worden sein dürfte. Es unterliegt wohl keinem Zweifel, daß Kominek mit seinem Brief die Anerkennung des Heimatrechts der acht Millionen Polen in den Oder-Neiße-Gebieten und zumindest erste Schritte zu einer kirchenrechtlichen Neuordnung erreichen wollte. Diese beiden Punkte, die in der kirchlichen Praxis keine Änderungen bewirkt hätten und somit fast symbolischen Charakter besaßen, hielt Kominek für unverzichtbare Voraussetzungen eines Neuanfangs zwischen beiden Völkern. Er wollte, daß dieser Neuanfang von einer gesellschaftlich authentischen Kraft ausging - und das war für ihn die katholische Kirche. Das 'Brückenbauen zwischen den Völkern' war für ihn keine Tätigkeit, die ein Christ den Politikern überlassen konnte: „Das können am besten nur heilige Menschen, nur solche, die eine lautere Meinung und reine Hände besitzen". Zwar bestritt Kominek - ebenso wie auch Wyszyński - je etwas Politisches getan, gesagt oder geschrieben zu haben. Aber die Auffassung, daß man die „Existenzfrage" einer Nation in politische, rechtliche und theologische Aspekte aufteilen könne und daß man sich als Bischof nur zu den letzteren äußern könne, dürfte dem Selbstverständnis des schlesischen Bischofs zutiefst widersprochen haben.

E. Zwischen Vorsicht und Ratlosigkeit: Das Entstehen der deutschen Antwort

Erst am 30. November 1965, zwölf Tage nach der Übergabe des polnischen Briefes an den deutschen Episkopat, gab die Katholische Nachrichtenagentur KNA in Rom den Inhalt des Briefes bekannt. Bis heute ist unklar, ob dies auf Veranlassung der deutschen Bischöfe oder durch eine Indiskretion geschah. In den deutschen Zeitungen vom 1. Dezember 1965 wurde der Eindruck erweckt, als sei das Dokument gerade eben erst überreicht worden. In der 'Welt' hieß es beispielsweise: „Vertreter des deutschen Episkopats erklärten am Dienstag, daß die deutschen Bischöfe die polnische Einladung schon einer kurzen Prüfung unterzogen hätten. Eine Entscheidung über die Antwort sei jedoch noch nicht getroffen worden. Wie es heißt, hätten die deutschen Bischöfe 'diesen von brüderlichem und konziliären Geist getragenen Brief' dankbar aufgenommen, und sie werden ihn in den nächsten Tagen im gleichen Geist beantworten.“

Sowohl Kardinal Joseph Frings von Köln als auch Kardinal Julius Döpfner von München und Erzbischof Alfred Bengsch von Berlin erhielten je ein Exemplar des Briefes. Nach Stehles Informationen zirkulierte der Brief zwei Wochen lang zwischen München, Köln und Rom, weil inzwischen der Vorsitz der deutschen Bischofskonferenz von Frings auf Döpfner übergegangen war. Da jedoch der bevorstehende Wechsel an der Spitze der Bischofskonferenz ebenso bekannt war wie die Tatsache des zu erwartenden polnischen Briefes, scheint die Erklärung Bischof Hengsbachs unbefriedigend: „So wanderte der Brief (...) zuerst an den Rhein, um auf diesem Umweg nach Rom zurückzugelangen. Dadurch kamen wir mit unserer Antwort, die wir nicht in den Sog des Konzilsendes geraten lassen wollten, etwas in Zeitdruck“[185].

Ein Austausch offizieller Dokumente zwischen Kirchenvertretern zweier Nationen ist auf einer so hohen Ebene angesiedelt, daß die deutsche Antwort zum Zeitpunkt der Briefübergabe schon fertig oder zumindest in wesentlichen Zügen ausgearbeitet hätte sein müssen. Der Text des polnischen Briefes war spätestens seit dem 27. Oktober in deutschen Händen, und das Gutachten des Kirchenhistorikers Hubert Jedin zur allgemeinen Richtung der deutschen Antwort trägt sogar schon das Datum des 16. Oktobers.[186]

Es ergeben sich eine Reihe von Fragen, die - da die Archive noch nicht zugänglich sind - letztlich nur zu Hypothesen führen können: Hatte der deutsche Episkopat gar nicht die Absicht, den polnischen Brief zu veröffentlichen und mit einem offenen Brief zu antworten? Könnten vielleicht katholische Vertriebenenkreise einer öffentlichen Diskussion deutsch-polnischer Fragen entgegengewirkt haben?

Der katholische Vertriebenensprecher und Bundestagsabgeordnete Herbert Czaja verteidigte zwar den Schritt der polnischen Bischöfe, aber erst 1966 und eher in Hinsicht auf die inzwischen auch in Deutschland bekannt gewordene Reaktion der polnischen Öffentlichkeit. Von einer positiven Wirkung auf die deutsche Öffentlichkeit spricht Czaja nicht. Da die polnischen Bischöfe aus Rücksicht auf ihre Regierung öffentlich ja doch nicht alles beim richtigen Namen nennen könnten, schlug er die Fortsetzung des begonnenen Dialogs im vertraulichen Kreise vor.[187]

Wenn man in Betracht zieht, wie sehr sich die evangelischen Vertriebenenvertreter dagegen zur Wehr setzten, daß ihre Kirche überhaupt in irgendeiner Form zu den deutsch-polnischen Problemen Stellung nahm und die heftige Reaktion nicht nur der Vertriebenen auf die EKD-Denkschrift berücksichtigt, drängt sich die Vermutung auf, daß auch katholische Vertriebenenkreise nicht an einem öffentlichen Dialog der Kirchen interessiert waren, weil sie dadurch - zu Recht - auf Dauer gesehen eine Schwächung ihrer Position befürchteten. Für einen möglichen Einfluß Czajas auf die Reaktion der deutschen katholischen Kirche spricht die Tatsache, daß er häufig mit Komineks Freund Johannes Schauff Kontakt hatte, so daß er den Inhalt des polnischen Briefes durchaus vor der Veröffentlichung gekannt haben könnte.

Ein eventueller Wunsch nach nichtöffentlicher Behandlung der Angelegenheit wäre jedoch zum Scheitern verurteilt gewesen, da mit dem Brief an die deutsche katholische Kirche gleichzeitig über 50 andere Episkopate angeschrieben worden waren, die die polnische Einladung zur Tausendjahrfeier und ihre jeweilige Antwort mit Sicherheit veröffentlichen würden - die deutsche katholische Kirche hätte sich da nur schwerlich ausschließen können. Zudem war der Inhalt des polnischen Briefes so 'sensationell', daß mit einer Indiskretion zu rechnen war. Der späte Zeitpunkt der deutschen Antwort ist somit aller Wahrscheinlichkeit nach auf Meinungsverschiedenheiten innerhalb des deutschen Episkopats - verbunden mit Beeinflussungsversuchen von außerhalb - zurückzuführen.

Auch die Teilung Deutschlands und der damit verbundene unterschiedliche Blickwinkel der deutsch-deutschen Antwortskommission kann eine Rolle gespielt haben. Laut Stehle soll Bischof Otto Spülbeck aus Meißen zu Kominek ein „besonders persönliches Verhältnis“[188] gehabt haben, und der wahrscheinlich ebenfalls beteiligte Görlitzer Bischof und Kapitelsvikar Gerhard Schaffran soll nach Roegele ein Studienfreund Komineks gewesen sein.[189] Er übte die kirchliche Jurisdiktion über den in der DDR liegenden Teil des Erzbistums Breslau aus. Kominek betont in seinen Erinnerungen, daß zwischen den Bischöfen aus der DDR und den polnischen Bischöfen Einmütigkeit geherrscht habe.[190] Bischof Hengsbach aus Essen sagte selbst erläuternd: „Die Dinge sehen von Köln anders aus als von Dresden", und fügte hinzu: „Sicherlich käme es uns nicht zu, wenn wir uns in staatsrechtlichen Kategorien bewegten".[191]

Aufschlußreiche Andeutungen über den Grund des deutschen Zögerns finden wir in Micewskis Wyszyński-Biographie: „Die römische Presse erwähnte diesen Brief schon am 2. Dezember. Und gerade am vorangegangenen Tag hatte der Primas mit Kardinal Döpfner diskutiert, der auf zurückhaltende Weise kritische Bemerkungen zum Thema der Predigt des Primas in Breslau formulierte. Kardinal Döpfner bedauerte, daß darin der deutsche Beitrag zur Kultur der Westgebiete nicht erwähnt wurde. Der Primas antwortete, daß er nicht von der ganzen Geschichte gesprochen hatte, sondern nur vom Jahre 1000.

Beide Gesprächspartner erinnerten an die Leiden der deutschen und polnischen Umsiedler. Kardinal Döpfner unterstrich jedoch, daß eine erneute Umsiedlung der Bevölkerung undenkbar sei und sprach sich entschieden für ein Europa ohne Grenzen aus. Diese These fand jedoch keinen Niederschlag in den deutschen Massenmedien. Der Brief der polnischen Bischöfe an die deutschen wurde hingegen vor allem politisch kommentiert, und nicht als Akt der christlichen Versöhnung."[192]

Zunächst muß daran erinnert werden, daß es sich bei diesem Gespräch nicht um den ersten Disput zwischen Döpfner und Wyszyński über die Breslau-Predigt handelte. Schon in der zweiten Oktoberhälfte hatten die beiden darüber gesprochen.[193] Auch scheint es äußerst unwahrscheinlich, daß die beiden Kardinäle zwölf Tage nach Absendung des polnischen Briefes und einen Tag nach dessen Veröffentlichung durch die KNA nicht über dieses Thema gesprochen haben sollten, - Micewski will ja wohl nicht sagen, daß Döpfner von dem polnischen Brief erst aus der römischen Presse erfahren habe. Die Bemerkungen Döpfners über die Breslau-Predigt und der Hinweis auf die Vertriebenen (dem Wyszyński mit dem Hinweis auf die polnischen Vertriebenen 'konterte') müssen als Erklärung für das Zögern der deutschen Seite und als Ankündigung einer zurückhaltenden Antwort verstanden werden.

Möglicherweise handelt es sich bei dem hier geschilderten Gespräch um Döpfnes Einschränkung der Hoffnungen, die die von Kominek konsultierten deutschen Bischöfe bei den Polen geweckt hatten. In den beiden letzten Sätzen steckt eine deutliche Kritik an den deutschen Bischöfen. Im Klartext besagen sie, daß Döpfner es versäumt habe, seine im Gespräch mit Wyszyński ausgesprochenen Ansichten über die Undenkbarkeit einer neuen Vertreibung und ein Europa ohne Grenzen auch öffentlich unmißverständlich darzutun - etwa in dem deutschen Antwortbrief. Dann nämlich hätten sie sehr wohl „entsprechenden Niederschlag in den deutschen Massenmedien" gefunden.

Daß der polnische Brief 'politisch kommentiert' und nicht als Akt der Versöhnung aufgefaßt wurde, lastete Micewski (als Sprachrohr Wyszyńskis) scheinbar auch den Massenmedien an - bei genauem Lesen fällt aber auf, daß sie im letzten Satz gar nicht mehr genannt sind. In Wirklichkeit sind die deutschen Bischöfe gemeint, die mit ihrer politischen Auslegung, wie Kominek es später formulieren sollte, den Polen einen „Bärendienst" erwiesen.[194]

Richtungsweisend für die deutsche Antwort war das bereits erwähnte Gutachten des Kirchenhistorikers Hubert Jedin, der selbst aus Schlesien stammte. Er schrieb darüber in seinem 'Lebensbericht': „Deutsche Bischöfe nahmen meinen Rat in Anspruch, als der versöhnliche Brief des polnischen Episkopats beantwortet werden mußte. Es war von Anfang an klar, daß die zur Versöhnung ausgestreckte Hand nicht zurückgestoßen werden durfte; ich mußte aber darauf aufmerksam machen, daß das im einleitenden Teil enthaltene, nationalistisch verzerrte Geschichtsbild unannehmbar war. Das deutsche Antwortschreiben war nicht der Ort, es zu widerlegen; jeder Versuch in diese Richtung wäre als Refus empfunden worden. Man mußte aber zum Ausdruck bringen, daß man es nicht annehme. Das ist denn auch geschehen, aber manche meiner schlesischen Landsleute haben mir übel genommen, daß der Widerspruch nicht deutlicher war.[195]

Jedin riet den deutschen Bischöfen, am deutschen Rechtsanspruch festzuhalten und einer kirchlichen Neuordnung in Westpolen nicht zuzustimmen. Eine endgültige Regelung läge zwar im Interesse der Seelsorge, wäre jedoch zugleich ein folgenschwerer politischer Akt, der die Stellung der deutschen Katholiken schwächen würde.

Grundsätzliche Erwägungen zum deutsch-polnischen Verhältnis und der Rolle der deutschen katholischen Kirche – etwa nach dem Muster der Evangelischen Denkschrift – gab es in Jedins Gutachten nicht, und es gibt auch keine sonstigen Hinweise darauf, daß solche Überlegungen angestellt wurden.

Bischof Hengsbach meinte in dem bereits zitierten Interview, daß man auch vor dem Briefwechsel „in voller Freimut und brüderlicher Unvoreingenommernheit über alles gesprochen [habe], was uns gemeinsam bewegt". Jedoch hätten die zwischenmenschlichen Kontakte vielleicht nicht zu dem „erfreulichen Ergebnis des Briefwechsels" geführt, „wenn nicht der Geist des Konzils es sozusagen erfordert hätte". Hengsbach schwieg sich allerdings – trotz mehrfachen Nachhakens von Werner Höfer – über die Details der weiteren Prozedur aus. Der Journalist schloß mit eigenen Worten, die aber offensichtlich auf Äußerungen des Bischofs Bezug nahmen. Es müsse „die gemeinsame Sorge sein, aus diesem Briefwechsel einen Dialog und keinen Disput werden zu lassen".[196] Offenbar wollte der Ruhrbischof nicht öffentlich Kritik an den polnischen Bischöfen üben. Die 'gemeinsame' Sorge bezog sich wohl ebenso wie bei Jedin auf die Auffassung, daß das deutsche Antwortschreiben nicht der richtige Ort sei, um die polnischen historischen Ausführungen zurückzuweisen.

Hengsbach betonte, daß weder er noch ein anderer deutscher Bischof mit irgendeinem Repräsentanten aus Politik oder Wirtschaft auch nur ein Wort über den Austausch der Botschaften gewechselt hätte. Damit wies er Spekulationen auf eine mögliche Abstimmung der Bischöfe mit dem Auswärtigen Amt und den Vertriebenenorganisationen zurück, die sich hauptsächlich auf Parallelen zwischen den Formulierungen im Antwortbrief der deutschen Bischöfe und den damals amtlichen Sprachschablonen stützten.[197]

Die bruchstückhaften Informationen über die Vorbereitungen des deutschen Antwortschreibens lassen vor allem eines erkennen: Vorsicht. Die Kenntnis des polnischen Vorhabens führte zu keinem grundsätzlichen Nachdenken über das eigene Verhältnis zu Polen. Die Besorgnis konzentrierte sich vielmehr darauf, sich selbst nicht durch die gezwungenermaßen freundliche Hinnahme der polnischen Geschichtsdarstellung kompromittieren zu lassen.

F. „Wir ergreifen die dargebotenen Hände ...“: Der Inhalt der deutschen Antwort

Der deutsche Antwortbrief vom 5. Dezember 1965 ist nur etwa ein Drittel so lang wie der polnische Brief. „Mit Bewegung und Freude“ bestätigten die deutschen Bischöfe den Empfang der Botschaft.[198] Zu Beginn ihres Antwortbriefes unterstrichen sie, daß sie das Wort der polnischen Bischöfe „als kostbare Frucht unserer gemeinsamen Konzilsarbeit“ empfangen hätten, - womit sie einen Teil des Verdienstes für das Zustandekommen des Briefwechsels für sich selbst reklamierten.

Im zweiten Absatz berufen sich die deutschen Bischöfe auf die „fundamentale Wahrheit unseres christlichen Glaubens“, daß „wir alle Kinder des himmlischen Vaters und Brüder in Christus sind“. In diesen im weiteren Verlauf des Briefes mehrmals wiederholten Formulierungen verbirgt sich die Forderung nach moralischer Gleichberechtigung 'als Christen'. Man kann eine gewisse Parallele zu dem Passus im polnischen Brief ziehen, in dem die Anerkennung von Polens Rolle im christlichen Europa gefordert wird: Beide Seiten wollen der jeweils anderen in nichts nachstehen. Englische und französische Kardinäle - so wird den Polen anschließend bedeutet - hätten diese 'fundamentale Wahrheit' schon beim Kölner Domjubiläum 1948 anerkannt. Dieser Satz kann als Aufforderung an die Polen verstanden werden, es ihren westlichen Brüdern gleichzutun.

Es folgt ein Absatz, der die „Großherzigkeit“ der polnischen Bischöfe bei ihrer Schilderung der deutsch-polnischen Geschichte im Mittelalter würdigt. Sie hätten Beispiele erwähnt, die beiden Völkern zur Ehre gereichten, „Beispiele gemeinsamer Arbeit, aufrichtiger Achtung, fruchtbaren Austausches und gegenseitiger Förderung, obwohl dies alles hätte zurücktreten können angesichts des Unrechts und des Leides, das das polnische Volk im Laufe der Geschichte zu tragen hatte.“

Unter Berufung auf den polnischen Brief wird die gemeinsam verehrte Hl. Hedwig die „größte Wohltäterin des polnischen Volkes“ genannt; einen ähnlichen Kunstgriff hatten die polnischen Bischöfe zuvor benutzt, um - unter Berufung auf die deutsche Geschichtsschreibung - die polnischen Herrscher zu würdigen. Die hellen Seiten des polnisch-deutschen Verhältnisses, heißt es weiter - verdanke man ohne Zweifel dem gemeinsamen christlichen Glauben. Der Absatz schließt mit der Feststellung: „wenn wir Bischöfe (...) zuerst und vor allem das Kollegium der Hirten sein wollen, die dem einen Volke Gottes dienen, und wenn wir auch so unsere Teilkirchen führen, dann müssen die Schatten weichen, die leider noch immer über unseren beiden Völkern liegen."

Diese Sichtweise wird später als „sehr behutsame Zurückdrängung des im polnischen Brief sehr betonten nationalen Gedankens" interpretiert werden - zumindest in den Reihen der katholischen Vertriebenen.[199]

Nach diesem Absatz klafft eine unsichtbare Lücke - die polnischen Ausführungen von den Kreuzrittern bis zu Bismarck werden übergangen. Es folgen drei Sätze über Krieg und Besatzung, die später von den polnischen Bischöfen als Beweis für den guten Willen der Deutschen zitiert werden sollten: „Furchtbares ist von Deutschen und im Namen des deutschen Volkes dem polnischen Volk angetan worden. Wir wissen, daß wir Folgen des Krieges tragen müssen, die auch für unser Land schwer sind. Wir verstehen, daß die Zeit der deutschen Besatzung eine brennende Wunde hinterlassen hat, die auch bei gutem Willen nur schwer heilt."

Die Worte sind genau gewogen: Nicht „die Folgen" des Krieges - zu denen ja z.B. auch die Oder-Neiße-Grenze gehört - sind die Bischöfe bereit zu tragen, sondern „Folgen" - das heißt einige, gewisse. Die restlichen drei Viertel des Absatzes führen das an, was man zur Verteidigung der Deutschen vorbringen kann, wobei diese Ausführungen in den Dank für die Anerkennung dieser Tatsachen polnischerseits gekleidet werden. Hinzugefügt wird, daß „viele unserer Priester und Gläubigen in jener Nacht des Hasses betend und opfernd für das entrechtete polnische Volk eingestanden" seien. Der letzte Satz des Absatzes dankt den polnischen Bischöfen, „daß Sie neben dem unermeßlichen Leid des polnischen Volkes auch des harten Loses der Millionen vertriebener Deutscher und Flüchtlinge gedenken."

Der Hinweis auf die deutschen Vertriebenen sei, wie der Vertriebenenkommentator Bachmann anmerkte, am Schlusse eines längeren Absatzes angehängt worden. „Diese möglichst unauffällige Art des Vorbringens entspricht der gegebenen Situation", meinte er und kritisierte die von den deutschen Bischöfen vorgenommene Abstufung des Vokabulars: „Ob man daneben noch so differenzieren mußte, daß man in dem einen Fall von unermeßlichem Leid und in dem anderen Fall nur von einem harten Los spricht, erscheint mir allerdings zweifelhaft.“[200]

Als wie unzureichend diese Passage hingegen in Polen empfunden wurde, geht aus dem Zeugnis des katholischen ZNAK-Abgeordneten und späteren Solidarność-Senators Stanisław Stomma hervor, der sich über Jahrzehnte hin für die deutsch-polnische Verständigung einsetzte. Noch 1989 sprach er mißbilligend von „zwei gemäßigten Sätzen über das unangemessene Benehmen der Deutschen“, die der Antwortbrief der deutschen Bischöfe enthalten habe.[201]

Die Frage nach Schuld und Vergebung bestimmt den nächsten Absatz. Der erste Satz, „Eine Aufrechnung von Schuld und Unrecht – darin sind wir einer Meinung – kann uns freilich nicht weiterhelfen“, scheint auf den polnischen Brief Bezug zu nehmen. Das verfängliche Wort „Aufrechnung“, welches das Vorhandensein verrechenbarer, vergleichbarer Schuld voraussetzt, findet sich jedoch in dem polnischen Brief nicht; daß nämlich die Unmenschlichkeit der Vertreibung mit dem Angriffskrieg gegen Polen, den Schrecken der Besatzung und der Massenvernichtung in den Konzentrationslagern nicht aufzurechnen ist, dürfte für die polnischen Briefschreiber selbstverständlich gewesen sein.[202]

Als nächstes folgt eine theologische Belehrung: Während die polnischen Bischöfe ihren menschlichen Gesprächspartnern direkt verziehen und diese um Verzeihung baten, weisen die deutschen Bischöfe darauf hin, daß alle Verzeihung, gemäß dem Vaterunser, zunächst von Gott erbeten werden müsse – „Dann dürfen wir auch ehrlichen Herzens um Verzeihung bei unseren Nachbarn bitten. So bitten auch wir zu vergessen, ja, wir bitten zu verzeihen.“ Es folgt eine Definition dessen, was Verzeihung bedeutet: „Vergessen ist eine menschliche Sache. Die Bitte um Verzeihung ist ein Aufruf an jeden, dem Unrecht geschah, dieses Unrecht mit den barmherzigen Augen Gottes zu sehen und einen neuen Anfang zuzulassen.“

Statt direkt auf den Satz der polnischen Bischöfe „... strecken wir unsere Hände zu Ihnen hin (...), gewähren Vergebung und bitten um Vergebung“, einzugehen, wird diesen – nach den englischen und französischen Kardinälen - Gott selbst als Vorbild für das richtige Verzeihen vorgeführt. Das christliche Schuldbekenntnis wird mit so viel Theologie befrachtet, daß es bei allem zugestandenen „Furchtbaren“ fast in Rechtfertigung umschlägt, fast selbstgerecht und belehrend wirkt. Bemerkenswert ist, daß die deutschen Bischöfe ihrerseits keine Vergebung aussprechen. Vielleicht verzichteten sie darauf, weil man es ihnen als Anmaßung hätte auslegen können. Sollte allerdings das Zeugnis des damaligen Fuldaer Ehrendomkapitulars Franz Scholz die Geisteshaltung der deutschen katholischen Hierarchie widergespiegelt haben, so erscheint es wenig wahrscheinlich, daß das Nichtgewähren der Vergebung auf bloßem Feingefühl beruhte: Für einen Teil der deutschen Kirchenhierarchie war die polnische Schuld offenbar so überwältigend, daß man völlig selbstverständlich von der Pflicht Polens ausging, den ersten Schritt zur Versöhnung zu tun. Der gebürtige Breslauer und spätere Theologieprofessor in Augsburg schrieb, daß „deutsche Freunde Polens über den knappen, klaren Kernsatz der Vergebung (...) jubelten“: „Man meinte, der langersehnte Durchbruch sei nun erfolgt, und der polnische Episkopat sei bereit, Polens Schuldanteil nun auch zu bekennen“.[203]

Der folgende Absatz im deutschen Antwortbrief ist ein kleines diplomatisches Meisterwerk. Das ’heiße Eisen’ der Oder-Neiße-Grenze wird darin mehr umkreist als angefaßt, oder - wie Stehle es ausdrückte - mit ’Asbesthandschuhen’ angepackt: „Millionen von Polen mußten aus dem Osten in die ihnen zugewiesenen Gebiete übersiedeln. Wir wissen wohl, was darum diese Gebiete für das heutige Polen bedeuten. Aber auch Millionen Deutscher mußten ihre Heimat verlassen, in der ihre Väter und Vorväter lebten. Diese waren nicht als Eroberer in das Land gezogen, sondern im Laufe der Jahrhunderte durch die einheimischen Fürsten gerufen worden. Deshalb müssen wir Ihnen in Liebe und Wahrhaftigkeit sagen: Wenn diese Deutschen von ’Recht auf Heimat’ sprechen, so liegt darin - von einigen Ausnahmen abgesehen - keine aggressive Absicht. Unsere Schlesier, Pommern und Ostpreußen wollen damit sagen, daß sie rechtens in ihrer alten Heimat gewohnt haben und daß sie dieser Heimat verbunden bleiben. Dabei ist ihnen bewußt, daß dort jetzt eine junge Generation heranwächst, die das Land, das ihren Vätern zugewiesen wurde, ebenfalls als ihre Heimat betrachtet.“

Hier wird - besonders enttäuschend für Kominek - das Heimatrecht der acht Millionen Polen in den Westgebieten nicht bestätigt; man nimmt nur zur Kenntnis, daß die junge Generation das Land als ihre Heimat „betrachtet". Allerdings bringen die deutschen Bischöfe damit ein Argument ein, das in dem polnischen Brief gar nicht erwähnt wurde. Außerdem distanzieren sich die deutschen Bischöfe bei ihrer Verteidigung des 'Rechtes auf Heimat' zugleich indirekt von den Vertriebenenpositionen: Es wird äußerst einschränkend interpretiert. Von einem Recht auf Rückkehr oder gar von einer Rückgabe der Heimat ist nicht die Rede. Die Anerkennung des 'Rechtes auf Heimat' (in sonst unüblichen Anführungsstrichen) wird gleichgesetzt mit dem Zugeständnis, daß die Vertriebenen einst rechtens in ihrer Heimat wohnten und sich ihr weiterhin verbunden fühlen dürfen. Vom Standpunkt der Vertriebenenverbände aus gesehen ist das eine Minimalposition, die sich allein auf psychologische Faktoren bezieht.[204]

„Christliche Liebe", so heißt es in dem Brief weiter, „versucht, sich jeweils in die Sorgen und Nöte des anderen hineinzuversetzen und so Spannungen und Grenzen zu überwinden. Sie will den Ungeist des Hasses, der Feindschaft und des Revanchismus ausmerzen. So wird sie dazu beitragen, daß alle unseligen Folgen des Krieges in einer nach allen Seiten befriedigenden und gerechten Lösung überwunden werden." Der letzte Satz impliziert, daß die derzeitige Lösung noch nicht „befriedigend und gerecht" sei.

Der nächste Absatz gibt der Hoffnung auf „überraschende Lösungen" durch die Gnade Gottes Ausdruck und vergleicht die Situation mit dem Konzil, bei dem den Konzilsvätern das Ziel ebenfalls nicht immer klar vor Augen gestanden habe. Als „Zeichen unseres guten Willens" nehme man die Einladung der polnischen Bischöfe nach Tschenstochau an. Um die Verbindung nicht abreißen zu lassen, lade man umgekehrt die polnischen Bischöfe zum Katholikentag nach Essen und zur Tausendjahrfeier des Bistums Meißen ein, – also in die Bundesrepublik und in die DDR. Alle Schritte, die den begonnenen Dialog fortsetzen, begrüße man von Herzen. Darum erfülle man auch mit Freude die Bitte der polnischen Bischöfe, deren Gruß an die evangelischen Brüder zu übermitteln. Darüber hinaus wisse man sich einig „mit allen Menschen guten Willens".

Im letzten Absatz knüpft der deutsche Brief noch einmal an die gemeinsame Verehrung der Hl. Hedwig an, die unter Rückgriff auf die von den polnischen Bischöfen verwendeten Worte als „bester Ausdruck christlichen Brückenbaus zwischen Polen und Deutschen" charakterisiert und als gemeinsames Vorbild bezeichnet wird: „Von dieser großen Heiligen wollen wir lernen, uns in Ehrfurcht und Liebe zu begegnen." Die Hl. Hedwig gilt zugleich als Patronin der deutschen Schlesier und als polnische Nationalheilige. Während der polnische Brief jedoch in versöhnender Absicht die gemeinsame Heilige in den Vordergrund rückte, zögerte die deutsche Seite nicht, Hedwig zweimal als Wohltäterin der Polen hervorzuheben - mit Worten aus dem polnischen Brief, da es mit eigenen Worten ungehörig hätte erscheinen können.

Im Schlußzitat werden die „kostbaren Worte" der Vergebung aus dem polnischen Brief aufgegriffen und angenommen: „Mit brüderlicher Ehrfurcht ergreifen wir die dargebotenen Hände. Der Gott des Friedens gewähre uns auf die Fürbitte der 'regina pacis', daß niemals wieder der Ungeist des Hasses unsere Hände trenne!"

Es folgen die Namen, Titel und Residenzorte von 42 deutschen Bischöfen in deutscher Sprache mit Kardinal Frings an erster und Kardinal Döpfner an zweiter Stelle.

Bezeichnend für die unterschiedlichen Positionen der Briefschreiber sind die Beinamen, die sie der Jungfrau Maria gaben. Die polnischen Briefschreiber nannten sie im Schlußsatz viermal - als Jungfrau, Königin Polens, Regina Mundi und Mater Ecclesiae - und erhoben auf diese Weise einen universalen Anspruch auf die Hilfe der Gottesmutter bei ihrem Anliegen. Die deutschen Bischöfe hingegen beschränkten sich auf den Beinamen der 'Königin des Friedens', nachdem sie zuvor bereits vom 'Gott des Friedens' gesprochen hatten. Damit brachten sie zum Ausdruck, daß für sie im Kontakt mit Polen die Sicherung des Friedens Priorität hatte - sonst hätten sie, auch im Sinne der Vertriebenen, die 'Mutter der Gerechtigkeit' der 'regina pacis' zur Seite stellen können.

Der deutsche Antwortbrief wurde von verschiedenen Kommentatoren mit dem Wort „würdig" charakterisiert. Herbert Czaja schrieb beispielsweise: „Vornehm und ohne Scheu bekennt sich der Brief der deutschen Bischöfe zu vieler Schuld einzelner Deutscher und politischen Irrungen (sic!) ihrer Repräsentanz."[205] Zweifellos spricht der Brief eine gediegene, vornehme Sprache und zeichnet sich stilistisch durch ein ausgeprägt 'christliches' Vokabular aus: 'Bewegung und Freude', 'kostbare Frucht unserer gemeinsamen Konzilsarbeit', 'Furchtbares' ist geschehen, 'Ungeist des Hasses' (zweimal), 'unselige Folgen des Krieges', 'aufrichtige Dankbarkeit', 'Liebe und Wahrhaftigkeit', 'Ehrfurcht und Liebe', 'kostbare Worte', 'brüderliche Ehrfurcht'. Die Worte 'Brüderlichkeit, Bruderschaft, Bruder, brüderlich' sind in dem langen polnischen Brief siebenmal enthalten, in dem sehr viel kürzeren deutschen Brief 13mal. Worte wie Liebe, Ehrfurcht, Achtung und Dialog sowie aufrichtig, wahrhaft, ehrlich, kostbar und dankbar treten in dem deutschen Brief sehr viel stärker hervor als in dem polnischen. Das führt zu einer gewissen Formelhaftigkeit des deutschen Briefes.

Während aus dem polnischen Brief das Bemühen spricht, alle strittigen Probleme und 'heißen Eisen' anzupacken und somit wirklich der Wunsch nach einem neuen Anfang glaubhaft wird, wirkt der deutsche Brief nicht völlig aufrichtig. Er steckt - sicherlich ungewollt und unbewußt - voll versteckter Ressentiments. Sie äußern sich vor allem in der 'Rückgabe' der Zitate aus dem polnischen Brief, die praktisch alle der Verteidigung der Deutschen dienen und den Polen nun noch einmal vorgehalten werden, nach dem Prinzip: Seht, das habt ihr selber so gesagt! Das spricht dafür, daß die Adressaten sich durch den polnischen Brief mehr angegriffen fühlten, als sie zugeben konnten. Zu einer offenen Verteidigung sah man sich nicht in der Lage, zumal der polnische Brief im ganzen gesehen dafür kaum Angriffspunkte bot und die Position der Adressaten als Deutsche und Bischöfe keine andere Haltung als zumindest äußerliche Demut zu erlauben schien.

Hier zeigt sich ein nicht nur bei Bischöfen anzutreffendes Dilemma vieler Deutscher, die sich gezwungen fühlen, irgendeine Form von Schuld zu bekennen, obwohl sie sich eigentlich nicht schuldig fühlen, und ihre Situation - meist unbewußt - als ungerecht empfinden, da sie doch genau wie die anderen auch „Kinder des himmlischen Vaters und Brüder in Christus“ sind. Der Kommentator der 'Frankfurter Allgemeinen Zeitung', Johannes Reißmüller, charakterisierte die Zwangslage der deutschen Bischöfe so:

„Niemanden kann es überraschen, daß die deutschen Bischöfe die Einladung ihrer polnischen Amtsbrüder zur 1000-Jahr-Feier der Christianisierung Polens angenommen haben. (...) Es widerspräche selbst dem engsten Begriff von katholisch, wollten die Oberhirten eines Landes denen aus einem anderen Land auf eine dringliche, fast beschwörende Einladung absagen. Und schließlich sind die Einladenden die Bischöfe der polnischen Kirche, die das Hitlerregime grausam geschlagen hat, und die Eingeladenen die Deutschen, aus deren Volk die Peiniger kamen. (...) Aber weder in Tschenstochau noch in jenen Orten [Essen und Meißen, E.H.] werden die deutschen und die polnischen Bischöfe die politischen Fragen lösen können, die zwischen ihren beiden Ländern stehen. Das ist den Politikern aufgegeben."[206]

Die deutschen Bischöfe waren bestrebt, die 'Versöhnung' von der Politik loszulösen: Gemeinsames Gebet und gegenseitige Besuche waren möglich, aber politische Zugeständnisse wie etwa die Zustimmung zur kirchlichen Neuordnung in den Oder-Neiße-Gebieten, die Anerkennung des Heimatrechtes der Polen dort oder gar ein klares Wort zur Grenze kamen nicht in Frage.

VI. Die Reaktionen auf den Briefwechsel

A. Genugtuung und gemäßigte Kritik: Die Reaktionen in der Bundesrepublik

1. Zurückhaltung und Wohlwollen: Presse, Parteien und Regierung

Die Reaktion der bundesdeutschen Presse auf den Briefwechsel war vorwiegend freundlich, aber keineswegs überschwenglich, zum Teil sogar - vor allem in konservativen Blättern - zurückhaltend bis kühl. Das Echo in der Öffentlichkeit war ungleich geringer als kurz zuvor bei der Denkschrift der EKD - sicherlich deswegen, weil der Briefwechsel weniger Kontroversen hervorrief. Zwar brachten die wichtigen Tageszeitungen die Nachricht über den Briefwechsel auf Seite eins und druckten teilweise auch längere Auszüge aus beiden Briefen - aber die Leitartikel und Kommentare waren anderen Themen gewidmet. Die Wochenzeitungen gaben dem Briefwechsel wenig Raum - 'Christ und Welt' etwa berichtete erstmals am 3. Dezember 1965 einspaltig auf Seite drei in der Rubrik 'Notizen zur Woche'(!).

Der Rom-Korrespondent der 'Welt' berichtete am 2. Dezember 1965: „Es gilt als sicher, daß die polnische Botschaft positiv beantwortet werden soll. Wie verlautet, soll jedoch auf die in der Einladung angeschnittenen historischen Fragen korrigierend eingegangen werden. In Hinblick auf die politischen Fragen werden die deutschen Bischöfe möglicherweise auf die Zuständigkeit der politischen Stellen und des Vatikan verweisen." - Der historische Abschnitt des 17 Seiten langen Schreibens, so der 'Welt'-Korrespondent weiter, enthalte „Darstellungen, die ausschließlich aus polnischer Sicht gesehen sind. Ihnen dürften die drei deutschen Bischöfe kaum zugestimmt haben, aber offenbar hat die polnische Seite in diesem Punkte alle Änderungswünsche übergangen."

In der Umgebung der deutschen Bischöfe würden, so hieß es weiter, vor allem drei Tatsachen hervorgehoben:

1) Der Brief sei eindeutig vom Geiste der Versöhnung getragen. Er enthalte keine nationalistischen Mißtöne und bedeute damit ei-

nen großen Fortschritt gegenüber den Äußerungen, die von Kardinal Wyszyński und anderen hohen polnischen Geistlichen Anfang September während der Breslauer 20-Jahr-Feiern der Übernahme der deutschen Ostgebiete gemacht worden seien.

2) Der polnische Episkopat zeige zum ersten Mal wirkliches Verständnis für das Schicksal auch der deutschen Flüchtlinge und Heimatvertriebenen. Er biete im Namen der Katholiken Polens nicht nur Vergebung an, sondern bitte auch um Vergebung.

3) Die polnische Besiedlung der deutschen Ostgebiete werde nicht als Vergeltungsakt für die nazistischen Untaten in Polen, sondern als eine für Polen - nach Abtrennung seiner Ostgebiete durch die Sowjetunion - lebensnotwendige Maßnahme dargestellt.

Informationen zum Hintergrund des polnischen Briefes wurden zunächst kaum gegeben. Die Differenz zwischen dem Datum des polnischen Briefes und dem seiner Veröffentlichung fand keine Beachtung. Die 'Frankfurter Allgemeine Zeitung', die am 1. Dezember 1965 über den polnischen Bischofsbrief informierte, fügte eine eher skeptisch klingende erste Kurzstellungnahme der deutschen Bischöfe an: „In den Kreisen der deutschen Bischöfe wird das Schreiben der polnischen Bischöfe als im Stil sehr entgegenkommend beurteilt. Wie es mit den in ihm gemachten historischen Angaben stehe, sei eine andere Frage."

Wesentlich freundlicher als von der 'Welt' und der 'FAZ' wurde der polnische Brief von linksliberalen Zeitungen wie der 'Frankfurter Rundschau', der 'Zeit' oder auch - wie hier - dem 'Berliner Tagesspiegel' aufgenommen: „Der Brief der polnischen Bischöfe an das deutsche Episkopat, geschrieben vor dem Hintergrund der Gespräche des Zweiten Vatikanischen Konzils, ist ohne Frage das bewegendste und sorgfältigste Dokument, das von polnischer Seite für einen Dialog, also für einen Prozeß gegenseitiger Versöhnung zwischen dem deutschen und dem polnischen Volk, bisher angeboten worden ist."[207]

Ähnlich Immanuel Birnbaum in der 'Süddeutschen Zeitung':
„Die Einladung, welche die polnischen katholischen Bischöfe an ihre deutschen Amtsbrüder richteten, ist ein Dokument versöhnlichen Geistes. (...) Mit großer Offenheit sprechen die polnischen Kir-

chenfürsten davon, was heute zwischen ihrem und dem deutschen Volke liegt. Sie beginnen nicht etwa eine Diskussion über die politischen Probleme, die in nächster Zeit zwischen den beiden Staaten zu lösen sind. Sie entwerfen nur ein Bild der geschichtlichen Voraussetzungen und Hindernisse für eine Versöhnung und nennen einige moralische Grundsätze dafür. (...) Die polnischen Kirchenfürsten bemühen sich in ihrem Sendschreiben redlich um nationale Selbstkritik. (...) Das ist eine überzeugende Intonation jenes ernsten Dialogs, zu dem die Polen einladen. (...)
An solchem guten Willen dürfen auch wir in Deutschland es nicht fehlen lassen. Das muß die deutschen katholischen Bischöfe nicht daran hindern, freimütig darzulegen, wo diesseits der Grenze noch die Schwierigkeiten für einen vollen Ausgleich liegen. Die Denkschrift der Evangelischen Kirche Deutschlands versuchte, eine innerdeutsche Diskussion über diese Schwierigkeiten in Gang zu bringen und sie dadurch zu vermindern. Die Antwort des deutschen katholischen Episkopats (...) wird dazu hoffentlich einen weiteren Beitrag leisten."[208]

Die 'Frankfurter Rundschau' wies in ihrem Kommentar vor allem darauf hin, daß die Oder-Neiße-Grenze nicht nur von einer Handvoll moskautreuer Kommunisten, sondern von ganz Polen unterstützt werde. Die Anerkennung dieser für viele unangenehmen Tatsache könne dazu beitragen, sich auch anderer Illusionen zu entledigen.

Die 'Stuttgarter Zeitung' vom 3. Dezember vermeinte in dem polnischen Brief einen Hilferuf zu erkennen: „Wenn auch mit keinem Wort in der Botschaft an die Tatsache erinnert wird, daß Hitlers Kompagnon bei der letzten Teilung Polens Stalin hieß, wenn auch von der Bedrohung der katholischen Kirche in Polen nie die Rede ist, so scheint es doch dem aufmerksamen Leser, als klänge sie stellenweise wie ein Hilferuf. Wenn wir das richtig lesen, so lautet die Formulierung, in die Sprache freier Menschen übersetzt, so:

'Ihr Deutschen habt geholfen, Polen für den Westen zu gewinnen, ihr habt das Land der römischen Kirche zugeführt, ihr habt aber auch euren Teil dazu beigetragen, daß wir Polen heute in den Herrschaftsbereich einer atheistischen Macht geraten sind. Ihr Deutschen seht immer nur die Leiden, die euch die Oder-Neiße-Linie bereitet, aber ihr seht nicht, daß sie zwar Deutschland von Polen, aber nicht den Westen vom Osten scheidet. Diese Grenze liegt an der polnischen Ostgrenze, die, nicht durch unsere Schuld, jetzt so weit westlich verläuft. Seht zu, daß wir unsere geistige Bastion gegen den Kommunismus halten können.' So etwa lautet der Aufruf."

Unter der Überschrift 'Ein polnisches Argument' kommentierte die 'FAZ' am 1. Dezember 1965: „Der Streifzug durch ein Jahrtausend vermittelt, wie zu erwarten war, ein durchaus polnisches Geschichtsbild. Der Mythos der Identität von polnisch und katholisch ist kräftig am Werk. Immerhin, es fehlen nationalistische Fanfarenstöße, wie man sie noch vor einigen Wochen aus Breslau gehört hatte (...). Vor allem werden nicht mehr die inzwischen sogar von den polnischen Kommunisten abgelegten pseudohistorischen Argumente für die Annexion der deutschen Ostgebiete bemüht. Stattdessen argumentieren die polnischen Bischöfe, daß Polen, das seit 1945 seine Ostgebiete verloren habe, auf das ehemalige 'Generalgouvernement' beschränkt wäre, wollte man ihm die ehemals deutschen Gebiete jenseits von Oder und Neiße nicht zusprechen.

Das ist, auch wenn es von Bischöfen vorgebracht wird, ein politisches Argument, auf das man selbstverständlich politisch manches erwidern kann. Die Debatte über die deutschen Ostgrenzen läßt sich nicht entpolitisieren, auch dann nicht, wenn Männer der Kirche mit Appellen ans Gewissen und an den guten Willen in sie eingreifen."

Der Kommentar der 'Augsburger Allgemeinen' vom 1. Dezember 1965 war von Bitterkeit geprägt: „Der Hauptstreitpunkt liegt selbstverständlich weiter in der Frage der Grenzziehung. Es ist klar, daß die polnischen Bischöfe gar nicht anders können, als auf der Oder-Neiße-Linie zu beharren. Hierbei sei nur soviel gesagt: Der Hinweis auf den Verlust der polnischen Ostgebiete an die Sowjetunion, der hier und da leider auch in die Argumentation der deutschen Publizistik Eingang gefunden hat, schlägt nicht durch, denn jene Gebiete, die Rußland im Frieden von Riga entrissen wurden, waren ganz überwiegend von nichtpolnischer Bevölkerung bewohnt. Auch das Hantieren mit historischen Reminiszenzen, wie es in Polen so gerne geübt wird, bleibt völlig wertlos, es sei denn, man fordere konsequent denn auch die Rückverlegung der deutschen Westgrenze nach Metz, Toul und Verdun.

Die befremdliche Kirchenfeier in Breslau, bei der vor einigen Wochen glatte Unwahrheiten über die kirchliche und politische Geschichte Schlesiens geäußert wurden, gehörte leider in diese Kategorie, doch sind wir angesichts der mit großem Ernst und mit großer Herzlichkeit ausgesprochenen Bitte des polnischen Episkopats um einen brüderlichen Dialog der Meinung, jene Entgleisung als abgetan anzusehen.“

Immerhin erkannte aber auch dieser Kommentator an, daß der polnische Bischofsbrief mit 'großer Herzlichkeit' und aufrichtigem Willen zum Dialog geschrieben worden war. Während er meinte, daß die polnischen Bischöfe gar nicht anders konnten, als auf der Grenze zu beharren, sah dies der Kommentator der 'Kölnischen Rundschau' ganz anders. Aus der polnischen Botschaft lasse sich möglicherweise herauslesen, daß das letzte Wort über die künftige polnisch-deutsche Grenze noch nicht gesprochen sei. Das Grenzproblem solle jedoch nicht am Anfang eines Dialogs stehen, weil es diesen belasten und vielleicht vergiften könne.

Wiederum in eine andere Richtung zielten die Hintergrundberichte des 'Spiegels' und der 'Neuen Rhein-Ruhr-Zeitung'. Die polnischen Bischöfe, so spekulierten deren Autoren, wollten den Papst gerne in Begleitung eines deutschen Bischofs nach Polen fahren sehen. Am 3. Dezember 1965 berichtete die 'Neue Rhein-Ruhr-Zeitung', daß die katholischen Vertriebenenverbände in der Bundesrepublik über diesbezügliche Sondierungen der polnischen Seite informiert worden seien: „Dabei wurde von diesen Kreisen zum Ausdruck gebracht, ein Papst mit einem deutschen und einem polnischen Kardinal an jeder Seite müßte zu einem falschen Symbol werden, wenn nicht die polnische Kirche einen Schritt zur Versöhnung mache, auf den man bisher vergeblich gewartet hatte.“ Die Botschaft der polnischen Bischöfe sei nun dieser Schritt gewesen.

Weiter hieß es: „Vor dem Hintergrund des Konzils, aber auch schon vorher, ist es dem deutschen Episkopat in aller Diskretion gelungen, sich ein nicht zu unterschätzendes Vertrauenskapital in polnischen Kreisen, und zwar nicht nur in katholischen, zu sichern. Darüberhinaus hat die Fuldaer Bischofskonferenz im Geiste der Caritas seit Jahren den polnischen Katholiken erhebliche Beiträge zur Verfügung gestellt.“

Auch der 'Spiegel' glaubte in dem von der polnischen Seite gewünschten Papstbesuch die Ursache für die polnische Initiative zu erkennen. Für eine solche Interpretation fehlte zwar jegliche Grundlage: Der Briefwechsel trug vielmehr zum Nichtzustandekommen des angeblich bezweckten Besuches bei, an dem Wyszyński möglicherweise auch gar nicht soviel gelegen war. Der Besuch des Papstes hätte nämlich dazu beitragen können, die kommunistische Regierung aufzuwerten und die Position des Primas zu schwächen. Aber auch wenn es so gewesen wäre, wie diese Journalisten meinen: Selbst der Papst hätte die polnischen Bischöfe kaum dazu bewegen können, die Deutschen um Verzeihung zu bitten.

Der 'Spiegel'-Artikel war nicht von Verbitterung und Mißtrauen geprägt, wie sie bei manchen Vertriebenen noch vorherrschten, sondern von einer der Sache gegenüber gleichgültigen Häme und Überheblichkeit: „Stefan Kardinal Wyszyński, Primas von Polen, warf sich dem Papst zu Füßen: »Heiliger Vater, kommen Sie!« Väterlich hob Papst Paul den Polen auf, aber er entgegnete: »Machen Sie eine Geste!« (...) So kam mit päpstlicher Hilfe jenes historische Dokument zustande.
Polens Primas - ein in eschatologischer Betrachtung verklärter Geist, dessen Vokabular oft nicht aus dieser Welt zu stammen scheint und ihm Züge eines fanatischen Glaubenshelden verleiht - hat den Kommunismus wie einen Teufel bekämpft. Aber polnisch und katholisch ist für den heute 64 Jare alten Kardinal ebenso identisch wie für die Zehntausende simpler Polenbauern, die zur Nationalmadonna von Tschenstochau wallfahrten. Dieser Priester erleidet - wie Zeugen glaubhaft berichten - physische Qualen, weil der Vatikan immer noch die Kirchenverfassung der ehemals deutschen Gebiete jenseits von Oder und Neiße anerkennt."[209]

Die Überschrift des 'Spiegel'-Artikels über den Brief der polnischen Bischöfe lautete „Gold für die Madonna" und bezog sich nur auf den allerletzten Absatz, in dem ohne erkennenbaren Zusammenhang angefügt wurde: „In Deutschland sammeln Frauen und Mädchen im Auftrag der Pax-Christi-Bewegung nur Gold und Edelsteine, um der Madonna in der Jesuitenkirche von Posen zwei neue Kronen zu schenken. Die Gestapo hatte die Kronen geraubt." Will man nicht annehmen, daß hier aus Versehen der unwichtigste Teil der Nachricht in die Überschrift gehoben wurde, so läßt sich auch hierin eine ironische Diffamierung erkennen.

Von katholischer Seite lobte Heinrich Stubbe in 'Christ und Welt' die „katholische Welterfahrung": „Die deutschen Bischöfe haben es bewußt vermieden, auf diesen widerspruchsvollen historischen Exkurs des polnischen Episkopats im einzelnen zu antworten. (...) Dabei ist ihnen kein mangelnder Mut gegenüber der Wahrheit vorzuwerfen. Sie scheuen sich nicht, zuzugeben, daß Furchtbares dem polnischen Volk von Deutschen und im Namen des deutschen Volkes angetan worden sei. Sie scheuen sich aber auch nicht, darauf hinzuweisen und damit zu korrigieren, daß die Vorfahren der heimatvertriebenen Deutschen nicht als Eroberer ins Land kamen (...). Hier ist mit einem hohen Maß an Klarheit, Wahrhaftigkeit und Entgegenkommen gesprochen worden. Hier ist alles das vermieden worden, was die EKD-Denkschrift trotz redlicher Absicht so belastet. Nicht das Trauma, recht schnell reinen Tisch zu machen und eine heile Welt zu konstruieren, die es auf Erden nicht gibt, hat hier Pate gestanden, sondern die Souveränität eines geistlichen Amtes, hier wie dort Verständnis aufzubringen und die wunden Seelen zu beruhigen. Die katholische Welterfahrung hebt sich wohltuend vom reformatorischen Eifer ab."[210]

Die Vertriebenenpresse reagierte zwar mißtrauisch, aber nicht völlig ablehnend. Herbert Hupka fragte, ob man nun den in Rom oder den zuvor in Polen ausgesprochenen Worten Glauben schenken solle. Und wäre es nicht sinnvoller, die polnischen Forderungen bezüglich der Westgrenze an den Anfang der Diskussion zu stellen? Jedoch solle man den Versuch eines Gesprächs „riskieren" und die Einladung annehmen.[211] Aus einem Bericht des 'Deutschen Ostdienstes' vom 10. Dezember geht hervor, daß die deutschen Bischöfe mit ihrer Antwort die Erwartungen der Vertriebenen „in würdiger Form" erfüllt hätten. Sie seien als Anwälte des Heimatrechts aller Menschen aufgetreten und hätten den friedlichen Charakter hervorgehoben, mit dem die deutschen Vertriebenen dieses Recht repräsentierten. Gleichzeitig seien sie für eine „nach allen Seiten befriedigende und gerechte Lösung" eingetreten. Auch der Präsident des Bundes der Vertriebenen, Wenzel Jaksch, äußerte sich positiv zur polnischen Denkschrift, warnte aber vor der „Einschleusung einer als Versöhnungsbereitschaft getarnten Verzichtspropaganda" in die Diskussion.[212]

Das in den Pressestimmen geäußerte Wohlwollen war in vielen Fällen mit Herablassung gepaart. Den polnischen Bischöfen wurde von vorneherein Abhängigkeit von ihrer Regierung unterstellt. Einmal wurde ihnen gar - wohlmeinend - abgesprochen, als freie Menschen zu sprechen. Unter den Kommentaren fanden sich gut gemeinte Taktlosigkeiten, absichtsvolle Verleumdungen, die etwa die Käuflichkeit der polnischen Bischöfe suggerierten, und unverschämte Überheblichkeit wie im Falle des 'Spiegel'-Artikels. Es überwogen jedoch freundliche oder sachlich-skeptische Stimmen.

Mit verblüffender Selbstverständlichkeit wurde vielerorts die Verzeihung der deutschen (Un)Taten hingenommen, ja meistens gar nicht erwähnt, und mit Befriedigung wurde die polnische Bitte um Verzeihung hervorgehoben; gnädig war ein Kommentator gar bereit, frühere „Entgleisungen" „abzutun".

Obwohl manch eine 'Zustimmung' bei dem polnischen Briefautor eher Entsetzen als Genugtuung bewirkt haben dürfte, war die Wirkung dieses Medienechos in Deutschland bedeutend. Nachdem die Evangelische Denkschrift bereits einige 'polnische Argumente' in der Bundesrepublik bekannt gemacht hatte, bekam nun die interessierte Öffentlichkeit erstmals Gelegenheit, sich direkt mit der polnischen Geschichtsbetrachtung und dem polnischen Standpunkt zur Frage der Oder-Neiße-Gebiete vertraut zu machen. Die starre Front der Ablehnung sämtlicher polnischer Argumente bei den Konservativen war gebrochen. Die Autorität und Glaubwürdigkeit der polnischen Bischöfe war auch in der Bundesrepublik so groß, daß sich niemand erlauben konnte, ihre Aufrichtigkeit offen in Zweifel zu ziehen; auch entschiedene Gegner der evangelischen Denkschrift konnten sich nun der Dialogforderung nicht mehr entziehen. Da half es auch nichts, den polnischen Bischöfen zu unterstellen, sie hätten die Grenze zur Diskussion gestellt. Die Oder-Neiße-Grenze war durch die politische Machtkonstellation in Europa unverrückbar geworden, und Diskussionen zu diesem Thema führten - von der Macht des Faktischen bestimmt - letztlich zu ihrer Anerkennung.

Von den politischen Parteien in Deutschland reagierten zuerst die Freien Demokraten auf den Brief der polnischen Bischöfe. Der FDP-Pressedienst wertete ihn als ein „bewegendes Dokument" und nannte ihn den „ersten eindringlichen Appell zur Versöhnung mit dem deutschen Volk, der nicht von irgendwelchen sympathischen politischen Außenseitern, sondern von einer Institution ausgeht, die auch im kommunistischen Polen noch immer berufener Sprecher unserer östlichen Nachbarn ist." Das Schreiben wirke frei von jeder Polemik wie eine indirekte Antwort auf die Denkschrift der evangelischen Kirche.[213] FDP-Sprecher begrüßten die Annahme der polnischen Einladung durch die polnischen Bischöfe, forderten jedoch zugleich, deutsche Rechtspositionen nicht aufzugeben.

Auch der SPD-Pressedienst bewertete den Brief der polnischen Bischöfe noch am Tage der Veröffentlichung ausgesprochen positiv, wenn auch mit der Einschränkung, daß einige seiner Behauptungen kritisch zu beurteilen seien. Der SPD-Vorsitzende Herbert Wehner begrüßte die Annahme der Einladung durch die deutschen Bischöfe.

Die CDU-Führung und die Bundesregierung lehnten eine Stellungnahme ab. Staatssekretär von Hase nannte den polnischen Brief jedoch ein „bedeutendes Dokument", das in der Öffentlichkeit und von den Parteien mit großem Interesse diskutiert werde. Die Bundesregierung sei jedoch nicht Adressat der Einladung und könne deshalb keine Stellung beziehen. Der außenpolitische Experte der CSU von Guttenberg begrüßte die „mutige Tat der polnischen Bischöfe" und die Annahme der Einladung durch die deutschen Amtsbrüder; er sprach von einem „Schritt von historischer Bedeutung". Der Sprecher des CDU/CSU-Landesverbands Oder-Neiße, MDB Stingl, begrüßte die geplante Polenreise der deutschen Bischöfe, da diese dort - wovon er fest überzeugt sei - den deutschen Standpunkt in der Oder-Neiße-Frage, „der allein auf dem Recht basiere", vertreten würden.[214]

2. Brüderliche Vorsicht: Kirchliche Stellungnahmen

Schon bald nach dem deutschen Antwortschreiben äußerte sich Kardinal Döpfner öffentlich zu dem polnischen Brief: Er widerspreche in verschiedenen Formulierungen der öffentlichen Meinung in Polen.[215] Die Bitte des noch in Österreich verbliebenen Komineks, gemeinsam mit ihm im deutschen Fernsehen aufzutreten, um die Fehldeutungen der polnischen Kommunisten zurechtzurücken, lehnte Döpfner jedoch ohne Angabe von Gründen ab.[216]

Am 4. März 1966 verabschiedeten die deutschen Bischöfe in Hofheim eine Erklärung zur polnischen Milleniumsfeier am 3. Mai 1966, in der sie noch einmal auf den Briefwechsel eingingen. Da der

Briefwechsel ein unterschiedliches Echo ausgelöst habe, von hoffnungsvoller Anerkennung bis zur Verkennung des „ernsten, von gutem Willen beseelten Dialogs", dränge es die deutschen Bischöfe, noch einmal zu versichern, daß sie mit brüderlicher Ehrfurcht die dargebotenen Hände ergriffen.

Abschließend würdigte die Erklärung die Rolle der Vertriebenen in Deutschland und wiederholte die in Polen mit besonderer Skepsis aufgenommene Formulierung aus dem Standardrepertoire der Vertriebenenverbände von der 'nach allen Seiten befriedigenden Lösung': Gerade das Gebet der Vertriebenen und die „von ihnen in Verbindung mit dem Erlösungswerk des Herrn in Leid und Not geleistete Sühne wird dazu beitragen, alle unseligen Folgen des Krieges in einer nach allen Seiten befriedigenden und gerechten Lösung zu überwinden."

In einer Predigt in München erklärte Kardinal Döpfner am 3. Mai 1966, dem Höhepunkt der polnischen Feierlichkeiten, daß durch politische Fragen wie die nach der Oder-Neiße-Grenze das „Friedenswerk des Briefwechsels" gefährdet werde. Die Briefe müßten im „vorpolitischen Raum" bleiben.[217] In Fulda erklärte Kardinal Döpfner, er halte Kontakte der deutschen Bischofskonferenz mit der polnischen derzeit (d.h. 1966) nicht für opportun.[218]

Mitte Juli 1966 verabschiedete der 81. Katholikentag eine Erklärung, in der „die deutschen Katholiken, die an den (...) vertretbaren Rechten des eigenen Volkes festhalten, feierlich versichern, sich mit allen Kräften dafür einzusetzen, daß das deutsche Volk die nationalen Existenzrechte des polnischen Volkes respektiert. (...) Die deutschen Katholiken bekennen ausdrücklich, daß eine neue Friedensordnung nie durch Gewalt, sondern nur durch Verhandlungen geschaffen werden kann."[219]

In dieser Erklärung wurde – wie der katholische Vertriebenenvertreter Czaja es ausdrückte – die „Beiziehung der Ostdeutschen anders und besser gelöst".[220] Czaja erwähnte nicht, worauf sich „anders und besser" bezog, gemeint war aber die Antwort der deutschen Bischöfe, die seiner Meinung nach in bezug auf das Heimatrecht der (jungen) Polen in den Oder-Neiße-Gebieten zu verschwommen formuliert sei. Der feierliche Gewaltverzicht, der bereits in der 'Charta der deutschen Heimatvertriebenen' vom 5. August 1950 erklärt worden war, wurde wiederholt - er konnte offenbar nicht als selbstverständlich vorausgesetzt werden. Die Respektierung eines nicht näher definierten 'nationalen Existenzrechtes des polnischen Volkes' trat an die Stelle einer Respektierung des Heimatrechts der Polen in den Oder-Neiße-Gebieten.

Die schwierige Frage, welche Bischöfe denn nun nach Polen fahren sollten, konnte schon bald ad acta gelegt werden: Die polnische Regierung erteilte den deutschen Kirchenvertretern keine Visa. Insgesamt war die Reaktion der katholischen Hierarchie in der Bundesrepublik sehr zurückhaltend. Vor allem sah man keinen Anlaß, der bedrängten katholischen Kirche Polens zu Hilfe zu eilen. Auch die den Polen wohlgesonnenen deutschen Kirchenvertreter, waren bestrebt, ein Aufbrechen von Konflikten zu vermeiden, wie man sie in der evangelischen Kirche nach der Veröffentlichung der Denkschrift hatte beobachten können. Eine Brüskierung der Vertriebenen und deren Vertreter sollte in jedem Fall verhindert werden. Bei einer möglichen Annäherung an Polen sollte keine Gruppe ausgegrenzt oder zurückgelassen werden, auch auf die Gefahr hin, daß dadurch der gesamte Annäherungsprozeß verlangsamt würde.

„Die volle Antwort" auf den polnischen Brief sei erst im März 1968 aus dem Kreise der katholischen Laien gekommen, meinte Kardinal Kominek im Jahre 1970 bei einem Empfang für eine Gruppe des Bensberger Kreises in Breslau. Das Ungenügen an der Antwort der deutschen Bischöfe hatte im Mai 1966 in Bensberg bei Köln Freunde der kirchlichen Friedensbewegung Pax Christi zusammengeführt, denen „die Lethargie der deutschen Öffentlichkeit, gerade auch die der Katholiken, als das größte Hindernis einer Arbeit am Frieden"[221] erschien. Die damals gebildete Kommission erarbeitete ein „Memorandum deutscher Katholiken zu den deutsch-polnischen Fragen"[222], das ein starkes, von Zustimmung und Ablehnung gleichermaßen geprägtes Echo in der Bundesrepublik auslöste. Die Unterzeichner des Memorandums, darunter viele bekannte Persönlichkeiten, waren ähnlich wie zuvor die Verfasser der evangelischen Denkschrift vielen Angriffen ausgesetzt. Das Memorandum bemühte sich um eine genauso umfassende Behandlung des Problems, wie sie zuvor die EKD-Denkschrift und der polnische Brief angestrebt hatten.

Der Abschnitt 'Versöhnung' behandelte die politische Verantwortung des Christen als „Kernstück seiner Heilsverantwortung". Die Versöhnung mit Polen stelle ein Kriterium ihrer Wahrhaftigkeit dar, hieß es. Im zweiten Kapitel 'Belastungen des deutsch-polnischen Verhältnisses' wurde an Hitlers Angriffskrieg und seine Folgen für Polen und Deutsche erinnert. Der Satz aus dem deutschen Bischofsbrief, „Eine Aufrechnung von Schuld und Unrecht - darin sind wir einer Meinung - kann uns freilich nicht weiterhelfen", bekam hier eine deutlich andere Nuance: „So werden wir Deutsche uns zu sagen haben, daß die im Namen Deutschlands gegen Polen unternommenen Verbrechen wegen ihrer totalen Ziele, wegen ihres grausam kalt geplanten, staatlich verfügten und organisierten Terrors, wegen der Degradierung und Deklassierung der Polen und wegen ihrer verheerenden Folgen, zu denen die Vertreibung der Deutschen selbst gehörte, von solcher Art sind, daß jeder Versuch von Gegenrechnungen verstummen muß."

Auf die weiter zurückliegende polnisch-deutsche Geschichte ging das Memorandum nicht ein. Es forderte vielmehr ein geistiges und politisches Aufeinanderzugehen der Völker, wobei die Historiker sich „in getrennter und gemeinsamer Forschung um übereinstimmende Vorstellungen vom Gang der Geschichte" bemühen sollten. Beschleunigt abgetragen werden müsse jedoch die historische Hypothek des deutschen Vorurteils gegenüber Polen: „Im deutschen Bewußtsein ist Polen selten als vollgültiger Staat akzeptiert und sind die Polen oft genug nicht als Volk ernstgenommen worden. Ihr Gebiet hat man nicht selten als 'Siedlungsraum' der Deutschen betrachtet und beansprucht. Auch sind weiterhin Reste jenes verhängnisvollen Vorurteils eines 'west-östlichen Kulturgefälles' vorhanden. Ehe wir nicht die traditionelle deutsche Überheblichkeit gegenüber Polen überwunden haben, können wir nicht erwarten, daß die Polen ihrerseits ihre Vorurteile revidieren."

Anschließend äußerten die Verfasser des Memorandum Verständnis für das, was Kominek das 'elementare Sicherheitsbedürfnis' der polnischen Nation genannt hatte. Während Polen durch seine größeren materiellen Einbußen „sozusagen noch näher am Krieg" lebe, habe der Aggressor und Verlierer einen schnellen Wiederaufbau erlebt. Zudem sei die Bundesrepublik der einzige Staat, „der die Integrität des von Polen bewohnten Gebietes in Frage stellt": „Man nimmt die wiederholten Gewaltverzichtserklärungen zur Kenntnis. Aber das Gefühl, bedroht zu sein und irgendwann mit einem neuen Gewaltakt der Deutschen rechnen zu müssen, bestimmt die Vorstellungen, die man sich vielfach noch immer von der Politik der Bundesregierung macht".

Im dritten Kapitel wurde das Problem der Oder-Neiße-Gebiete aufgegriffen und - provozierend offen - nach der Vertrauenswürdigkeit deutscher Aussagen gefragt: „Muß (...) nicht die Aufrechterhaltung von Forderungen nach den Grenzen von 1937 durch die Bundesrepublik bei gleichzeitiger Gewaltverzichtserklärung den Polen entweder als politisch illusionär oder als Unaufrichtigkeit erscheinen, die zur Skepsis berechtigt?"

Das Memorandum ging auch auf das Hauptargument der Gegner einer Grenzanerkennung ein, deren Meinung nach ein dauerhafter Friede unter Mißachtung des Rechts nicht entstehen könne. Auch bei Menschen dieser Auffassung sei der Friedenswille lebendig, meinten die Verfasser des Memorandums. Die Frage sei allerdings, „ob hier nicht vielleicht ein Rückzug auf einseitige und übersteigerte Rechtspositionen vorliegt, der die reale Bezogenheit von Recht und Frieden außer Acht läßt." Die deutsche Regierung dürfe sich ihren Handlungsspielraum nicht durch „einseitige Rechtsbehauptungen" von vorneherein eingrenzen lassen. Einen winzigen Spielraum zur Interpretation des Memorandums bot die lang diskutierte Kompromißformulierung, nach der „eine Friedensregelung mit Polen nicht ohne Gebietsverluste denkbar erscheint". [Hervorhebung E.H.]

Anders als die deutschen Bischöfe erkannten die Verfasser des Memorandums das Heimatrecht der Polen in den Oder-Neiße-Gebieten an und vertraten die Ansicht, daß das Heimatrecht der Deutschen nicht erblich sein könne. Dem hielten später die Vertriebenen entgegen, daß hier ein 25 Jahre altes 'Heimatrecht' einem 700jährigen vorgezogen würde.

Im letzten Absatz riefen die Bensberger Katholiken dazu auf, die geschichtlichen Möglichkeiten wahrzunehmen, die sich für die Deutschen aus ihrer geographischen Lage ergäben, nämlich „Brücke zu sein". Konkret befürworteten sie die volle Normalisierung der rechtlichen und pastoralen Diözesanordnungen in den Oder-Neiße-Gebieten und forderten als Schritt, der keinen Aufschub dulde, die Wiedergutmachung an den polnischen Opfern des nationalsozialistischen Terrors.[223] Das Memorandum schloß mit einer ausdrücklichen Würdigung des polnischen Bischofsbriefes:

„Die Menschen, und unter ihnen die Christen, sind nicht dazu aufgerufen, historische Prozesse zu erdulden, sondern in sie einzugreifen. Eine solche Tat war die Versöhnungsbotschaft der polnischen Bischöfe. Um Frieden zu schaffen, bedarf es des schöpferischen Mutes vieler; der Christen an erster Stelle."

Das dürfte nun in der Tat die Antwort gewesen sein, wie Kominek sie sich gewünscht hatte. Obwohl sie nicht die Autorität der deutschen katholischen Kirche als Institution hinter sich hatte, war ihre Wirkung - und damit zugleich die indirekte Wirkung des polnischen Briefes - in der deutschen Öffentlichkeit sehr groß. Im September 1968 bekamen die Bensberger ein sehr herzlich gehaltenes Dankschreiben von Kardinal Wyszyński, in dem der „christliche Mut", der „ehrlichste gute Wille" und der „internationale Weitblick" ebenso wie das „christliche Verantwortungsbewußtsein" und das „persönliche Engagement" der Verfasser wärmstens gewürdigt und das „wohldurchdachte" und „vom Geist des Evangeliums getragene" Memorandum als „kühnes Zeugnis für das Evangelium Christi" gewertet wurde.[224]

Umfrageergebnisse zeigen, wie schnell die Bewußtseinsänderung in der Bundesrepublik in den 60er Jahren fortschritt. Der Prozentsatz derer, die sich mit der Oder-Neiße-Grenze abfinden wollten, stieg von 26 Prozent im Jahre 1962 auf 58 Prozent im Jahre 1970. Der Anteil der nicht mehr rückkehrwilligen Ostdeutschen erhöhte sich im gleichen Zeitraum von 38 auf 74 Prozent. Einen besonders tiefen Einschnitt weisen beide Umfragen zwischen 1966 und 1967 auf: Hier stieg der Prozentsatz derer, die sich mit der Grenze abgefunden hatten, von 27 auf 46 Prozent.[225]

Bemerkenswert ist allerdings eine gegenläufige Entwicklung zwischen 1967 und 1969, also während des unmittelbaren Wirkungszeitraums des Bensberger Memorandums. Die Zahl derjenigen, die die Grenze akzeptierten, fiel wieder auf 42 Prozent zurück. Die Zahl der nicht mehr Rückkehrwilligen stieg dagegen - wenn auch in minderem Ausmaß - weiter an. Das könnte darauf hindeuten, daß die von kirchlichen Initiativen ausgelösten Diskussionen zu einer allgemeinen Bewußtseinsschärfung bezüglich der Grenzproblematik in der Bevölkerung führten, andererseits aber auch die Gegenoffensive der

Vertriebenen kurzfristig Wirkung zeigte. Mittelfristig erwies sich jedoch, daß solchen gedanklichen Positionen der Rückhalt in der politischen Wirklichkeit der Bundesrepublik fehlte, wofür besonders der weitere Anstieg der Nichtmehr-Rückkehrwilligen sprach.

Interessant auch, daß im November 1967 erstmals nach dem Heimatrecht der Polen in den ehemals deutschen Gebieten gefragt wurde – 57 Prozent der Befragten waren bereit, es anzuerkennen (21 Prozent dagegen, 22 Prozent unentschieden). Die Zahl derjenigen, die das polnische Heimatrecht befürworteten, lag dabei um 11 Prozent höher als die Zahl derjenigen, die zur Anerkennung der Grenze bereit waren. Sowohl das Aufkommen der Fragestellung als auch die Antworten zeigen wachsendes Verständnis für die 'polnischen' Argumente in der Bundesrepublik. Natürlich können solche Statistiken auch als Bestätigung der Strategie der deutschen Bischöfe interpretiert werden: Sie stützen die Vermutung, daß 'radikale' Änderungsversuche Gegenreaktionen provozieren, wohingegen kleinere Schritte weniger Widerstand erzeugen und eine größere Folgebereitschaft nach sich ziehen.

3. Mut zum Bekenntnis: Die Antwort eines Einzelnen

Am Ende der Debatte über die Ostverträge gab der Bundestagsabgeordnete der SPD Brigadegeneral a.D. Dr. Friedrich Beermann eine persönliche Erklärung zu Protokoll:

„Das grauenvolle Geschehen, das sich unter dem Hakenkreuz in Polen vollzog, haben viele von uns aus dem Gedächtnis und Bewußtsein verdrängt, selbst dann, als die Ereignisse jener Zeit nach dem Kriege vor uns und aller Welt offenlagen. Scham, Schuld oder pure Gleichgültigkeit mögen der Grund hierfür gewesen sein. Doch diese Zeit ist im polnischen Volk in höchst lebendiger Erinnerung geblieben, nicht nur bei der durch den Krieg äußerst geschwächten älteren Generation, sondern auch bei der Jugend, die sich der leidvollen Geschichte ihres Volkes sehr wohl bewußt ist. Wir dürfen daher in dieser Stunde dieses uns beschämende Kapitel der deutsch-polnischen Beziehungen nicht übergehen, wollen wir wirklich dauerhafte Grundlagen für ein friedliches Zusammenleben schaffen, wie es der vorliegende Vertrag erstrebt.

Ich meine, daß wir hierzu hinweisende Worte in jenem Brief der polnischen Bischöfe finden, die wir nicht überlesen sollten. Sie schreiben: 'In diesem allerchristlichsten und zugleich sehr menschlichen Geist strecken wir unsere Hände zu ihnen hin in den Bänken des zu Ende gehenden Konzils. Wir gewähren Vergebung und bitten um Vergebung.'

Ich meine, wir sollten diese so wertvollen Worte aufnehmen und Euch Polen um Verzeihung bitten, um Vergebung, daß wir Euch am 1. September 1939 überraschend mit Krieg überzogen, Eure Städte und Dörfer aus heiterem Himmel zerbombten und zerschossen,

- um Vergebung, daß wir Hunderttausende von Euch aus Euren Häusern und Wohnungen verdrängten, um Platz zu machen für andere Deutsche,
- um Vergebung dafür, daß sich diese Vertreibung vollzog unter Bedingungen voller Menschenverachtung, die unserer Nation unwürdig waren,
- um Vergebung dafür, daß mehr als eine Million Eurer Männer und Frauen, Knaben und Mädchen zu härtester Fronarbeit nach Deutschland verschleppt wurden,
- um Vergebung dafür, daß der letzte Reichsinnenminister festlegen konnte - ich zitiere - 'diese polnische Bevölkerung wird als führungsloses Arbeitsvolk zur Verfügung stehen und Deutschland jährlich Wanderarbeiter für besondere Arbeitsvorkommen (Straßenbauten, Steinbrüche) stellen',
- und um Vergebung dafür, daß das Bildungsniveau dieses führungslosen Arbeitsvolkes von demselben Herrn Himmler, der sich auch Kommissar für die Festigung des deutschen Volkstumes nannte, wie folgt festgelegt wurde - ich zitiere: 'Einfaches Rechnen bis höchstens 500. Schreiben des Namens, eine Lehre, daß es ein göttliches Gebot ist, den Deutschen zu gehorchen und ehrlich, fleißig und brav zu sein. Lesen halte ich nicht für erforderlich'.
- Und um Vergebung, daß Eure Kunstschätze geraubt, Eure Kirchen, Universitäten und Schulen geschlossen, Eure Priester, Professoren und Lehrer verfolgt, in die Konzentrationslager geworfen und gemordet wurden,
- und wir bitten in Demut um Vergebung, daß in Eurem Lande das Schrecklichste geschah, was von Deutschen je vollzogen worden ist. Ich spreche von den Lagern, in denen mit gnadenloser Rohheit Männer und Frauen, Kinder und Greise planmäßig gedemütigt, gequält und schließlich gemordet worden sind.

In dieser Stunde werde ich Namen und Zahlen der unglücklichen Opfer aus vielen Nationen nicht verschweigen: Sobibor: 250.000, Majdanek: 360.000, Chełmno: 360.000, Bełzec: 600.000, Treblinka: 75.000 und schließlich Ausschwitz mit 2 1/2 Millionen, die in Gaskammern gepfercht dort elend erstickt sind.

Das Ende des Krieges sah für Polen so aus: Dreieinhalb Millonen polnische Staatsbürger - Männer und Frauen, Kinder und Greise - starben in diesen und anderen von deutscher Hand mit erbarmungsloser Härte betriebenen Stätten der Schande, der Qual, der Vernichtung. Alles in allem brachte der Krieg dem 30-Millionen-Volk der Polen sechs Millionen Tote. Etwa 123.000 fielen als Soldaten. Jeder fünfte polnische Staatsbürger kam somit um.

Wenn wir diesen für uns so beschämenden Zeitabschnitt Revue passieren lassen, so sollten wir ganz tief und innerlich und ohne jeden Vorbehalt auch für das uns angetane Unrecht Vergebung gewähren, Vergebung gewähren für die Tausenden von Toten, als sich bei Kriegsbeginn aufgespeicherter polnischer Volkszorn gegen die dort ansässige deutsche Bevölkerung entlud. Und meine Bitte geht jetzt an unsere Schlesier, unsere Pommern, unsere Ostpreußen, auch ihrerseits dem polnischen Volke Vergebung zu gewähren für das ihnen angetane Unrecht der Vertreibung aus der so innig geliebten Heimat, in der sie seit Jahrhunderten und daher zu Recht lebten und wirkten und aus der sie verwiesen wurden unter großer Drangsal, unter Blut, Tränen und Flüchen,... [Hervorhebung E.H.]

Noch einmal gehen in dieser Stunde meine Gedanken zurück zu jenem schicksalsschweren 1. September 1939, als ich von Ostpreußen aus mit meiner Truppe die Grenze nach Polen querte. Vor uns dehnte sich weites polnisches Land, das zu erobern wir uns anschickten. Und so sehe ich denn auch vor mir jenen ersten gefallenen Soldaten. Ich sehe sein straffes, jugendliches Gesicht mit den kräftigen Zügen, ich sehe den Stahlhelm von ungewohnter Form, und die Uniform, die nach Farbe und Schnitt anders war als unser feldgrauer Waffenrock. Dieser tote polnische Soldat begleitete mich in der Erinnerung über Jahre und Jahrzehnte, als spräche und mahne er immer wieder:
Warum, warum habt Ihr mein Land überfallen?
Warum meinem Leben ein so frühes Ende gesetzt?
Warum mein Volk so gnadenlos gedemütigt?

Und ich antworte ihm: Wir haben allzu lange schreiendes Unrecht in unserem eigenen Lande geduldet, allzu fügsam dem kriegslüsternen Kanzler des Deutschen Reichs gehorcht, und allzu viele haben allzu willig und allzu tief die giftigen Schwaden eingesogen, die die Luft im Deutschen Reich verpesteten.

Und ich füge die Bitte hinzu: Unbekannter polnischer Soldat, vergib uns, Du und mit Dir Dein Volk, den großen Frevel, den Deutsche einst in Polen begangen haben. 'Wir gewähren Vergebung und bitten um Vergebung.' Diese so kostbaren christlichen Worte der Bischöfe Polens sollten wir im Gedächtnis und im Herzen bewahren. Sie können uns den Weg in eine gemeinsame hellere Zukunft weisen, den die vorliegenden Verträge ebnen werden, da durch sie die Westgrenze Polens endgültig gesichert wird, die seit Entstehen des polnischen Staates im Jahre 1918 bis zum heutigen Tage von uns stets in Frage gestellt worden ist."[226] [Hervorhebung E.H.]

Diese Erklärung, die der Brigadegeneral a.D. – vermutlich, weil ihm die Redezeit im Parlament nicht vergönnt war – zu Protokoll gab, ist wohl die direkteste und unmittelbarste Antwort auf den polnischen Bischofsbrief in Deutschland. Anders als die zuvor erwähnten Vertreter politischer und kirchlicher Gruppen nimmt der Verfasser keinerlei politische Rücksicht. Für ihn war der polnische Bischofsbrief in der Tat genau das, was sich Kominek gewünscht haben dürfte: ein Anlaß und Auslöser rückhaltsloser Gewissensforschung und die Chance für einen Neubeginn.

B. Angriffe, Betroffenheit und allmähliche Solidarisierung: Die Reaktionen in Polen

1. Gomułka bläst zum Angriff: Der Staatsapparat erprobt seine Kraft

Wie würde die Regierung in Warschau auf den Briefwechsel reagieren? Der Verfasser des polnischen Briefes wähnte sich sicher. Die ersten Anzeichen waren nicht negativ: Der Warschauer Korrespondent der kommunistischen 'Unità' berichtete am 1. Dezember 1965 nach Rom, daß die polnische Bischofsbotschaft sich zwar Mißverständnissen aussetze, in ihrer Substanz jedoch unleugbaren politischen Wert habe. In ähnlichem Tenor schrieb eine der polnischen Regierung nahestehende Londoner Exilzeitung. Und auch das Warschauer Kirchenamt äußerte sich - inoffiziell - noch am 6. Dezember (vor Veröffentlichung der deutschen Antwort) vorsichtig-positiv, obwohl ihm der polnische Brieftext noch gar nicht vorlag.[227]

Die Ruhe vor dem Sturm dauerte zehn Tage. Erst am 10. Dezember 1965 erfuhr die polnische Öffentlichkeit aus der Presse von dem Briefwechsel. Über den Grund für dieses lange Schweigen gibt es viele Spekulationen. Mancherorts wurde auf die in diesen Zeitraum fallende Moskaureise des Politbüromitglieds und Gomułka-Vertrauten Zenon Kliszko verwiesen. Hier könnte eine Konsultation stattgefunden haben. Ob Moskau allerdings tatsächlich ein Hochspielen des Konflikts wünschte, scheint nicht unbedingt wahrscheinlich. Zwar waren die Beziehungen zur Bundesrepublik gerade auf einem Tiefpunkt angelangt: „Seit langem waren die sowjetischen Erklärungen über den Westen, vor allem über die USA und die Bundesrepublik, nicht mehr so scharf und unversöhnlich wie in den letzten Wochen", schrieb Wolfgang Leonhard am 24. Dezember 1965 in der 'Zeit'. Als Gründe dafür wurden die Bombardierung Nordvietnams, die Besorgnis vor einem Bonner Zugang zu Atomwaffen und die Propagierung eines gemeinsamen Feindes zum Abblocken autonomer Bestrebungen im kommunistischen Lager genannt.

Auf der anderen Seite jedoch hatte Breschnews Außenminister Gromyko am 4. Oktober 1965 den Friedensappell Pauls VI. vor den Vereinten Nationen mit Beifall bedacht und plante für das Frühjahr eine Reise in den Vatikan. Die Politik der Sowjetunion war zum damaligen Zeitpunkt, wenn man Stehle folgen will, auf die „Neutralisierung" der römischen Kurie „auch in Blick auf das immer wieder unruhige Polen" gerichtet.[228] Ein kommunistischer Kreuzzug gegen die polnischen Bischöfe dürfte sich nicht unbedingt als das geeignetste Mittel zur Durchsetzung einer solchen Strategie angeboten haben.

Sicherlich war Polen damals souverän genug, innenpolitische Entscheidungen dieser Art alleine zu treffen. Die Korrespondentin der 'FAZ', Angela Nacken, schrieb zu dieser Frage am 14. Dezember 1965: „Selbst wenn Moskau konsultiert wurde, so muß doch die Warschauer Antwort als souveräne Entscheidung der eigenen Politik angesehen werden."[229] Gomułkas Abneigung gegen den Primas verbunden mit der Chance, die Kirche in der Öffentlichkeit zu diskreditieren und ihre Macht zu mindern, dürfte dann auch den Ausschlag für die Entscheidung zum Kirchenkampf gegeben haben. Die Gelegenheit schien günstig, jetzt die Kirche genau an jenem Punkt anzugreifen, wo sie bisher am unverwundbarsten schien: dem der nationalen Zuverlässigkeit.

Ausschlaggebend für den späten Beginn der Kampagne war neben der 'Verschleppung' des Textes durch das Innnenministerium das Warten auf die deutsche Antwort. Sie hätte ja vielleicht doch günstiger für Polen ausfallen können. Schließlich dürfte es auch klug erschienen sein, die Stellungnahme der polnischen Bischöfe zur deutschen Antwort abzuwarten - ob sie sich vielleicht von ihr distanzierten? Am Abend des 7. Dezember erklärte der polnische Episkopat noch in Rom, er betrachte die Antwort als positiv, wenn auch noch einige Meinungsverschiedenheiten bestünden. Am 9. Dezember kehrten die Bischöfe nach Polen zurück. Sie konnten also nicht mehr im Ausland zu der regierungsoffiziellen Kritik Stellung nehmen.

Die Weichen waren gestellt, und am Freitag, dem 10. Dezember 1965, begannen - taktisch geschickt - die nicht als Regierungssprachrohr angesehene hauptstädtische Tageszeitung 'Życie Warszawy' und die Zeitung der regimetreuen PAX-Katholiken 'Słowo Powszechny' mit der Attacke. Kurz darauf stieß dann das offizielle Parteiorgan 'Trybuna Ludu' nach, und nahezu alle anderen Medien folgten. Die Kampagne übertraf an Intensität und Härte alle Auseinandersetzungen zwischen Kirche und Staat seit dem Neubeginn im Jahre 1956. Das ganze Milleniumsjahr 1966 wurde von dem Streit überschattet.

Ziel der Agitation gegen die Bischöfe war es, ihnen die nationale und staatsbürgerliche Loyalität abzusprechen und so das Vertrauen der Bevölkerung in den Episkopat und die Kirche überhaupt zu schwächen. Zeitweilig wurde den Bischöfen sogar unterstellt, die Oder-Neiße-Grenze zur Diskussion gestellt zu haben. Die Pressestimmen aus der Bundesrepublik waren hierzu ein willkommenes Hilfsmittel. Die deutschen Vertriebenenfunktionäre wurden zu Kronzeugen gegen die polnischen Bischöfe, denen man vorwarf, sich in die Außenpolitik der Volksrepublik eingemischt und noch dazu die polnische Regierung nicht einmal von diesem Vorhaben informiert zu haben. Während der Text des Briefes von allen Presseagenturen verbreitet worden sei, habe es der Episkopat nicht für nötig befunden, den polnischen Behörden ein Exemplar zu überreichen.

Aus beiden Briefen wurden einzelne Formulierungen herausgegriffen und zum Gegenstand höhnischer Polemik gemacht. Besonders heftig wurde der Kernsatz des polnischen Briefes über die Verzeihung angegriffen. Man fragte nach der Legitimation der Bischöfe zu einem solchen Schritt - noch dazu gegenüber Unbußfertigen, die vorher gar nicht um Verzeihung gebeten hatten. Ironisch hielt man den polnischen Bischöfen die deutsche Antwort als Vorbild an Diplomatie und Wahrung des Eigeninteresses vor.

'Życie Warszawy' hob am 10. Dezember zunächst hervor, daß Kardinal Wyszyński sowie Bischof Kominek am 30. November, während die Presseagentur 'dpa' den polnischen Brief bereits verbreitete, beim polnischen Botschafter in Rom zu Gast gewesen waren und kein Wort von dem Brief erwähnt hatten.[230] Wer, so fragte der Redakteur weiter, seien denn eigentlich die Adressaten des Briefes? Und gab dann gleich die Antwort: „Es sind die deutschen Bischöfe, die in Übereinstimmung mit der Bonner Regierung auf dem Grunde der antipolnischen Politik des Revisionismus stehen und unsere Grenzen an Oder, Neiße und Ostsee in Frage stellen. Unter ihnen befinden sich Repräsentanten der deutschen katholischen Kirche, die in der Zeit des Hitlerismus dem brauen Regime zur Seite standen und die hitlerische Wehrmacht, die nach Polen marschierte, segneten."

Warum, so wollte der Regierungspublizist wissen, lobten ausgerechnet solche Leute wie der Vorsitzende des Vertriebenenverbandes Wenzel Jaksch, der damals in Polen nicht unbekannt war, den Brief der polnischen Bischöfe? - „Sie fanden ihre eigene Rechtfertigung und Erklärung - im Namen des polnischen Volkes! Sie hörten einen Appell zur Versöhnung - ohne Bedingungen. Einen Appell zur Verzeihung - unserer polnischen Schuld. Sie fanden - sicherlich zu ihrer eigenen Verwunderung - einen Vergleich des Meeres an Unrecht und Verbrechen, die die Hitlerdeutschen in Polen begingen, mit dem Leiden von 'Millionen deutscher Flüchtlinge und Umsiedler', welche die Konsequenzen des vom 'Dritten Reich' verursachten Krieges trugen."

Dann wurden in kaum zu überbietendem Sarkasmus einzelne Zitate aus dem polnischen Brief aneinandergereiht, die den Eindruck vermitteln sollten, daß sich die polnischen Bischöfe kaum genug an die Deutschen anbiedern konnten, sich in würdeloser Weise selbst kritisiert und erniedrigt und die Deutschen geradezu flehentlich um Verzeihung für die polnischen Untaten und um einen Besuch in Polen gebeten hätten. Es folgten Zitate aus deutschen Zeitungen, so z.B. auch der anerkennende Satz des Kommentators der 'Süddeutschen Zeitung', daß sich die polnischen Bischöfe „redlich um nationale Selbstkritik bemüht" hätten: „Wer in Polen ermächtigte die im Vatikan weilenden Bischöfe dazu, zu Kreuze zu kriechen und zu verzeihen, der BRD gegenüber 'nationale Selbstkritik' zu üben? In wessen Namen haben sie das getan? Vielleicht im Namen der Millionen in Auschwitz und Majdanek Ermordeten? Vielleicht im Namen der Warschauer aus der zu Asche verbrannten Hauptstadt? Oder vielleicht - der zweitausend von den deutschen Besatzern ermordeten Priester? Oder vielleicht - der Kinder von Zamość, die in Heimatlosigeit und Tod getrieben wurden?"

Weiter wurde den Bischöfen vorgeworfen, sich nicht an diejenigen Deutschen gewandt zu haben, die sich vom Revisionismus und Militarismus losgesagt hätten, nämlich an die Deutschen in der DDR. Auch die Argumentation der Bischöfe, derzufolge die Oder-Neiße-Gebiete als „bittere Frucht des letzten Krieges" und „Potsdamer Westgebiete" anzusehen seien, wurde beanstandet - die 'historischen Argumente' fehlten.

Die führende Tageszeitung der Hauptstadt 'Życie Warszawy' suggerierte – wiederum mit Hilfe von Zitaten aus der 'Welt', der 'FAZ' und anderen westdeutschen Zeitungen -, die Bischöfe hätten überhaupt die Grenze zur Diskussion gestellt. Über die deutsche Antwort hieß es: „Man muß zugeben, daß die deutschen Bischöfe sich ihrer Pflichten gegenüber der Bonner Regierung und den Umsiedlern besser gewärtig waren als die polnischen Bischöfe der polnischen Staatsräson. In der Antwort der deutschen Bischöfe, die mit diplomatischer Vorsicht und pharisäerhafter Süßigkeit redigiert wurde, lesen wir das, was Adenauer und Erhard ohne Umschweife sagen."[231]

Interessanterweise wurde im letzten Absatz des sehr langen Artikels die Kritik an der Bundesregierung differenziert. Der Autor zitiert Gomułka mit den Worten, daß die überwiegende Mehrheit der westdeutschen Bevölkerung keinen Krieg wolle und daß man mit Sympathie die Tätigkeit derer verfolge, die sich der Verantwortung des deutschen Volkes für die Verbrechen Hitlerdeutschlands bewußt seien. Der Artikel würdigte sowohl die deutschen Widerstandskämpfer gegen Hitler als auch die EKD-Denkschrift, die in Polen überhaupt eine sehr positive Presse bekommen hatte. Hieraus wird deutlich, daß es der polnischen Regierung in erster Linie um den Kampf gegen die eigenen Bischöfe ging. Man hatte nicht die Absicht, sich sämtliche Wege zu besseren Kontakten mit der Bundesrepublik zu verbauen.

Die PAX-Stimme 'Słowo Powszechne' beklagte am gleichen Tag in einem noch längeren Artikel eher larmoyant als polemisch-sarkastisch die Abkehr der Kirchenfürsten von ihren eigenen Worten während der 20-Jahr-Feierlichkeiten in Breslau. Der Leser wurde erst mehrere Abschnitte lang mit Zitaten aus früheren Wyszyński-Predigten konfrontiert, ehe er überhaupt etwas von dem Briefwechsel erfuhr. Zur Behandlung des Grenzproblems äußerte sich die Zeitung jedoch etwas anders als 'Życie Warszawy': „Man muß weiter feststellen, daß die polnischen Bischöfe - entgegen den Unterstellungen der westdeutschen Presse - so wie das ganze polnische Volk auf dem Grunde der Zugehörigkeit der Gebiete an Oder, Neiße und Ostsee zu Polen stehen. Leider wiederholen sie jedoch in ihrer Botschaft die entscheidenden Argumente für unsere Anwesenheit dort nicht, wodurch sie der westdeutschen Presse und den Bonner Politikern eine zweideutige Kommentierung unseres Standpunktes ermöglichten."

In pathetisch-anklagendem Ton wurden einzelne Zitate und Zitatfragmente des Briefes, oft aus dem Zusammenhang gerissen und fehlerhaft übersetzt, zu einer Aussage verdichtet, die es in dieser Form nie gegeben hatte. So sei es z.B „in höchstem Maße schmerzlich, wenn die Bischöfe von der 'Ratlosigkeit und Kraftlosigkkeit' des polnischen Volkes sprächen und gleichzeitig die Leiden 'eines riesigen Teils der deutschen Bevölkerung' unter der nationalsozialistischen Herrschaft" hervorhöben.

Dieser Satz bezog sich auf die Beschreibung des polnischen Volkes während der deutschen Besatzung „wir waren alle macht- und wehrlos" und auf die mehrere Abschnitte später getroffene Feststellung, daß „ganz große Teile der deutschen Bevölkerung jahrelang unter übermenschlichem nationalsozialistischen Gewissensdruck standen". Die Bischöfe hatten also keineswegs, wie es 'Słowo Powszechne' suggerierte, der Ratlosigkeit der Polen die Leiden eines riesigen Teils der deutschen Bevölkerung gegenübergestellt.

Auch protestierte das Blatt gegen eine Gleichstellung der 'Märtyrer der Weißen Rose' mit den Mitgliedern des Widerstands vom 20. Juli, welche nie die Wiederherstellung der Souveränität des polnischen Staates im Sinn gehabt, sondern mit den Westalliierten den Krieg gegen die Sowjetunion hätten fortführen wollen. Was die Darstellung des deutschen Einflußes auf die polnische Kultur im Mittelalter betreffe, seien die polnischen Bischöfe einem Minderwertigkeitskomplex erlegen. In bezug auf das Schlußwort fragten die PAX-Katholiken ihre Oberhirten „mit gebührendem Respekt", ob denn das polnische Gewissen tatsächlich so belastet wäre, daß man das Millenium nicht werde feiern können, wenn die Deutschen den Polen nicht verziehen? – Der Artikel schloß mit der Feststellung, daß es von der Reife der polnischen Katholiken zeuge, „daß die unglücklichen politischen Äußerungen einiger unserer Bischöfe ihre religiöse Autorität nicht schmälert."

Das offizielle Parteiorgan 'Trybuna Ludu' begann seinen Kommentar drei Tage später mit der Feststellung, daß die polnische öffentliche Meinung von der Nachricht über die Bischofsbotschaft „zutiefst bewegt" sei. Leider handele es sich hierbei jedoch nicht um einen „evangelischen Akt", sondern um ein „im vollen Sinne des Wortes politisches Dokument". Zudem sei die deutsche Frage, zu der die Bischöfe Stellung genommen hätten, „eine politische Schlüsselfrage, von der die lebenswichtigen Interessen des polnischen Volkes sowie die friedliche Zukunft Europas und der Welt" abhänge. Im Fettdruck hob die Zeitung hervor: „Zum Formulieren der programmatischen Grundsätze der polnischen Außenpolitik und zum autoritären Auftreten nach außen in diesen Angelegenheiten ist die Regierung der Volksrepublik Polen berufen."

Dann wies der Kommentator auf die politische Situation und den Zeitpunkt hin, die sich die Bischöfe für ihre eigenmächtige Aktion gewählt hätten. Zum „Hauptverbündeten des amerikanischen Imperialismus, Fürsprecher des Kalten Krieges und Exponenten der Aufrüstungspolitik" habe sich die Bundesrepublik entwickelt. Als Beweis für diese Thesen dienten Zitate aus der Regierungserklärung

Ludwig Erhards vom Oktober 1965. Das Geschichtsbild der polnischen Bischöfe sei, so befand die 'Trybuna Ludu', sogar für ein nur „mittelmäßig fortschrittliches gegenwärtiges katholisches Denken" anachronistisch. Nach der obligatorischen Kritik an den Formulierungen des Briefes über Krieg, Vertreibung und Westgebiete hieß es: „Wem und wozu eine so elementare politische Ignoranz und das Fehlen des Verantwortungsgefühls nutzen konnte, wird am besten von der Interpretationsweise des Briefes durch die Bonner Propaganda und Presse bezeugt."

Die deutsche Presse habe sich für die Anerkennung der deutschen Kulturmission im Osten bedankt, „jeden Hinweis auf Friedrich oder Bismarck jedoch schon ohne Pardon als 'tendenziös' und 'unvereinbar mit der historischen Wahrheit' verworfen", dafür aber die ihrer Ansicht nach objektive Darstellung von gegenseitigem Terror und Haß begrüßt. Geschickt wird beim Leser der Eindruck erweckt, als hätten die polnischen Bischöfe den Massenmord der Nationalsozialisten in Polen mit der „Aussiedlungsaktion aus Polen" sowie die Transporte nach Ausschwitz und Majdanek mit den „Transporten der Repatrianten nach Deutschland" verglichen. Wörtlich hieß es in der 'Trybuna Ludu': „Die Unbequemlichkeiten, Mängel und Zwischenfälle, die diese Repatriierung begleiteten (als ob etwa Polen damals, 1945, im Überfluß schwamm und die polnischen Repatrianten in luxuriösen Pullmann-Wagons durch Europa reisten), fanden sich auf einer Ebene mit 6 Millionen kaltblütig und auf grausamste Weise ermordeter Polen".

Die Argumentationslinie der Bischöfe wurde nachgezeichnet vom Mitleid mit den Umsiedlern über die eigene Rechtfertigung bis hin zum Gipfel - der Bitte um Verzeihung. Schließlich wurde auf Äußerungen der deutschen Bischöfe bereits vor Veröffentlichung der eigentlichen Antwort verwiesen, aus denen eindeutig hervorgehe, daß diese bezüglich der Oder-Neiße-Grenze und der kirchenrechtlichen Neuordnung keine Zugeständnisse machen würden. Ob das denn den polnischen Bischöfen, die sich doch zuvor mit den deutschen abgesprochen hätten, nicht bekannt gewesen sei? Der polnische Episkopat habe sich zur Erarbeitung und Veröffentlichung eines solchen Dokuments entschlossen, „obwohl er von vorneherein wußte, daß er nicht das kleinste Equivalent für seine zahlreichen Zugeständnisse und Gesten bekommen würde."

Die Frage nach dem Grund hierfür war allerdings die einzige der vielen rhetorischen Fragen, auf die der Autor des Artikels keine Antwort parat hatte. Er kritisierte, daß die polnischen Bischöfe die deutsche Antwort als 'positiv' darstellten. Stimmten sie etwa mit den deutschen Bischöfen darin überein, „daß die polnischen Grenzen im Westen ungerecht sind, daß sie als Resultat der 'unseligen Folgen des Krieges' errichtet wurden und daß demzufolge eine neue 'nach allen Seiten befriedigende Lösung' gesucht werden müsse...?" Die polnische Bevölkerung, so die 'Trybuna Ludu', habe ein Recht zu erfahren, was die polnischen Bischöfe eigentlich akzeptiert hätten, als sie die deutsche Antwort 'positiv' nannten. Die Geschichte habe schon oft gezeigt, daß „das polnische Volk für jede Versöhnlichkeit und Nachgiebigkeit gegenüber dem räuberischen und und aggressiven deutschen Imperialismus immer teuer bezahlen mußte."

Der letzte Argumentationsstrang, der wohl mit der geringsten Wirkung beim Leser zu rechnen hatte, betraf – ähnlich wie in 'Życie Warszawy' – wiederum die DDR: Ob die Bischöfe, wenn sie von dem immer noch bestehenden Mißtrauen gegenüber dem 'nächsten westlichen Nachbarn' sprächen, vergessen hätten, daß dieser Nachbar doch die DDR sei, mit der man freundschaftlich zusammenarbeite?

Diese Argumente wiederholten sich in unzähligen Variationen in allen staatlichen und regimetreuen katholischen Zeitungen. Anrührende Stimmen von 'Betroffenen' wurden laut: Wen konnte es etwa gleichgültig lassen, wenn ein Kriegsveteran fragte, ob er sich seines Kampfes gegen die Deutschen nun etwa schämen müsse?[232] Redlich mühe er sich, die Deutschen nicht über einen Kamm zu scheren, auch damals sei ihm bewußt gewesen, daß er auch auf persönlich Unschuldige schieße, aber er habe es doch für die Rettung Polens und Europas getan. Den jungen Deutschen habe er doch gar nichts zu verzeihen, auch nicht den Widerstandskämpfern und den anderen Gegnern Hitlers, aber sollte er denjenigen verzeihen, die Hitler damals zur Seite standen? Schon als Kind habe er gelernt, daß man Reue für seine Sünden und den Vorsatz zur Besserung mitbringen müsse, um Verzeihung zu erlangen, und nun hätten die polnischen Bischöfe verziehen, ohne auf ein Zeichen der Reue oder Buße zu warten! Der Soldat Zbigniew Zauski, ein bekannter Publizist, schloß seinen eindrucksvollen Artikel mit der Forderung, die deutschen Bischöfe sollten nicht in Prunkgewändern, sondern im Büßerhemd nach Polen kommen, zu Allerseelen oder zum Jahrestag des Kriegsausbruchs und bei einer Messe auf dem Warschauer Soldatenfriedhof, im Gestapo-Gefängnis, auf den Stufen des Krematoriums in Ausschwitz oder der Seifenfabrik in Stutthof einem polnischen Priester assistieren.

Auch das polnische Parlament befaßte sich zweimal mit dem Briefwechsel. Während der zweiten Sitzung am 14. Januar 1966 ergriff auch - angeblich spontan - Władysław Gomułka das Wort. Zuvor hatte sich Jerzy Turowicz, der Abgeordnete der katholischen Gruppierung ZNAK und Chefredakteur der kirchlichen Wochenzeitung 'Tygodnik Powszechny', bemüht, den polnischen Bischofsbrief vorsichtig zu verteidigen. Der Regierungschef hob zunächst hervor, daß es hier nicht nur um den polnischen Brief gehe, sondern um alle drei Dokumente gemeinsam - Brief, Antwort und polnische Stellungnahme zu der deutschen Antwort. Er ging sogar in einer aufschlußreichen Erklärung, die die Kritik an dem polnischen Brief erheblich relativierte, auf die Frage der Weltpresse nach dem zehntägigen Schweigen Warschaus ein: „Also diese Angelegenheit ist ganz einfach - weder unsere Partei noch die Presse wollten oder konnten Stellung beziehen zu der Botschaft der polnischen Bischöfe allein, solange sie nicht die Antwort der deutschen Bischöfe kannten, und vor allem das spätere römische Kommuniqué des Episkopats.“

Dann rehabilitierte Gomułka die Bischöfe in einem Hauptangriffspunkt: „Grenzkonzessionen haben sie nicht gemacht, sie verwendeten nur sehr unglückliche Formulierungen“, erklärte er. Und an späterer Stelle: „Wenn es um die Frage der Grenze geht, kann man schwerlich den Vorwurf erheben, daß die Bischöfe unsere Westgebiete den Deutschen geben wollen. Niemand hat ihnen einen solchen Vorwurf gemacht.“

Auch gestand Gomułka den Bischöfen das Recht zu, in politischen Angelegenheiten das Wort zu ergreifen: „Wir verlangen von ihr [der Kirche, E.H.], daß sie eine dem Staate gegenüber loyale Politik führt, wenn sie sich schon mit der Politik befassen will. Wenn Kardinal Wyszyński oder Erzbischof Kominek und andere Bischöfe Ansichten über verschiedene politische Probleme äußern wollen - dann verbieten wir das nicht, aber es soll gefälligst mit der Politik, die die Volksrepublik Polen führt, übereinstimmen, und die Kirche soll sich dem Staat nicht entgegenstellen. Sie soll nicht glauben, daß sie im Volk die Herrschaft über die Seelen ausübt.“

Voller Empörung schwenkte Gomułka im Sejm das Buch des Exilpolen Oskar Halecki, das die polnischen Bischöfe nach Erhalt der deutschen Antwort den deutschen Kollegen überreichen wollten, um Mißverständnisse aus dem Weg zu räumen. Die Berufung auf diesen Historiker, der auf die Befreiung seines Volkes durch die Amerikaner hoffte, stellte für Gomułka den Beweis für das „maßlos opportunistische und reaktionäre" Denken eines Teils des polnischen Episkopats dar. In seiner überraschenden Rede brachte Gomułka den Konflikt auf den entscheidenden Punkt: die West- oder Ostorientierung Polens. Die Bischöfe, so der Regierungschef, würden Polen als Bollwerk des Christentums betrachten, als Bollwerk des Westens gegen den gottlosen Atheismus und Kommunismus in der Sowjetunion. Diese politische Linie wolle er sich aber nicht aufdrängen lassen. In der Geschichte sei das größte Unheil für Polen vom Westen her hereingebrochen. Das polnische Volk aber, so Gomułka, habe sich geändert: „Man kann es nicht mehr zum Westen hin umorientieren".

Es steht zu vermuten, daß diese an vielen Stellen sehr emotionale, weder stilistisch noch propagandistisch ganz ausgefeilte Rede tatsächlich die persönliche Überzeugung des alten Nationalkommunisten zum Ausdruck brachte. Das heißt natürlich nicht, daß der routinierte Politiker unvorbereitet in die Parlamentssitzung gegangen oder daß er sich der gesteigerten propagandistischen Wirkung eines solchen 'spontanen' Auftritts nicht bewußt gewesen wäre. Auch war der polnische Realpolitiker nicht jeglicher Annäherung an den Westen, speziell an Deutschland, abgeneigt. Von seiner Bereitschaft hierzu zeugen die durch Vermittlung von Stanisław Stomma vorgenommmenen Sondierungen ebenso wie die späteren Gesprächssignale bis zum Warschauer Vertrag. Aber hier ging es um die grundsätzliche Orientierung Polens, die er durch die Bischöfe – zu Recht – in Frage gestellt sah.

Sehr viel glatter im Stil und den Kommentaren der großen Zeitungen ähnlicher war eine weitere Rede Gomułkas, die er am 17. April 1966 in Posen hielt: Die Bischöfe „haben im Namen ihrer rückständigen politischen Ziele den hitlerischen Verbrechern ihre Sünden erlassen, sie haben ihnen Auschwitz, Majdanek, Treblinka verziehen, all ihre völkermörderischen Verbrechen, die sie am polnischen Volk und anderen Völkern begangen haben. Sie haben 'Dialog' und 'Versöhnung' zwischen Polen und der Bundesrepublik Deutschland proklamiert, ohne dabei auch nur die grundlegenden Bedingungen eines solchen Dialogs zu erwähnen. Im Namen ihres 'Bollwerks' luden sie deutsche Prälaten zu den kirchlichen Tausendjahrfeierlichkeiten nach Tschenstochau ein, dieselben Leute, die im September 1939 die Glocken läuteten, um den hitlerschen Sieg über Polen zu feiern, die freudig zu Polens Begräbnis läuteten."[233]

Trotz der Rücknahme einiger Vorwürfe in Gomułkas Januar-Rede hörte die Kampagne nicht auf, im Gegenteil: Sie sollte das ganze Jubiläumsjahr lang anhalten. An den Orten kirchlicher Milleniumsfeiern organisierte der Staat rivalisierende Kundgebungen und brachte Plakate an mit Aufschriften wie 'Wir vergeben nicht!', 'Weg mit den Verrätern des Vaterlands!'. Belegschaften von Betrieben und Schulklassen verfaßten 'freiwillige' Protestbriefe an die Bischöfe, Studenten, Hafenarbeiter, Bewohner schlesischer Städte und andere 'Volksgruppen' gaben mit sogenannten 'spontanen Demonstrationen' ihrer 'patriotischen Empörung' Ausdruck. Der Primas bekam erstmals seit 1956 keinen Reispaß ausgestellt und konnte nicht an den Eröffnungsfeierlichkeiten des Milleniumjahres in Rom teilnehmen. Die ausländischen Bischöfe bekamen keine Einreisevisen, und auch der geplante Besuch des Papstes wurde vom Politbüro abgelehnt.[234] Als der Sekretär des polnischen Episkopats schriftlich gegen die Paßverweigerung für Wyszyński Beschwerde einlegte, erhielt er von Ministerpräsident Józef Cyrankiewicz eine Antwort, die noch einmal sämtliche Vorwürfe der Staatsführung gegen den Briefwechsel zusammenfaßte.[235]

Mitte Februar 1966 kam ein neuer Vorwurf auf - der der Käuflichkeit der polnischen Bischöfe. Zuerst von der kommunistischen Jugendzeitung 'Sztandar Młodych' erhoben, wurde er schon bald von der 'Trybuna Ludu' wiederholt. Wieder handelte es sich um die 'Weiterverwendung' westdeutscher Zeitungsberichte und insbesondere des Artikels Christoph von Imhoffs in 'Außenpolitik, Zeitschrift für internationale Fragen'. Der Publizist hatte dort festgestellt: „... selbst wenn man in Rechnung stellt, daß die Fuldaer Bischofskonferenz dem polnischen Episkopat nicht geringe Summen zur Erhaltung seiner Existenz, gleichsam als interkirchliche Hilfe, bezahlt, daß also der Briefwechsel auf bestimmte notwendige Abhängigkeiten Rücksicht nehmen könnte - hier liegt eine frappierende Wandlung vor. Sie kann nicht durch materielle Rücksichten allein (...) erklärt werden.[236]

Die polnische Jugendzeitung sprach von „Kreuzzugs-Silberlingen“, die einige polnische Bischöfe angenommen hätten. Kardinal Wyszyński wies diese Verdächtigungen zurück. Die polnischen Bischöfe hätten von ihren deutschen Mitbrüdern keine direkte finanzielle Hilfe erhalten, sie seien allerdings genötigt gewesen, da ihnen der eigene Staat keine Devisen gewährt habe, in Rom jene Hilfe in Anspruch zu nehmen, die minderbemittelten Bischöfen aus aller Welt zur Verfügung stand und zu der die deutschen Bischöfe wie andere Bischöfe aus reicheren Ländern beigetragen hätten.[237] Der Informationsservice der Katholischen Nachrichtenagentur schrieb am 24. Januar 1966 zu dieser Frage, daß sich die Hilfe der deutschen Bischöfe an die polnischen auf materielle Hilfe in Form von liturgischen Büchern beschränkt habe.

Die Kritik an der Kirche blieb jedoch nicht auf Angriffe in Zeitungen und Reden beschränkt. Vielmehr wurde versucht, auf sämtliche kirchliche Einrichtungen und Priester mit Steuerforderungen und Schikanen Druck auszuüben. Wie das im einzelnen aussehen sollte, zeigt ein Plan der Verwaltungsabteilung des Zentralkomitees der Polnischen Vereinigten Arbeiterpartei vom März 1966[238], der zum größten Teil realisiert worden sein dürfte.[239] In zehn Punkten, die die „Unterordnung des Klerus unter die staatlichen Vorschriften“ zum Ziel hatten, wurde gefordert:

1) Bischöfe, die sich öffentlich gegen staatliche Organe äußerten, zu warnenden Gesprächen vorzuladen, an denen im Wiederholungsfalle der Staatsanwalt teilnehmen solle;

2) die katechethischen Punkte stärker als bisher zu kontrollieren, Rechenschaftsberichte einzufordern und Diskussionen über den Bischofsbrief während des Unterrichts zu verhindern;

3) den Zulauf zu Priesterseminaren zu beschränken, dort in den kommenden Monaten Kontrollen durchzuführen und einige Seminare, die sich den Kontrollen widersetzten, aufzulösen; in ein bis zwei ausgewählten Diözesen eine konzentrierte Aktion gegen den Eintritt der Jugend in die Priesterseminare durchzuführen und den studierenden Alumnen „den Austritt zu ermöglichen“;

4/5) „versteckte“ Einkommensquellen des Klerus und der Kirche zu besteuern, z.B. Wallfahrten, Kirchweihfeiern, Ordenshäuser, persönliche Einkünfte der Bischöfe; die Steuerschulden der Diözesen einzufordern und dabei nicht zwingend funktionsnotwendige Immobilien zu pfänden; ebensolches Vorgehen aufgrund von Steuerschulden gegenüber Priestern, die „einen ausgesprochen negativen Standpunkt gegenüber dem Staat vertreten“ und in Gesprächen die Bischofsbotschaft verteidigen;

6) die gleichen Priester konsequent mit Geldstrafen für das Nichtführen von Inventarisationsbüchern zu belegen. In einigen Fällen „besonders reaktionäre“ Priester und Ordensgeistliche wegen Nichtbezahlung der Geldstrafe in Untersuchungshaft nehmen;

7) drei Warschauer Friedhöfe zu verstaatlichen, was die Warschauer Kurie einer ihrer Finanzquellen berauben und Kardinal Wyszyński persönlich treffen würde;

8) die vom Klerus benutzen Übernachtungshäuser mittels Steuer- und Meldevorschriften zu liqidieren;

9) die kirchlichen Archive, z.B. das Archiv der Erzdiözese Breslau, in dem die persönlichen Akten Kardinal Bertrams lagerten, in die staatlichen Archive zu überführen;

10) im Jahr 1966 grundsätzlich keine Genehmigungen zum Neubau, Wiederaufbau und zur Renovierung von Kirchen zu erteilen.

Noch im Dezember 1965 begann eine Auseinandersetzung, die die Vielschichtigkeit und Verworrenheit der Diskussion deutlich widerspiegelte. Hatte die Staatsmacht den Inhalt der Bischofsbriefe fälschen lassen oder korrekt wiedergegeben? Die Zeitung ’Forum’, die sich auf die Übersetzung und Wiedergabe ausländischer Presseartikel spezialisiert hatte, druckte Brief, Antwort und Kommuniqué der polnischen Bischöfe nach Erhalt der deutschen Antwort in voller Länge ab.[240] Damit sollte dem von kirchlicher Seite erhobenen Vorwurf begegnet werden, die Kritik stütze sich auf Zitate, die dem Zusammenhang entrissen oder schlicht falsch wiedergegeben waren. Wyszyński warf jedoch auch diesem Text Fälschung durch die Zensur vor: „Schade nur, daß dieser Brief nicht ganz veröffentlicht wurde. Es gibt dort [d.h. in der Zeitschrift 'Forum', E.H.] verschiedene - gelinde gesagt - Streichungen. Obwohl die Redaktion der Zeitschrift zu Beginn ankündigt, daß sie 'den ganzen Text der Botschaft' wiedergibt. Das ist nicht wahr, der Text ist beschnitten. Es gibt einige Dutzend Auslassungen."[241]

Micewski schrieb zu dem Streit: „Man ging sogar soweit, die erwähnten Botschaften zu verunstalten. Im Brief der polnischen Bischöfe an den deutschen Episkopat waren über 200 dieser Verunstaltungen."[242]
Dementgegen vermeldete die 'Frankfurter Allgemeine Zeitung' am 23. Dezember 1965, der veröffentlichte Text entspreche wörtlich dem dpa-Text. Dieser Artikel wurde dann prompt Anfang 1966 - als Beweisstück - in den 'Dokumentationsband' der Regierungspropaganda zu dem Briefwechsel aufgenommen.[243] Der damalige Übersetzer Gomułkas, Erwin Weit, wiederum will bei seiner dienstlichen Prüfung der Dokumente 201 Fehler und Entstellungen gefunden haben: „Natürlich waren nicht alle Textunterschiede von grundsätzlicher Bedeutung, aber einige Dutzend dieser Fehler veränderten den Sinn der Botschaft an die deutschen Bischöfe, und manche stellten eine ausgesprochen tendenziöse Fälschung dar."[244]

Noch erstaunlicher erscheint die 'Forum'-Geschichte im Lichte der Antworten, die 20 Jahre später auf die Frage 'Fälschung oder nicht?' erteilt wurden. Der Kommunist und Hauptkritiker der Bischöfe Ignacy Krasicki erklärte, es habe solche Fälschungen gegeben, während Stanisław Stomma , Mitglied der dem Episkopat nahestehenden katholischen Laiengruppe ZNAK und damaliger Parlamentsabgeordneter, auf die gleiche Frage antwortete, der 'Forum'-Text sei korrekt gewesen.[245]

Bei diesem Verwirrspiel um die Übersetzung haben beide Seiten nicht ganz unrecht. Der Textvergleich zeigt, daß die Übersetzung insbesondere des polnischen Briefes (der ja in deutscher Sprache geschrieben wurde), tatsächlich etliche Fehler und Auslassungen enthält. Diese jedoch als Fälschung zu bezeichnen, täte ihnen zuviel der Ehre an. Alle wesentlichen Passagen und Sätze sind richtig übersetzt, und die dennoch vorhandenen Fehler deuten eher auf einen schlechten Übersetzer denn auf irgendeine Absicht hin. Das Niveau der Übersetzung zeigt sich beispielsweise, wenn „die Zeit, der große göttliche Kairos“ in der Übersetzung als „jener große göttliche Arzt“ figuriert. Auch kann man schwerlich eine Absicht dahinter vermuten, wenn der Familienname der Hl. Hedwig 'von Andechs' weggelassen wird, aber sämtliche Ausführungen über ihre deutsche Herkunft und Sprache getreulich übersetzt werden. In der Diözese Kulm wurden in der Übersetzung nur 273 Priester erschossen (statt 278), und die Ausführungen über Maksymilian Kolbe setzen nach der Apposition „Märtyrer aus dem Konzentrationslager“ einen Punkt, statt - wie im Original - hinzuzufügen, daß er sein Leben freiwillig für seine Mitbrüder hingab. Hingegen wurden andere Stellen, die sich zur Fälschung 'angeboten' hätten, korrekt übersetzt. Die von der Propaganda kritisch aufgegriffenen Zitate nutzten keinen der Übersetzungsfehler aus. Im übrigen wiesen auch die in der Bundesrepublik nachgedruckten Versionen der Brieftexte leichte Unterschiede auf.

Erwin Weits Theorie, daß man hier mit einer absichtsvollen Fälschung durch Moczars Innenministerium Gomułka aufs Glatteis führen wollte, damit er sich durch die Kritik an den gefälschten Formulierungen blamiere, kann höchstens als mißglückter Versuch gewertet werden, bestimmte Adressaten seines Buches durch konstruierte Theorien zu beeindrucken. Aber auch die wiederholten Klagen kirchlicher Kreise und insbesondere Wyszyńskis über die Zensur, die den Eindruck erwecken sollten, daß die Kritik an dem Briefwechsel zu einem wesentlichen Teil auf Fälschungen des Inhalts beruhte, müssen als irreführend bezeichnet werden. In der schon erwähnten, 1966 in drei hohen Auflagen herausgegebenen staatlichen Propagandabroschüre zum Briefwechsel[246] wurde allerdings die 'Forum'-Übersetzung stillschweigend verbessert - ohne natürlich darauf zu verzichten, sie in den Textbeiträgen als vollkommen korrekt darzustellen.

Die Propaganda konnte es sich also offenbar leisten, den Originaltext des Briefwechsels in hohen Auflagen zu verbreiten, um mit seiner Hilfe die Bischöfe zu diskreditieren. Das allein zeigt, daß auch die authentische - und nicht nur die in den Medien produzierte - öffentliche Meinung in Polen dem Briefwechsel gegenüber skeptisch bis kritisch eingestellt war.

2. Doch nicht ganz 'positiv': Die Reaktionen in kirchlichen Kreisen

In einem kurzen Kommuniqué nahmen die polnischen Bischöfe am 7. Dezember 1965 noch in Rom zu der deutschen Antwort Stellung: „Die polnischen Bischöfe erachten die Antwort der deutschen Hirten als positiv, weil sie in dem gleichen Geiste des evangelischen Friedens und des Konzilsökumenismus gehalten ist, in dem die 'Botschaft' der polnischen Bischöfe geschrieben wurde".[247]

In der deutschen Antwort seien diejenigen Fragmente „erschütternd", die zugäben, daß das deutsche Volk dem polnischen im Laufe der Jahrhunderte viel Unrecht zugefügt und während des letzten Weltkriegs ungezählte Verbrechen begangen habe. In dem deutschen Brief falle der Geist der Demut auf und die Bereitschaft, für alles Böse zu büßen, welches Polen in der Vergangenheit zugefügt wurde. Bei der Beurteilung einiger historischer Tatsachen bestehe jedoch „noch keine vollständige Übereinstimmung zwischen der polnischen und der deutschen Interpretation". Zur Förderung des gegenseitigen Verständnisses wolle man den Brüdern in Deutschland eine deutsche Übersetzung der 'Geschichte Polens' von Oskar Halecki senden. Was die Umsiedler und das Heimatrecht angehe, so bemühe man sich, die Auffassung der deutschen Bischöfe zu verstehen. Mit Befriedigung stelle man fest, daß sich die Antwort der deutschen Bischöfe entschieden von revanchistischen Methoden distanziere. Angesichts dieser Tatsachen hielten die polnischen Bischöfe den Briefwechsel für „einen riesigen Schritt nach vorne, einen Versuch der Annäherung nicht nur der Bischöfe, sondern auch von Millionen von Katholiken, die diesseits und jenseits von Oder und Neiße wohnen".

Die deutschen Journalisten berichteten nur, daß die polnischen Bischöfe von der deutschen Antwort befriedigt seien. Jedoch gab bereits der Text des Kommuniqués Hinweise darauf, daß dies – entgegen der eigenen Aussage – keineswegs der Fall war. Schon die Formulierung, daß man die deutsche Antwort als positiv „erachte" war wohl die zurückhaltendste Formulierung, die gerade noch 'positiv' war. Kein Wort von Freude oder gar Dankbarkeit. Offensichtlich erforderte die Bezeichnung 'positiv' eine Rechtfertigung; darum wurden die „erschütternden" (in Wirklichkeit eher Selbstverständlichkeiten ausdrückenden) Passagen des deutschen Briefes zitiert. Der dann beschworene „Geist der Demut" und die schon etwas gesucht wirkende „Bereitschaft zur Buße“ waren natürlich in polnischen Augen nur ein schwacher Ersatz für das eigentlich Erhoffte. Insgesamt hinterläßt das Kommuniqué einen sehr angestrengt positiven Eindruck, so als habe man sich nach der ersten Enttäuschung zu einem 'Und jetzt erst recht!' durchgerungen. Andererseits hieß es das Gesicht zu wahren und die Vorwärtsverteidigung gegen die zu erwartende Kritik aufzunehmen.

Als Primas Wyszyński am Morgen des 11. Dezember, also einen Tag nach Beginn der Angriffe durch die Warschauer Zeitung 'Życie Warszawy', auf dem Warschauer Zentralbahnhof eintraf, wurde er dort von einer riesigen Menschenmenge enthusiastisch begrüßt. Trotz oder vielleicht auch gerade wegen der Angriffe bezeugten ihm die Menschen demonstrativ ihr Vertrauen. Das bedeutete natürlich keineswegs, daß die Vorwürfe der Propaganda an ihnen abgeglitten waren. Man begegnete ihnen vielmehr zunächst mit Mißtrauen und Unglauben. Der Primas wie auch die Bischöfe wurden mit Fragen konfrontiert wie: Habt ihr ihnen tatsächlich verziehen? Habt ihr wirklich, wie die Zeitungen schreiben, selbst um Verzeihung gebeten?

Am 12. Dezember 1965 drängten sich die Gläubigen in der Warschauer Kathedrale, um die erste Predigt Kardinal Wyszyńskis nach seiner Rückkehr aus Rom zu hören. Statt jedoch ausführlich auf den Briefwechsel einzugehen, stellte der Primas lediglich fest: „Wir haben unserem Land keine Schande bereitet. Wenn ihr etwas anderes hört, betrachtet es als ein Märchen und tut es ab wie welkes Laub.“[248]

Da sich jedoch sehr schnell zeigte, daß die deutsche Frage „der beste Vorwand dafür sei, die Sympathie der Bevölkerung von der Kirche abzuwenden“[249], entschloß sich der Episkopat auf seiner Sitzung vom 12. bis zum 14. Dezember zu einer öffentlichen Stellungnahme. In einem Kommuniqué, das auf den Kanzeln verlesen und in der katholischen Presse veröffentlicht wurde, betonten die Bischöfe, daß der Brief an die deutschen Bischöfe einer unter zahlreichen anderen Einladungen zum Millenium sei und „nicht den Charakter eines politischen Dokuments“ besitze.

Weiter hieß es: „Entgegen manchmal suggerierten Meinungen steht der Brief des polnischen Episkopats auf dem Standpunkt der Unantastbarkeit der Westgrenze Polens, was der Episkopat schon viele Male in zahlreichen Deklarationen und Erklärungen zum Ausdruck gebracht hat. (...) Zwei Drittel des Textes [sind] der Aufzählung der schmerzlichen Beziehungen Deutschlands zu Polen gewidmet (...). Der Brief erwähnt das während des Zweiten Weltkrieges Polen zugefügte Leid sowie das Bestreben zur biologischen Vernichtung des polnischen Volkes. Er ist Ausdruck des gegenwärtigen Strebens der ganzen Welt, des Apostolischen Stuhls, der UNO und fast aller Länder nach Frieden und Versöhnung und entspricht überdies dem Geist des hl. Evangeliums und des Konzils."[250]

Wie weit die Irritationen über die Bischofsbotschaft auch bei den Katholiken gingen, zeigte die Haltung der dem Episkopat nahestehenden ZNAK-Abgeordneten im Sejm. Während der ersten Parlamentsdebatte über den Briefwechsel kritisierte auch ein führender Vertreter dieses Kreises, der katholische Schriftsteller Jerzy Zawieyski, den Schritt der Bischöfe. Durch seine „in tiefer Sorge um die Solidarität und die Verständigung aller Gruppen unseres Volkes bezüglich der gemeinsamen Grundlagen" abgelegte Erklärung beabsichtigte er zwar, gemäßigte Kritik mit Worten der Verteidigung zu verbinden und so den Streit möglichst schnell beizulegen, er erreichte jedoch eher das Gegenteil.

So sagte er beispielsweise: „Wir bedauern, daß sich in dem Brief der polnischen Bischöfe Formulierungen fanden, die von der Gesellschaft als schmerzhaft emfunden werden, ebenso wie Formulierungen, die - wie sich herausstellte - falsch interpretiert werden konnten."[251] Entgegen dem römischen Kommuniqué der polnischen Bischöfe stellte Zawieyski fest: „Auch die Antwort des deutschen Episkopats kann in Polen nicht als ein Schritt nach vorne in Richtung einer Verbesserung des polnisch-deutschen Verhältnisses angesehen werden. In dieser Antwort nahm der deutsche Episkopat leider keinen klaren Standpunkt gegenüber den grundlegenden Problemen ein, die über das Zusammenleben unserer Völker entscheiden. Er erweckte den Eindruck, als ob er damit rechne, daß die Grenzfragen durch irgendeinen zukünftigen Kompromiß geregelt würden."

Der ZNAK-Vertreter appellierte an Politker und Klerus, die Polemik einzustellen, damit in der Welt nicht der Eindruck entstehe, daß in Polen geteilte Meinungen zu dessen lebenswichtigen Angelegenheiten bestünden. Der katholische Politiker setzte sich jedoch mit seiner Rede zwischen alle Stühle: Einerseits hielt die Polemik von Regierungsseite ungebrochen an, andererseits reagierte auch der Primas scharf und verbittert auf den Auftritt des ehrgeizigen und persönlich hochempfindlichen Politikers.

Stanisław Stomma, damals ebenso wie Tadeusz Mazowiecki ZNAK-Abgeordneter im Sejm, erinnerte sich 1989, daß Zawieyski im ZNAK-Zirkel eine Kompromiß-Position vertrat und sich in deutschen Angelegenheiten im Grunde nicht auskannte. Er selbst und Mazowiecki, die den Brief der Bischöfe inhaltlich verteidigen wollten, hätten sich gegenüber den anderen drei Mitgliedern der Gruppe nicht durchsetzen können. „Wir haben uns damals nicht besonders gut aus der Affäre gezogen", meinte Stomma nachträglich selbstkritisch.[252]

Tadeusz Mazowiecki, der sich später als erster nichtkommunistischer Ministerpräsident (1989-1990) mehrfach auf den Briefwechsel der Bischöfe berufen sollte, sah den polnischen Bischofsbrief noch im Jahre 1986 als „etwas schmerzliche Überraschung".[253] Schmerzlich deswegen, weil die Bischöfe sich bei der Abfassung des Briefes nicht mit den ZNAK-Abgeordneten kontaktiert hatten. Der Schritt der Bischöfe ging nach Mazowieckis Meinung als „Auftreten des polnischen Episkopats auf internationaler Szene" die Staatsvertreter „zweifellos" etwas an. Der ZNAK-Kreis, der - „wenn auch ohne Monopol" - die Rolle eines Vermittlers zwischen Staat und Kirche gespielt habe, sei nicht informiert worden.

Sowohl Stomma als auch Mazowiecki unterstrichen ihre Zustimmung zur moralischen Grundaussage des Briefes. Beide hatten jedoch formale Einwände: Während Stomma von „unglücklichen Formulierungen" sprach, meinte Mazowiecki, daß man zur Art der Durchführung „unmöglich keine Vorbehalte" haben konnte.[254]

Wyszyński empfand die Kritik aus den eigenen Reihen als ein Ihm-in-den-Rücken-fallen. Er schrieb darüber in zwei kurzen Briefen an den gemeinsamen Freund Antoni Marylski: „Lieber Antek, ich danke Dir sehr für Dein Urteil über unseren Brief an die deutschen Bischöfe. Ich bin dir dankbar, weil ich leider Jerzys Auftreten im Sejm nicht verschmerzen kann."[255] In seiner Predigt am 30. Januar 1966 auf dem Weißen Berg betonte Wyszyński noch einmal, daß er selbst der „Versuchung der Katholiken aus dem Sejm“ widerstanden habe. Auch zum Warschauer Klub der Katholischen Intelligenz 'KIK', dessen Vorsitzender Zawieyski war, ging der Primas auf Distanz: „Auch hier liegt das Problem nicht auf der Ebene sozialer Kontakte. KIK ist ein Kreis, der weiterhin die ZNAK-Politiker unterstützt. Das Auftreten des Herrn J.Z. im Sejm war ein Schock für uns alle - auch für mich - im Hinblick auf den Zeitpunkt, an dem alles über die Bischöfe hereinbrach. Das war ein schlecht gewählter Moment, denn 'non est addando afflictio afflicto'. - Das hat eine Front gegen ZNAK geschaffen - in weiten Kreisen der öffentlichen Meinung. Das fällt zwangsläufig auch als Schatten auf den KIK. Bis das vorbeigeht, muß ich reserviert bleiben. Das muß einige Zeit lang dauern.“[256]

Es dauerte über ein Jahr, bis sich der Primas und Zawieyski wieder versöhnten. Die Hervorhebung des 'falschen Moments' durch den Primas deutet darauf hin, daß er den sachlichen Inhalt der Kritik - zu einem anderen Zeitpunkt und an einem anderen Ort - weniger übelgenommen hätte.

Viel Beachtung fand die Predigt des Primas am 19. Dezember in der Warschauer Arbeitergemeinde des 'Unbefleckten Herzens Marias'. Die Intensität, mit der er seine Zuhörer geradezu beschwor, ihm zu vertrauen, wobei er das ganze Gewicht seiner Person in die Waagschale warf, läßt einen Umkehrschluß auf die Stärke des zu überwindenden Widerstands zu. Die Sprache, der sich der Oberhirte hier bediente, war leicht verständlich und sehr emotional.

„Die polnische Kirche“, so leitete Wyszyński seine Predigt ein, habe das Recht, Bischöfe aus anderen Ländern nach Polen einzuladen: „Schließlich kommen sie ja nicht hierher, um einen Krieg zu führen; sie werden niemanden bekämpfen.“[257] Es sei uralter Brauch der Kirche, Briefe zu schreiben; dasselbe hätten ja auch schon Paulus, Petrus und Jakobus getan. Man hätte ja schließlich nicht an Außenminister, Premierminister oder Präsidenten geschrieben. Von einer Einmischung in die Kompetenzen des Staates könne somit keine Rede sein. Zum Inhalt der 56 Briefe sagte Wyszyński: „Wenn ihr Briefe an eure Freunde schreibt, an eure Eltern oder Kinder, dann sucht ihr solche Momente aus, die einander näherbringen, die eine liebe, vielleicht aber auch unangenehme Erinnerung sind (...). Auch wir haben in unseren Briefen die Erlebnisse aus tausend Jahren erwähnt, die

die katholische Kirche in Polen mit anderen katholischen Nationen gemeinsam hat."

Solche Gemeinsamkeiten gebe es auch mit Afrika, z.B. durch die 'Schwarze Madonna' in Tschenstochau, die von einem polnischen Missionar nach Madagaskar gebracht worden sei: „Wie ihr seht, ist das nichts Politisches. Schließlich befassen sich ja unsere Außenminister nicht mit solchen Inhalten. (...) Weshalb also soviel Geschrei, wozu dieser Lärm - und mit welchem Recht? Lieber Gott! (...) Als ob ich, der ich manchmal ganze Monate im Ausland war, auch nur für einen Augenblick vergessen hätte, daß ich Pole bin! (...) Ich muß daran denken, daß ich meine Nation repräsentiere. Das ist mein Recht, obwohl ich kein politisches Mandat dazu habe. (...) Mir scheint, ich habe bisher - auch wenn ihr vielleicht andere Meldungen gehört haben solltet - meiner Nation keinen Schaden zugefügt."

Schließlich kam er auf den Brief an die deutschen Bischöfe zu sprechen: „Dieser Brief ähnelt in seiner Anlage den anderen Briefen. Mit dem Unterschied, daß wir in unserem Schreiben an die katholischen Bischöfe in Deutschland alle Schmerzen erwähnen mußten, die uns von ihrer Nation zugefügt wurden. Wenn man den Brief der polnischen Bischöfe an den katholischen Episkopat in Deutschland liest, kann man sich leicht davon überzeugen, daß fast zwei Drittel des Briefes eine Aufzählung aller Ungerechtigkeiten und Leiden darstellen, die die deutsche Nation der polnischen Nation angetan hat."

Da inzwischen der Text des Briefwechsels in der Zeitschrift 'Forum' nachzulesen war (das Blatt war in ganz Polen sofort ausverkauft) und sich dieser Eindruck dem Leser nicht unbedingt aufdrängen mußte, versicherte der Primas, daß an dem 'Forum'-Text „verschiedene - gelinde gesagt - Streichungen" vorgenommen worden seien. „Letztlich belehrt uns jedoch der Brief auch in diesem Zustand, was für eine 'Beichte' die polnischen Bischöfe den deutschen abverlangt haben. Diese letzteren gaben in ihrem Brief zu (...): 'Furchtbares ist von Deutschen und im Namen des deutschen Volkes dem polnischen Volk angetan worden.' Ich glaube, wenn unser Brief nicht gewesen wäre, hätten sie keine Gelegenheit gehabt, dies einzugestehen (...). So sieht die Wahrheit aus!"

Nach dieser sicherlich nicht ganz vollständigen Information der Gläubigen über den Briefwechsel empörte sich der Primas: „Worum geht es eigentlich? Werden wir in der Presse, auf Kundgebungen und Versammlungen, sogar in der Universität deshalb so verleumdet, weil wir den deutschen Bischöfen die ganze Wahrheit geschrieben haben? Vielleicht geschieht dieser ganze Lärm zu ihrer Verteidigung? Vielleicht haben wir zuviel geschrieben, zu kraß die ganze Wahrheit gesagt?“

Den Vorwurf, er habe es versäumt, den Brief bei den 'entsprechenden Stellen' einzureichen, wies er zurück. Zum einen sei ein Brief für den Empfänger bestimmt, zum anderen habe er wegen der Zensur keine Möglichkeit gehabt, den Brief auf authentische Weise publik zu machen: „Mit einer solchen Perspektive vor Augen ziehe ich es vor, zu schweigen... Deshalb, meine Lieben, sage ich heute nur soviel. Ich beabsichtige nicht zu polemisieren! Ich werde auf diesem Niveau keine Polemik führen, denn das ist überhaupt kein Niveau. Nur euch, meinen Kindern, erkläre ich das, um euch vor Ärgernis oder auch Mißtrauen zu bewahren.“

Bis zu dieser Stelle (einsetzend bei der Afrika-Passage) druckte auch die offizielle polnische Dokumentationsbroschüre die Predigt ab und fügte die Fotokopie des Artikelabschnitts aus der 'FAZ' hinzu, der die Korrektheit der 'Forum'‘-Übersetzung bestätigte. Da die Predigt in der Broschüre 'nach Pressestenogramm' wiedergegeben wurde, ist sie stilistisch noch schärfer und polemischer als die autorisierte Fassung, so daß die Propaganda offenbar hoffen konnte, dem Primas mit dem Abdruck zu schaden.

Im letzten Teil der Predigt äußerte der Primas seine Empörung über die Darstellung seiner Tätigkeit und seiner Person in der Presse, die ihn während seiner 20jährigen Tätigkeit als Bischof stets als schlechten Menschen hingestellt habe. Er schloß seine Predigt mit bebender Stimme: „Habt ein wenig Vertrauen zu eurem Bischof, der zu kämpfen verstand, als es zur Verteidigung des Vaterlandes nötig war. Ich war auch Soldat. Ich nahm am Aufstand [dem Warschauer Aufstand am 1. August 1944, E.H.] teil. Auf meinen Schultern trug ich verwundete Soldaten, ich tat alles, was nötig war und was das Gewissen einem Polen befahl. Und ich bin überzeugt, daß ich das, was ich heute in meinem Vaterland erleben muß, nicht verdient habe.“

Die Predigt macht deutlich, daß Wyszyński wiederum alle Last auf seine Schultern nahm und daß er sich bereits mit dem Brief identifizierte – weniger mit seinem Inhalt als mit der Tatsache, daß er überhaupt geschrieben wurde. Mit keinem Wort wies er auf die gemeinsame Verantwortung aller Bischöfe hin. Möglicherweise wäre dies auch von seinen Zuhörern als Ausrede empfunden worden. Mit seiner Unterschrift aber wurde es sein Brief, so sah es die Propaganda, so sah es das Volk, und so sah er es selbst. Aus der Predigt spricht die Überzeugung, daß rationale Argumente den Brief zumindest beim einfachen Volk nicht retten konnten. Der Primas sah keinen Anlaß, gewissenhaft auf die einzelnen Argumentationsstränge einzugehen. Er warb nicht um Verständnis für die Gedanken Komineks, sprach nicht von Schuld und Vergebung. Er warb um Vertrauen in seine Person – ja, er forderte solches Vertrauen geradezu ein. Das heißt nicht, daß er damit den Inhalt des Briefes preisgab. Er wollte sehr wohl erreichen, daß die Menschen ihn sich zueigen machten, da er aber wußte, daß der rationale Weg für viele zu schwierig war, versuchte er, ihnen einen emotionalen Weg dahin zu eröffnen. Ohne allzu große Bescheidenheit wies er in der Predigt auf seine Bildung und Fähigkeit zum eigenen Denken hin, ebenso auf seine Verdienste für die Kirche beim Konzil und auf seinen Patriotismus während des Krieges. Immer wieder sprach er seine Zuhörer als seine „geliebten Kinder" direkt an. 'Wenn unser Primas verzeiht, dann können wir das auch tun' – das war die emotionale Reaktion, die Wyszyński erreichen wollte.

Mehr vom theologischen Aspekt her verteidigte der Krakauer Erzbischof Karol Wojtyła in seiner Predigt am zweiten Weihnachtsfeiertag in der St.-Stephans-Kirche den polnischen Brief. Der Text der Predigt konnte offiziell erst 20 Jahre später veröffentlicht werden.[258] Wojtyła stellte den Begriff der Versöhnung in den Mittelpunkt. Zunächst erläuterte er den Unterschied zwischen Vergeben und Vergessen und nannte das Christentum eine 'Religion der Vergebung'. Die Aufzählung der deutschen Schuld im polnischen Brief verglich er mit dem Fragen, dem 'Vorsagen' des Priesters im Beichtstuhl: „Auch ihr, deutsche Bischöfe, meine Brüder, verzeiht mir einen solchen Vergleich. In unserem Brief zur 1000-Jahr-Feier des Christentums haben wir uns gewissermaßen in den Beichtstuhl gesetzt. Wenn ein Priester sich in den Beichtstuhl setzt, weiß er, daß er der Vertreter Christi ist. Wenn wir die Schuld des deutschen Volkes aussprechen, ist es so, als wenn wir euch euer Bekenntnis erleichtern wollten."

Die Erklärung Wojtyłas, warum die polnischen Bischöfe auch selbst um Verzeihung baten, fiel relativ knapp und unbefriedigend aus: „Wir haben ihnen viele unangenehme Sachen gesagt. Ich denke, daß es taktlos wäre, nicht zu sagen „Wir bitten um Vergebung". Außerdem gibt es unter Menschen immer etwas, was sie sich gegenseitig verzeihen könnten." [Hervorhebung K.W.]

Wojtyła wies den Vorwurf, die Absolution zu leicht erteilt zu haben, zurück. Er sah in der Botschaft der Bischöfe die Erfüllung des Prophetenamtes der Kirche und wies auf die Teilhabe des gesamten Gottesvolkes an diesem Amt hin. Anders als Wyszyński appellierte er direkt an die Gläubigen, sich mit dem Akt des Verzeihens zu solidarisieren: „Aber wir, meine Lieben, wir Bischöfe, wir Christen, Volk Gottes auf der ganzen Erde, wir können nicht auf dieses große moralische Gut, das Gut Gottes, das Gut der Vergebung und des Erlassens verzichten. Wir können uns nie von diesem Gut trennen, weil wir dann kein Volk Gottes mehr wären. (...) In ihm verbirgt sich eine große moralische Kraft. (...) Derjenige, der vergibt, stellt sich gewissermaßen an den Platz Gottes, da nur Gott - er allein - vergibt. (...) Der Mensch, der vergibt, hat etwas von der Größe Gottes."

Auch die Predigt des Krakauer Erzbischofs läßt deutlich auf die Widerstände schließen, die der Briefwechsel bei den Gläubigen weckte. Mehrfach und eindringlich appellierte Wojtyła an die Gläubigen, sie möchten das doch bitte im Geiste Christi - und nicht „aufgrund von Informationen und isolierten Zitaten" - noch einmal überdenken. Die beiden Predigten von herausragenden Vertretern der polnischen Kirche stehen stellvertretend für unzählige andere, die die mit der Materie plötzlich konfrontierten Pfarrer in ganz Polen um die Weihnachtszeit hielten. Auch Wyszyński verteidigte in seiner Weihnachtspredigt den Briefwechsel noch einmal ausdrücklich und betonte darin nun auch inhaltliche Aspekte wie die des Friedens und der Verzeihung. Außerdem ging er, als die Angriffe nicht aufhörten, in die Offensive und ließ den Brief und die deutsche Antwort von allen Kanzeln des Landes verlesen. Zumeist geschah das am Zweiten Weihnachtsfeiertag und am darauffolgenden Sonntag. So gingen also beide Seiten - Staat und Kirche - demonstrativ davon aus, daß der Text des Briefwechsels für sie sprechen würde. Die in Polen üblichen weihnachtlichen Hausbesuche der Gemeindepfarrer waren jedoch 1965 weitaus schwieriger als sonst und brachten die Pfarrer nicht selten in eine prekäre Situation; nicht alle sahen sich der Lage, den Briefwechsel zu verteidigen. Der Inhalt der beiden Briefe wurde zu Weihnachten 1965 in ganz Polen bekannt und heftig diskutiert.

Erzbischof Kominek war als einziger Vertreter des polnischen Episkopats nach dem Ende des Konzils aus gesundheitlichen Gründen im Westen geblieben. Über die Reaktionen in seinem Heimatland war er zutiefst erschrocken. Nachdem Döpfner seinen Wunsch abgelehnt hatte, mit ihm gemeinsam im Fernsehen aufzutreten, um die böswilligen Interpretationen der Kommunisten zurechtzurücken, gab er Stehle am 5. Januar 1966 ein Fernsehinterview, das am 10. Januar von Joachim Fest in der Sendung 'Panorama' präsentiert wurde. Auf die Frage, ob sich die polnischen Bischöfe nicht darüber im klaren gewesen seien, daß ihr Brief auch eine Gelegenheit zu politischer Auslegung bieten würde, antwortete Kominek: „Die polnischen Bischöfe hatten große historische Ereignisse im Sinn (...). Sie waren sich bewußt, daß es um große Dinge geht, um eine Änderung (...) in der Einstellung der Polen den Deutschen gegenüber und der Deutschen den Polen gegenüber.“[259]

Die Frage, ob die Oder-Neiße-Grenze ein Objekt des Dialogs, von Gesprächen und Verhandlungen sein könnte, verneinte der Erzbischof entschieden. Die Grenze könne nicht geändert werden, weil sie für das polnische Volk ein Existenzproblem sei. Diesen Standpunkt verträten sowohl die Kommunisten als auch die katholischen Bischöfe und die polnische Emigration. Auf Stehles Frage nach Verzeihung und Versöhnung wies Kominek darauf hin, daß dies christliche Begriffe seien. Die deutsche Schuld gegenüber dem polnischen Volk sei gigantisch und könne nicht mit dem polnischen Schuldgefühl verglichen werden. Verzeihung beziehe sich auch nur auf die Bußfertigen, die sich ihrer Schuld bewußt seien.

Noch von österreichischen Kurort Schärding aus schrieb Kominek an Stehle: „Es darf auf keinen Fall zu einem Kirchenkampf kommen. Papst, Kirche und Bischöfe wollen ihn nicht, der Staat kann sich ihn auch nicht leisten. Also Geduld (und Spucke!) und beruhigen, nicht aufhetzen! Er wird ja immer unmoderner - nämlich der militante Atheismus. In vier Tage fahre ich über Wien nach Hause – in die Höhle des Löwen wie seinerzeit der Prophet Daniel. Aber der wurde ja gottseidank auch nicht von den Löwen gefressen. Auch dies wird immer unmoderner...“[260]

Jedoch war genau dieser Kirchenkampf bei seiner Rückkehr nach Polen schon in vollem Gange. Am 6. Februar 1966 hielt Kominek im Breslauer Dom eine lange Predigt, in der er den Brief an die deutschen Bischöfe rechtfertigte. Stilistisch unterschied sie sich erheblich von den Predigten Wyszyńskis und Wojtyłas, vor allem dadurch, daß Kominek versuchte, auf nahezu alle Gegenargumente einzugehen. Wenn man die Predigt heute nachliest[261], erweckt sie darum einen etwas 'trockeneren', einen 'schriftlicheren' Eindruck als die Predigten Wyszyńskis und Wojtyłas.[262] Dennoch wollen sich Teilnehmer des Gottesdienstes daran erinnern, daß die Predigt auf die zuvor skeptisch eingestellten Zuhörer mitreißend gewirkt habe.

Interessant ist Komineks Begründung für die Notwendigkeit, an die Deutschen zu schreiben. Er erinnerte an die 20-Jahr-Feiern in Breslau und an die Reaktionen darauf in Deutschland. Es müsse jedoch darum gehen, „auf friedlichem Wege die ausländische, besonders die deutsche öffentliche Meinung bezüglich der Unantastbarkeit der Grenze an Oder und Neiße für sich gewinnen."

„Aber historische Argumente", so führte er weiter aus, „sind heutzutage nicht entscheidend, sie haben eine schwache Beweiskraft. Die Breslauer Ansprache des Primas von Polen aus Anlaß der 20-Jahr-Feier, die sich auf historische Beweise stützte, wurde von der westdeutschen Presse böswillig in Frage gestellt und sogar verhöhnt. Deswegen stützt sich der Brief auf eine viel tiefere moralische Argumentation. Auf der moralischen Ebene bringt er Trümpfe vor, die keinen Zweifel an ihrer Richtigkeit bei der anderen Seite aufkommen lassen. Ihre Berechtigung entspringt der Aufzählung des Unrechts und der Verbrechen, die die Deutschen gegenüber Polen begangen haben. Daraus ergibt sich die Notwendigkeit, daß sie die Folgen des Krieges tragen, die Notwendigkeit der Buße und der Wiedergutmachung zugunsten Polens."

Diese Selbstinterpretation bleibt sicherlich hinter dem geleisteten Werk zurück. Der Brief Komineks war mehr als ein Ausspielen von Trümpfen, nachdem die Karten des Primas ausgereizt waren. Kominek konnte es sich offenbar nicht leisten, selbst die Beweiskraft der historisierenden Argumente des Primas in Frage zu stellen. Er mußte die mangelnde Glaubwürdigkeit solcher Argumente im Ausland heranziehen, wobei er Gefahr lief, opportunistisch zu wirken.

Kominek wies in seiner Predigt weiter darauf hin, daß man sich - sofern man auch nur zur geringsten Verständigung gelangen wolle - in das Denken und die Empfindungsweise des Dialogpartners hineinfühlen müsse. Auch erklärte der Autor des Briefes, daß die polnischen Bischöfe nicht darauf bestünden, „daß die Form der Botschaft, ihr äußerer Ausdruck ganz vollkommen war". Die Schwierigkeit und Notwendigkeit des Verzeihens sprach Kominek mit zwei verschiedenen, aber jeweils sehr eindringlichen Gleichnissen an. Zunächst zitierte er Überlegungen aus den Briefen eines Lagerhäftlings über die Schwierigkeit, das 'Vaterunser' zu beten: „und vergib uns unsere Schuld, wie auch wir vergeben unseren Schuldigern". Dann erinnerte er an eine Episode aus dem Kreuzritter-Roman von Sienkiewicz: Dem alten Jurand, dessen Tochter die Kreuzritter gefoltert und in den Tod getrieben hatten und der selbst von ihnen geblendet und verkrüppelt worden war, wurde ein junger Kreuzritter gefesselt vorgeführt, ein Räuber und ein Mörder. Der Alte zückte das Stilett, die Umgebung hielt den Atem an - und er schnitt dem Jungen die Fesseln durch.

In der gleichen Predigt ging Kominek noch auf das 'Panorama'- Interview ein, bei dem er - so gab der Erzbischof zu - schon ein wenig auf politische Gleise geraten sei. Die Frage, ob die bischöfliche Botschaft sinnvoll gewesen sei, bejahte Kominek entschieden, wiederum mit Hinweisen auf die Reaktion in Deutschland und in der Weltpresse. Das Mitfeiern des Milleniums in den deutschen Diözesen würde, so Kominek, zu einem „langsamen Abbau des Mißtrauens gegen uns führen". Der Schritt der Bischöfe sei jedoch nur ein Anfang gewesen: „Das riesige Werk, den Haß zu beseitigen, sich von ihm loszusagen", bleibe noch zu tun. Über die deutsche Antwort sagte Kominek, sie sei deswegen als positiv bezeichnet worden, weil „eine ruhige, objektive Analyse des Textes den Schluß erlaubt, daß sie Zustimmung zum gegenwärtigen Stand der polnischen Wirklichkeit der Westgebiete ausdrückt". Wie aus einem Zeitungsartikel hervorgeht, fügte Kominek an dieser Stelle der Predigt - abweichend vom gedruckten Text - hinzu: „Und ich versichere euch, daß die deutschen Bischöfe uns, den polnischen Bischöfen, das in persönlichen Gesprächen so erklärt haben, so und nicht anders."[263]

Am 22. März 1966 gab Kominek Stehle noch ein Interview, das am 18. April 1966 im 'Stern' veröffentlicht wurde. Hier äußerte er deutliche Kritik an der deutschen Reaktion in den Medien und sogar an der deutschen Antwort: „Die negative Reaktion in Polen fing ja erst an, als ein Teil der deutschen Presse den Brief mißdeutete, indem man uns alles mögliche an politischen Absichten unterstellte: antinationale, antikommunistische, antirussische. Sogar christgläubige Brüder, die leider wissen, was sie tun, haben uns einen solchen Bärendienst erwiesen und unsere Absichten entstellt. (...)

Vielleicht wäre es gut gewesen, wenn unsere deutschen Amtsbrüder noch ein zweites, klärendes Wort gesprochen hätten, wenn sie ihr Verständnis für unser Existenzrecht an Oder und Neiße unmißverständlicher ausgedrückt hätten - aber wir sind ja alle nicht unfehlbar. Auch wir polnischen Bischöfe können ja nicht behaupten, daß die äußere Form unseres Briefes perfekt war. Als Hirten der Kirche wollen wir nicht den Diplomaten, die sich auf subtile Formulierungen verstehen, Konkurrenz machen."

Im gleichen Interview versuchte Kominek, den Papstbesuch in Polen noch zu 'retten'. Ausdrücklich erkannte er die Trennung von Kirche und Staat in Polen an und versicherte, daß die kirchlichen Tausendjahrfeiern den staatlichen nicht entgegengestellt werden sollten. Er äußerte die Hoffnung, daß die Feiern doch noch im Zeichen der Versöhnung, 'auch der inneren', enden mögen und daß ausländische Gäste sich von der praktischen Koexistenz von Kirche und sozialistischem Staat überzeugen können würden. Ein Besuch des Papstes wäre „nicht nur eine hohe Auszeichnung für die polnische Kirche, sondern auch für unsere Regierung, ja für das ganze östliche Lager". Die deutlich an die polnische Regierung adressierten Worte, welche dieser auch schon einen Tag vor Veröffentlichung des Interviews zugeleitet wurden, zeigten jedoch keine Wirkung. In seiner schon erwähnten Posener Rede vom 17. April griff Gomułka die Bischöfe in unverminderter Schärfe an und verkündete öffentlich die Absage der Papstreise.

Auch ein bereits am 10. Februar von der Bischofskonferenz verabschiedeter und am 6. März 1966 von allen Kanzeln verlesener Hirtenbrief[264] stammte aus der Feder Komineks. Er wollte darin „nun, da die Spannung unbeherrrschter Gefühle" nachlasse, auf verschiedene Vorwürfe gegen den Brief an die Deutschen eingehen. Zum Problem der Vergebung schrieb er: „Wir haben Worte der Verzeihung gegenüber denjenigen ausgesprochen, die ihre Schuld verstehen und guten Willen zu einem friedlichen Zusammenleben mit uns haben; die verstehen, daß die Erde, die wir besitzen und unter Mühe bewirtschaften, nicht nur von alters her unsere piastische Heimat, sondern auch eine Notwendigkeit für unsere Existenz ist."

Die Passage, die nun folgte, wurde in der Bundesrepublik von manchen Kirchenvertretern und Politikern als Einschränkung des Briefinhaltes interpretiert: „Hat das polnische Volk einen Grund dafür, seine Nachbarn um Verzeihung zu bitten? Sicherlich nicht! Wir sind davon überzeugt, daß wir als Volk nicht jahrhundertelang dem deutschen Volk politisches, wirtschaftliches und kulturelles Unrecht zugefügt haben. Aber wir bekennen auch den christlichen, letzthin auch in einigen literarischen Werken hervorgehobenen Grundsatz, daß es 'keine unschuldigen Menschen gibt' (Albert Camus). Wir sind überzeugt davon, daß wenn auch nur ein Pole sich als unwürdiger Mensch erwiesen hat, wenn auch nur einer im Laufe der Geschichte eine unwürdige Tat begangen hätte, hätten wir schon einen Grund zu sagen 'wir bitten um Vergebung', sofern wir ein Volk edler und großmütiger Menschen, ein Volk einer besseren Zukunft sein möchten."

Franz Scholz interpretierte diese „Einengung des polnischen Unrechts auf privates Vergehen"[265] nicht nur als Einengung, sondern als Rücknahme des polnischen Bischofsbriefes überhaupt. In der Tat erreichte keine der späteren Äußerungen der polnischen Bischöfe die Radikalität der ursprünglichen Versöhnungsbotschaft – nach der zurückhaltenden deutschen Antwort hatte auch der Verfasser selbst das Gefühl, sich zu weit vorgewagt zu haben. Vieles wurde deshalb vorsichtiger formuliert und insbesondere das für Polen schwierige Thema des Vertreibungsunrechts nicht mehr direkt angesprochen.

Tomasz Węcławski, der Leiter des Posener Priesterseminars, wies jedoch schon am 25. Juni 1988 in einem Offenen Brief an Prof. Scholz dessen Interpretation einer Rücknahme des Bischofsbriefes zurück. Zu dem beanstandeten Satz „wenn auch nur ein Pole sich als unwürdiger Mensch erwiesen hat, wenn auch nur einer im Laufe der Geschichte eine unwürdige Tat begangen hätte, hätten wir schon einen Grund zu sagen wir bitten um Vergebung" führte er aus: „Das ist doch ein Irrealis! Rein grammatikalisch gesehen geht es also nicht um eine Aussage über den genauen historischen Sachverhalt, sondern um die nach wie vor bestehende moralische Verpflichtung der Polen zur Bitte um Vergebung. Diese Verpflichtung besteht umso mehr, als das im Irrealis Ausgesagte eben nicht zutrifft. Man darf deshalb diesen Text nicht als Versuch der Privatisierung der Schuld, der Entlastung des polnischen Volkes als Ganzem und schon gar nicht als Aushöhlung der früheren Bitte um Vergebung deuten. Denn der Text besagt: Wir haben mit gutem Grund um Vergebung gebeten, und das können wir nicht widerrufen. Es haben ja viele und nicht nur einer gesündigt, und wir alle müssen die Verantwortung dafür übernehmen, falls wir ein Volk der besseren Zukunft sein wollen".[266]

Schon früh - Micewski schrieb, bereits im Februar - zeichnete sich ab, daß die Kommunisten diese Kraftprobe mit der Kirche trotz einer anfänglich gar nicht schlechten Ausgangsposition verlieren würden. Vollends offensichtlich wurde das auf dem Höhepunkt der kirchlichen Milleniumsfeiern am 3. Mai 1966 auf dem Weißen Berg von Tschenstochau. In letzter Minute war Wyszyński die Depesche übermittelt worden, die ihn zum päpstlichen Legaten während der Feierlichkeiten am 3. Mai erhob. Hansjakob Stehle schilderte die Massenveranstaltung, die den Teilnehmern bis heute lebhaft im Gedächtnis verblieben ist:

„Hoch über den Wällen des Klosters, auf einer riesigen Tribüne, hoch über Hunderttausenden von Menschen stand ein päpstlicher Thron mit dem Wappen Pauls VI. - leer. Auf dem Thron lagen weiße und gelbe Rosen - genau wie zehn Jahre vorher auf dem Sitz des Kardinalprimas Wyszyński, der damals in stalinistischer Verbannung lebte. An diesem 3. Mai 1966 stand der Kardinal stolzerhobenen Hauptes auf der 'Jasna Góra', dem hellen Berg von Częstochowa. Und das gläubige Volk jubelte ihm zu als dem persönlichen Legaten des Papstes, als dem 'Stellvertreter des Stellvertreters Christi', der eigentlich selbst hatte nach Polen kommen wollen, den aber die Regierung nicht einreisen ließ. Kardinal Wyszyński, seit fünf Monaten im Kreuzfeuer der Attacken von Polizei und Staat, erschien nun auf fast mystische Weise mit seinem Amt als Legat des Papstes verschmolzen. (...) Das also war das Ergebnis der Regierungspolitik, die darauf abgezielt hatte, den unbequemen Kardinal zu diskreditieren und einen einzelnen Streitpunkt zum Anlaß einer allgemeinen Kraftprobe aufzubauen."[267]

Im Mittelpunkt der Feiern stand die Übergabe des ganzen Landes in die 'mütterliche Knechtschaft Mariens'. Der Kardinal kam aber auch noch einmal auf den Inhalt des Briefwechsels zurück. In seiner Predigt am Nachmittag sprach er über die Vergebung, erinnerte daran, daß christliche Liebe über die Nächstenliebe des Alten Testaments hinausgehe und auch die Feindesliebe fordere. Dann las er den letzten Absatz des polnischen Briefes an die deutschen Bischöfe vor: „In diesem allerchristlichsten und zugleich sehr menschlichen Geist strecken wir unsere Hände zu Ihnen hin (...)" und fügte hinzu: „Von der Höhe des 'hellen Berges', im Zeichen des allerschwersten Sieges, des Sieges über uns selbst, über uns alle, polnische Bürger und Volk Gottes, VERGEBEN WIR!"

Es folgte weniger eine Antwort als ein gewaltiger Aufschrei, „der wie ein Donnerschlag von den Wällen des Heiligtums zurückgeworfen wurde", wie einer der Teilnehmer berichtete: „WIR VERGEBEN!" – Danach wollte der Beifall nicht enden.

Am 3. Juni 1966 schließlich sandte Wyszyński ein in herzlichem Tone gehaltenes kurzes Dankschreiben für die Mitfeier des Milleniums an Kardinal Döpfner, in dem er der Hoffnung Ausdruck gab, daß die Tausendjahrfeier „eine gewaltige Brücke schlage" über alles, was die beiden christlichen Völker in der Vergangenheit trennte. In dem Schreiben ist allerdings nur von der telegraphisch bekundeten Anteilnahme Kardinal Döpfners mitsamt der Erzdiözese München und Freising die Rede, nicht hingegen von Mitfeiern in anderen Diözesen. Das könnte möglicherweise darauf zurückzuführen sein, daß die anderen Diözesen in Döpfners Telegramm nicht genannt wurden oder es versäumten, selbst von ihren Feiern Kenntnis zu geben. Möglicherweise handelt es sich aber auch um eine besondere Würdigung des deutschen 'Primas', dem Wyszyński – trotz aller Verständigungsschwierigkeiten zwischen den beiden so verschiedenen Charakteren – seine Hochachtung nicht versagte.

Die Reaktionen – in Regierung und Presse, in der Kirche und bei der Bevölkerung – zeigen deutlich, daß die Resonanz auf den Briefwechsel in Polen ungleich stärker war als in der Bundesrepublik. Stanisław Stomma führte das auf die stärkere Säkularisierung, die geringere Verbundenheit des Volkes mit der Kirche in der Bundesrepublik zurück.[268] Zusätzlich muß man jedoch in Betracht ziehen, in wieviel stärkerem Maße sich Polens Bevölkerung von der deutschen Frage berührt fühlte als umgekehrt. Andererseits folgte der evangelischen Denkschrift und später dem Bensberger Memorandum auch in

Deutschland ein Aufschrei der Empörung. Offensichtlich schmerzt es emotional und intellektuell mehr, wenn eigene Positionen neu überdacht und in Frage gestellt werden. Zugeständnisse der jeweils anderen Seite hingegen nimmt man gelassener entgegen.

Die Wirkung des Vergebungswortes war in Polen ausgesprochen stark. Bei breiten Schichten der Bevölkerung setzte ein Bewußtseinsbildungsprozeß ein. Viele sahen sich durch den hohen moralischen Anspruch der Bischöfe genötigt, ihr eigenes Verhältnis zum Christentum und zu den Deutschen in Frage zu stellen. Dem tat auch die Tatsache keinen Abbruch, daß die Bischöfe in ihren Predigten vielfach hinter den Aussagen des Briefes zurückblieben. Im damaligen Polen schien es unmöglich, die Vertreibung öffentlich als ein Unrecht anzuprangern. Die Bevölkerung war auf eine solche Sichtweise der Dinge geistig-psychologisch in keiner Weise vorbereitet - von der zu erwartenden Reaktion des Staatsapparates auf solche Worte ganz zu schweigen. Dennoch wurde auch das Nachdenken über diese Thematik angeregt - allein schon durch die in polemischer Absicht nachgedruckten deutschen Pressestimmen und durch Aufforderungen wie die aus dem Munde Komineks, man müsse sich „in die Psyche des Dialogpartners hineinfühlen". Die Berufung auf die christliche Haltung des Einzelnen stellt in sich bereits einen außerordentlich hohen Anspruch dar, wenn man bedenkt, wie viele der so Angesprochenen durch deutsches Unrecht direkt und persönlich betroffen waren.

Natürlich darf man nicht davon ausgehen, daß das von der Menschenmenge auf dem Weißen Berg wiederholte und bestätigte Vergebungswort die volle Akzeptanz des polnischen Bischofsbriefes durch die katholische Bevölkerung bedeutete oder gar einen grundlegenden Wandel in der Einstellung zu Deutschland zum Ausdruck brachte. Vielmehr hatte der kommunistische Staat die Kampagne gegen die Kirche und den populären Primas zu weit getrieben und dadurch das Gegenteil der beabsichtigten Wirkung erzielt: Das Volk rückte enger an die Seite der angegriffenen Kirche. Kominek hatte Recht behalten: Die Menschen hatten genug vom militanten Atheismus, von Angriffen, Polemiken und Aufrufen zur Unversöhnlichkeit. Sie wollten die Jubiläumsfeierlichkeiten, von denen sich die meisten berührt fühlten, in großmütiger und versöhnlicher Stimmung begehen. So ist hier trotz der innenpolitischen Querelen und Mißhelligkeiten ein neuer Anfang gesetzt worden, ein erster Schritt in eine ganz neue Richtung, auf die Deutschen, den ehemaligen Feind zu. In diesem Sinne kann man doch von einem Wendepunkt in der Einstellung der Polen zu den Deutschen nach dem Krieg sprechen.

Viele Anzeichen deuten darauf hin, daß auch Wyszyński selbst seine anfangs skeptische Haltung zu dem Brief mehr und mehr revidierte und sich dessen Inhalt in seinen christlichen Aspekten immer stärker zueigen machte - was keineswegs bedeutet, daß er und die anderen polnischen Bischöfe sich mit der deutschen Antwort zufriedengaben. Was die polnischen Bischöfe wirklich dachten, äußerten sie - von Komineks Andeutungen abgesehen - erst viel später.

VII. Nachwirkungen des Briefwechsels

In Wirklichkeit waren die polnischen Bischöfe, wie nun schon klar sein dürfte, von der deutschen Antwort sehr enttäuscht. Kominek schrieb in seinen Memoiren (etwa 1970/71): „Man muß jedoch zugeben, daß die Antwort der deutschen Bischöfe unserer Botschaft nicht ganz entsprach und zaghaft war. Wir empfanden sie alle als ungenügend. Auch dieses Mal fürchteten die westdeutschen Bischöfe ihre Landsmannschaften aus dem Osten und ergriffen die symbolisch zum Frieden zwischen beiden Völkern ausgestreckte Hand nur sehr zögernd."[269]

Mehr als vier Jahre nach dem Briefwechsel, am 28. Oktober 1970, legte Erzbischof Kominek den christdemokratischen Parteien verschiedener europäischer Staaten ein 10-Punkte-Dokument vor, dessen unmittelbarer Anlaß die Ankündigung einer 'neuen Polenpolitik' der CDU/CSU-Oppositionsfraktion war. Die Fragen, die Kominek dort stellte, enthielten schwere Vorwürfe gegenüber Politikern der CDU/CSU, die während ihrer Regierungszeit keine Initiativen gegenüber Polen ergriffen hätten, bestehende Möglichkeiten und Chancen nicht genutzt, ja sich nicht einmal um Kontakte bemüht hätten:
„Jetzt hat die deutsche Linke unter Brandt die längst fällige Frage in die Hand genommen. Soll deshalb das historisch-ethisch Notwendige und Zukunftsträchtige unterlassen werden?", fragte Kominek. Der Erzbischof erwähnte auch den Briefwechsel: „Warum haben die katholischen Politiker der CDU/CSU besonders nach dem Briefwechsel der Episkopate beider Länder während des Konzils keine eigenen Initiativen entwickelt? Warum haben sie sogar am stärksten die Konsolidierung der Seelsorge der katholischen Kirche Polens in den Westgebieten bekämpft, unter Berufung auf das 'Hitlerkonkordat'? Warum hat die evangelische Kirche viel positiver auf die Botschaft des Episkopats während des Konzils reagiert als die deutschen Bischöfe?"

In Punkt 7 des Dokuments fragte er: „Aufgrund welcher Sachkenntnis und welcher Autorisation konnte der Leiter des katholischen Büros der Deutschen Bischofskonferenz öffentlich erklären, daß die katholische Seelsorge in den Westgebieten befriedigend geregelt sei? Warum vermochte der deutsche Episkopat nur den Militärbischof und den Flüchtlingsbischof für einen Besuch in Polen anzubieten? Wie soll da der 'Wille zum Dialog' zwischen dem deutschen und dem polnischen Volk und die 'beiderseitige Kenntnis von der Lebenswirklichkeit' glaubhaft sein?"

„In den nächsten Wochen", so führte Kominek in Punkt 10 mit großer Schärfe aus, „wird sich zeigen, ob der deutsche katholische Episkopat in diesem historischen Augenblick seine Zurückhaltung und sein Schweigen bricht und wenigstens wie bei Wahlen die Gewissen der Verantwortlichen aufrüttelt und ob katholische Politiker wie beim Ermächtigungsgesetz 1933 ihr Gewissen hinter der Fraktionsdisziplin verstecken."[270]

Ein Jahr vor diesen Fragen war die SPD/FDP-Regierung gebildet worden, und Kominek hatte mit Billigung Wyszyńskis und durch die Vermittlung Schauffs in Rom geheime Kontakte mit Herbert Wehner und Georg Leber aufgenommen. Es ging dabei um die Frage, wie man die kommenden Verhandlungen Bonn-Warschau mit der vom Vatikan zu vollziehenden kirchenrechtlichen Neuordnung in den Oder-Neiße-Gebieten verbinden könne und ob die polnischen Bischöfe nicht dazu beitragen könnten, die ostpolitische Zurückhaltung des deutschen Episkopats zu überwinden und dadurch die innenpolitische Basis der neuen Bonner Ostpolitik zu erweitern. Dabei gingen die Beteiligten davon aus, daß dies eine Stärkung der polnischen Kirche gegenüber dem Staat bedeutet hätte. Die Kirche hätte dann den Hauptverdienst bei der Sicherung der Westgrenze für sich in Anspruch nehmen können.

Große Sorgen bereiteten Wyszyński die Verhandlungen Bonn-Moskau, bei denen über die Sicherheit der europäischen Grenzen, also auch über die Oder-Neiße-Grenze gesprochen werden sollte: „Dies weckte in Polen die Furcht, durch eine sowjetisch-deutsche Abmachung überspielt oder gar deren Opfer in dem Sinne zu werden, daß der deutsch-polnische Ausgleich nicht mehr als solcher vollzogen würde, sondern nur als Funktion der deutsch-sowjetischen Beziehungen und ohne maßgebliche Beteiligung der Kirchen."[271]

Die Bemühungen von polnischer kirchlicher Seite, unterstützt von einigen deutschen Politikern um Schauff, den Warschauer Vertrag dem Moskauer vorzuziehen oder zumindest die Neuordnung in den Oder-Neiße-Gebieten voranzustellen, blieben jedoch erfolglos.[272] Nach dem Vatikanbesuch Willy Brandts vom 13. Juli 1970 wurde Wyszyński und Kominek durch ein ungezeichnetes Aide-Memoire mitgeteilt, daß sich auch dieses Mal die deutschen Bischöfe ihrem Wunsch entgegenstellten:

„II.1. Die Frage der Diözesen in den Westgebieten war nicht auf der Tagesordnung der Begegnung zwischen Herrn Brandt und dem Heiligen Vater; denn nach dem Besuch der Herren Wehner und Leber und ihren Vorstößen ist das Problem durch eine böswillige Agitation von Seiten der CDU, der Flüchtlingsverbände und selbst einiger Bischöfe verschärft worden - so als ob sich die sozialliberale Regierung für ihre Ostpolitik zum Schaden der deutschen Interessen des Heiligen Stuhls bedienen wolle.

2. Es war der Papst selbst, der die Frage anschnitt, um eine eventuelle Bereitschaft der Bundesregierung trotz der Buchstaben des Reichkonkordats zu sondieren. Herr Brandt bat, vorher das Ende der politischen Verhandlungen abzuwarten und darüber in Kontakt zu bleiben.[273]

Nach der Unterzeichnung des Vertrags zwischen Moskau und Bonn vom 12. August 1970 schickte Wyszyński am 9. September einen vertraulichen Brief an Gomułka, in dem er die Wichtigkeit eines eigenen polnischen Grenzvertrages unterstrich. Anfang Oktober begab sich der Primas nach Rom, um dort „die polnischen Angelegenheiten zu verfolgen“, wie Micewski es nannte. Schon vier Tage nach seiner Ankunft und noch vor seiner Papst-Audienz traf sich Wyszyński am 14. Oktober mit Kardinal Döpfner. Der polnische Primas versuchte, Döpfner mit seinen „historiosophischen Ansichten über die Vergangenheit: Katharina II., Friedrich II., Rapallo-Vertrag, Molotow-Ribbentrop-Abkommen“[274] von einer öffentlichen Unterstützung des polnischen Wunsches nach eindeutiger Grenzanerkennung oder doch zumindest zu entscheidenden Zugeständnissen bezüglich der kirchlichen Neuordnung zu überzeugen. „Den Verlauf des (vorwiegend auf italienisch und lateinisch geführten) Gesprächs empfand Döpfner zunächst weniger dramatisch als Wyszyński. Dessen Ausdrucksweise und Stil schien die Härte der Argumentation zu mildern, während der jüngere und robustere deutsche Kardinal seine Resistenz bei aller brüderlichen Verbindlichkeit deutlich zu machen wußte.“[275]

Aus den Schilderungen Micewskis geht hervor, daß Wyszyński Erzbischof Casaroli und den Papst mit harten - und von diesen wohl auch so empfundenen - Forderungen konfrontierte. Auch Wojtyła und Kominek hielten sich in Rom auf und verbargen nicht, daß sie mit einem konkreten Ergebnis nach Hause zurückkehren mußten. Auf den Erfolgszwang, unter dem der Primas stand, wies Micewski mehrfach hin. So schrieb er z.B., daß Casaroli „vollkommen verstand, daß es dem Primas nicht um das Prestige ging, sondern daß in Polen ein Kampf um die nationale Diskreditierung der Kirche vor dem Hintergrund der Diözesen in den Westgebieten geführt wurde."[276]

Als eine in diesem Erfolgszwang gründende Pflichtübung verstand Döpfner wohl auch einen überraschenden Brief, den Wyszyński ihm am 5. November 1970 unter Bezugnahme auf das vorausgegangene Gespräch sandte. Wyszyński hatte mit Kominek Hilfe ein sechs Seiten langes und in deutscher Sprache gehaltenes Schreiben aufgesetzt und sich bemüht, die Schlußfolgerungen der letzten gemeinsamen Unterredung „klar zu formulieren". In diesem Brief forderte der polnische Primas die deutsche Kirche auf, in dieser „historischen Stunde" nicht beiseite zu stehen. Heutzutage werde um die „konkrete, politische Konsequenz" der in dem Briefwechsel ausgedrückten Gesinnung gerungen. Hierbei handle es sich, wie der Primas mehrfach betonte, nicht um Politik, sondern um Seelsorge.[277]

Über den Briefwechsel schrieb Wyszyński nunmehr erstmals ganz offen: „Nun muß ich Ihnen ganz ehrlich gestehen, daß die Antwort des deutschen Episkopats auf unseren Versöhnungsbrief nicht nur die Polen, sondern auch die Weltmeinung enttäuscht hat. Unsere so herzlich ausgestreckte Hand wurde nicht ohne Vorbehalte angenommen. Wie oft hörten wir unsere Priester und Laien uns den Vorwurf machen, daß unseres, durch Christenliebe diktiertes Entgegenkommen auf Politik gestoßen hat! Dies ist desto trauriger, daß die deutschen Protestanten dem katholischen Polen in einer viel mehr evangelischen Gesinnung entgegenkommen und daß gerade sie Zeichen der Reue für alles, was wir im Kriege erlitten haben und des Versöhnungswillens im Namen unseres Heilands immer öfter darbieten. Für unser katholisches Volk ist es ein öffentliches Ärgernis, es kann eben nicht verstehen, daß die deutschen Amtsbrüder des polnischen Episkopats in dieser Hinsicht so ... zurückbleiben."

Der Primas erinnerte an die vom deutschen Volk und von ihm persönlich erlebten Nazi-Untaten, die man nicht vergessen, „wohl aber um unseres Heilandswillen verzeihen“ könne und aufgrund deren das polnische Gottesvolk „evangelisches Entgegenkommen“ durch ein „klares und öffentliches 'Engagement' auf Grund unseres gemeinsamen Glaubens“ erwarte. Er erinnerte ferner an die Funktion Polens als „Bollwerk des Katholizismus im Osten“ und nannte die Grenzfrage sowohl eine Kirchenfrage als auch eine Lebensfrage. Er schilderte die Beunruhigung wegen des „neuen Moskauvertrags“ und forderte „ZEICHEN guten Willens und friedlicher Zusammenarbeit um beweisen zu können, daß Polen wirklich vom WESTEN nicht bedroht ist“.

Schließlich erwähnte er noch die „hemmende Tätigkeit“ des deutschen Episkopats bei der Neuregelung der kirchlichen Organisation in den Westgebieten: „Gerade heute hat man mir gesagt, daß der Heilige Stuhl durch den Widerstand des deutschen Episkopats so gelähmt ist, daß er die dringendsten Probleme der westlichen Diözesen nicht lösen kann.“

Zum Schluß warb Wyszyński noch einmal um Verständnis und knüpfte an den Briefwechsel von 1965 an: „Sehen Sie bitte, in diesem meinen Brief wie eine Fortsetzung dessen, den wir vor fünf Jahren geschrieben haben: Die ausgestreckte Hand haben wir niemals zurückgezogen und im Namen Christi wünschen wir inbrünstig eine neue Wendung in der Geschichte unserer Völker: in LIEBE und VERTRAUEN.“ [Hervorhebungen S. W.]

Möglicherweise war es erst dieser Brief, der Kardinal Döpfner erstmals bewußt machte, daß die deutsche Antwort nicht nur bei der kommunistischen Propaganda auf Kritik gestoßen war, sondern auch die polnischen Bischöfe enttäuscht hatte. Vorangegangene öffentliche Äußerungen, wie die Komineks, dürfte er als Rücksichtnahme auf die kommunistische Regierung interpretiert haben. Döpfner brachte in seiner Antwort vom 14. Dezember 1970 (eine Woche nach Unterzeichnung des Warschauer Vertrags) ebenfalls in deutscher Sprache sein abweichendes Politikverständnis zum Ausdruck. Zunächst äußerte der Kardinal seine Überrachung, ja sein Erschrecken über den Brief, da er das letzte Gespräch vom 14. Oktober „als von einer einmütigen Haltung beseelt“ in Erinnerung habe.

„Wir Bischöfe dürfen im Augenblick sowenig beiseite stehen wie in den vergangenen Jahren", stimmte er Wyszyński zu, „aber" – und hier wies er dessen Forderung nach der 'konkreten, politischen Konsequenz' zurück – „wir sollten uns nicht in konkrete politische Auseinandersetzungen hineinziehen lassen. (...) Die Lösung, die im gegenwärtigen Vertrag vorgelegt wird, ist eine Lösung. Ob sie für die Zukunft, auch im Interesse des polnischen Volkes, die beste ist, darüber kann man verschiedener Meinung sein".

Döpfner bedauerte, daß Wyszyński seinen Eindruck von dem Briefwechsel aus dem Jahre 1965 „niemals in klarer Weise" ausgesprochen habe: „Man hätte im persönlichen Gespräch manches leichter erläutern können. Ich habe nun daraufhin unseren damaligen Brief nochmals durchgelesen. Sie haben sicherlich recht, daß der Brief verhaltener, reservierter wirkt als Ihr Brief. Aber hängt das nicht auch mit den besonderen Schwierigkeiten zusammen, die von deutscher Seite aus zu bewältigen waren? Mir scheint, es sei doch eine historische Leistung, an der der deutsche Episkopat einen wesentlichen Anteil trägt, daß es bei Millionen von Heimatvertriebenen gelungen ist, eine nationalistische und revanchistische Bewegung zu verhindern. Im Rückblick scheint mir, wir hätten damals einiges wärmer formulieren können, aber wesentlich anders hätten wir, speziell bezüglich der Grenzfrage, kaum schreiben können. Dabei kann ich gut verstehen, daß der Eindruck entstehen konnte, von dem Sie in Ihrem Brief schreiben. Jedenfalls – glauben Sie das bitte – wollte unsere Antwort nicht aus zaghafter Haltung 'Politik' sein, sondern sie zielte auf eine langfristige, dauerhafte Lösung."

Über die deutschen Protestanten schrieb der Kardinal: „Ich erkenne die hochherzigen Absichten unserer evangelischen Mitchristen voll an, bewundere sie sogar, aber es bleibt eine offene Frage, ob dieses Vorgehen für das Ausreifen der Frage im Bereich der evangelischen Kirche nicht auch problematisch war. Jedenfalls sind damals dort Gegensätze aufgebrochen, die bei uns vermieden wurden."

Die Hinweise auf das von Polen erlittene Unrecht beantwortete Döpfner einmal mehr mit der Erwähnung des schweren Schicksals der Heimatvertriebenen. Man bemühe sich, diesen Menschen, die ebenfalls vor der „schwierigen Aufgabe des Verzeihens und des Vergessens" stünden, dieses durch den seelsorgerischen Dienst zu erleichtern: „Aber man sollte nicht vergessen, daß im Augenblick von den Deutschen das Schwere verlangt wird, da es gerade darum geht, für die polnischen Westgebiete, die ehemalige Heimat so vieler Deutscher, eine dauerhafte, friedliche Lösung zu finden, was - das sei nochmals betont - ein Anliegen aller Verantwortung tragenden Politiker ist."

Döpfner versicherte, daß man sich „all die Jahre her in vollem Umfang bewußt" gewesen sei, daß „die Grenzfrage im Westen Polens für Sie eine Lebensfrage geworden" sei. Er betonte, daß eine friedfertige Haltung im deutschen Volk wichtiger sei als ein konkreter Vertrag. Mit Blick auf die kirchliche Organisation in den Westgebieten verteidigte Döpfner den „bewährten Brauch" der Kirche, mit endgültigen kirchlichen Lösungen zu warten, bis die politische Lösung vollzogen sei, und erklärte: „Wir haben in den vergangenen Jahren nicht ohne Widerstand der katholischen Heimatvertriebenen stets dazu mitgewirkt, daß mögliche kleine Schritte zur endgültigen Lösung getan wurden."

Schließlich versicherte Döpfner dem polnischen Amtsbruder, „daß mit einer endgültigen Regelung der kirchlichen Verhältnisse keinen Augenblick länger gezögert wird, als dies von politischen Voraussetzungen her notwendig ist." Man werde in „jener Stunde", versprach Döpfner, „wie bisher alles tun, um unseren heimatvertriebenen Glaubensbrüdern zu helfen, solche Entscheidungen anzunehmen". Er hoffe, daß die von Wyszyński ausgesprochene Einladung im kommenden Jahr zustande komme und es auch Wyszyński und anderen polnischen Bischöfen möglich sein werde, „bald einmal uns in Deutschland zu besuchen".

Aus Anlaß eines Besuchs der Pax-Christi-Delegation in Polen schrieb Döpfner am 15. Mai 1971 ein weiteres Mal in ausgesprochen herzlicher und verbindlicher Weise an Wyszyński.[278] Konsequent stellte er jedoch „aus gegebenem Anlaß" die innere Versöhnung der Völker, die allein zum Frieden führen könne, der Parteinahme für oder gegen die Ratifizierung des Warschauer Vertrags entgegen. Er betonte aber, daß die Bereitschaft zur Verständigung und Versöhnung „in allen Schichten unseres Volkes" gewachsen sei, daß die Bevölkerung in ihrer Gesamtheit die Aussöhnung wünsche und bereit sei, dafür Opfer zu bringen. Aber zugleich sei, wie Döpfner anmerkte, „Geduld nötig, um nicht durch Voreiligkeit das Erreichte wieder aufs Spiel zu setzen. Hier wie dort braucht es längere Zeit, bis die Völker in Geist und Herz sich ganz zu eigen machen, was der gute Wille erstrebt."

Als konkrete Schritte auf dem Wege zur Versöhnung nannte Döpfner die notwendige Entschädigung der polnischen Opfer nationalsozialistischer Gewaltherrschaft, Jugendbegegnung, innerkirchlichen Austausch auf den Gebieten Theologie und Friedensforschung. Ebenso, fügte er hinzu, „hoffen wir voll Zuversicht, daß den Deutschen innerhalb des polnischen Staatsraumes alle Rechte zuteil werden, die ihnen in kultureller und religiöser Hinsicht zustehen".

Es gebe Anzeichen dafür, so Döpfner im Ausblick auf die Zukunft, „daß die Leiden der Vergangenheit (...) viele Deutsche und Polen enger aneinander binden, als dies sonst im freundschaftlichen Verhältnis zwischen den Völkern üblich ist. Das ist eine große Hoffnung, ohne daß daraus ein falscher Anspruch auf ein Sonderverhältnis abgeleitet werden dürfte: Damit wäre der europäischen und internationalen Zusammenarbeit kein Dienst getan."

In einer handschriftlichen Notiz vom 27. Oktober 1971 - also nach Absendung des zweiten Briefes - vermerkte Döpfner, daß er mit Wyszyński noch einmal über dessen Brief vom 5. November 1970 gesprochen habe: „So ganz wohl scheint ihm nicht gewesen zu sein. Er sah darin offensichtlich eine Pflichtübung, über die er möglicherweise berichtete, da er von der damaligen Romreise kein greifbares Ergebnis nach Hause brachte. Er versicherte mich erneut seines nie erschütterten Vertrauens. Freilich bleiben manche Aussagen, die hier herausbrachen, trotz allem bemerkenswert."[279]

Döpfner führte also Wyszyńskis Brief auf dessen Erfogszwang bei der Romreise zurück und vermutete hinter seinen Äußerungen eine Abhängigeit von der Regierung. Das gleiche dürften die deutschen Bischöfe natürlich auch in bezug auf den Bischofsbrief von 1965 vermutet haben. Döpfner und der deutsche Episkopat verkannten dabei die Selbständigkeit der polnischen Bischöfe mit Wyszyński an der Spitze. Auch wird der polnische Primas nicht, wie Döpfner vermutete, von seinem im übrigen ergebnislosen Brief 'berichtet' haben, da dieser ja das Eingeständnis der Enttäuschung über die deutsche Reaktion enthalten hätte, was wiederum sofort propagandistisch gegen ihn hätte verwendet werden können. Schließlich hatten die polnischen Bischöfe in der Öffentlichkeit immer nur von den positiven

Auswirkungen ihres Briefes gesprochen, die sich auch in der deutschen Antwort manifestierten. Noch 15 Jahre später löste die Veröffentlichung von Wyszyńskis Brief in Polen - basierend auf der Veröffentlichung durch Stehle - Überraschung aus. Auch kehrte Wyszyński, wie Micewski berichtete, nicht mit völlig leeren Händen aus Rom zurück. Er hatte brieflich einige Zugeständnisse des Vatikan erhalten, darunter die Erlaubnis, mit den staatlichen Stellen über die Teilung der Administratur Landsberg an der Warthe zu verhandeln, und das Versprechen, daß die Diözese Ermland 'in kurzer Zeit' einen Residenzbischof erhalten solle. Er wartete mit der Veröffentlichung dieser Zugeständnisse aus taktischen Gründen allerdings bis nach der Unterzeichnung des Warschauer Vertrags ab.

Freilich spürte auch Döpfner die Echtheit von Wyszyńskis Worten, deren Vorbringen er als 'Herausbrechen' beschrieb. Die zögernde Haltung, die Wyszyński offenbar bei persönlichen Kontakten mit Döpfner an den Tag legte, könnte erst durch nähere Kenntnis beider Persönlichkeiten gedeutet werden. Viele, die Wyszyński kannten, schilderten sein Verhalten und seine Art, sich in strittigen Fragen durchzusetzen, als durchaus autoritär. Der Respekt, der ihm allseits gezollt wurde, dürfte hartnäckige Auseinandersetzungen selten gemacht haben.[280] In Döpfner begegnete ihm ein Amtsbruder von gleichem Rang, der ihm unbeirrbar entgegentrat. Beide Kirchenfürsten waren sich in ihrer patriotischen Sorge um das eigene Volk nicht ganz unähnlich, und Wyszyński dürfte die Döpfnerschen Argumente durchaus verstanden haben, selbst wenn sie seinen eigenen Interessen, von deren Berechtigung er überzeugt war, widersprachen.

Kardinal Döpfner hielt sein Versprechen, mit der kirchenrechtlichen Neuregelung in den polnischen Westgebieten keinen Augenblick länger zu zögern, als ihm dies von den politischen Voraussetzungen her notwendig erschien. Zehn Tage nach der Ratifizierung des Warschauer Vertrags, am 13. Juni 1972, sprach Döpfner in der katholischen Akademie Bayern vor einer siebenköpfigen ZNAK-Delegation aus Polen und stellte fest, daß der nunmehr ratifizierte Vertrag die kirchlichen Bemühungen um Verständigung und Versöhnung auf eine neue Grundlage stelle, „von der wir in Zukunft auszugehen haben". Die kirchliche Neuregelung in den polnischen Westgebieten sei jetzt Sache des Heiligen Stuhls, „der in Zusammenwirken mit den zuständigen politischen Instanzen, in Berücksichtigung der pastoralen Situation und im Benehmen mit den hier und dort verantwortlichen Bischöfen die notwendigen Schritte tun wird."[281]

Der endgültige Wortlaut der Rede war das Ergebnis einer langwierigen, um viele Formulierungen ringenden Diskussion zwischen Döpfner und seinen polnischen Gästen. Der Text wurde sofort in den Vatikan übermittelt[282], der eine autoritative Äußerung von deutscher kirchlicher Seite erbeten hatte. Ohne weitere Konsultationen, mit denen Döpfner noch gerechnet hatte, und ohne die Zustimmung der Warschauer Regierung zu strittigen Einzelfragen abzuwarten, vollzog der Vatikan am 28. Juni 1972 die Neuordnung der Kirchenverwaltung in den West- und Nordgebieten und die Anpassung der Diözesangrenzen an die Oder-Neiße-Grenze.[283] Den polnischen Wünschen entsprechend wurden in Polen vier neue Diözesen errichtet und zwei bestehende neu eingeteilt bzw. zugeordnet:

1) Die Administratur Oppeln (Opole) wurde zu einer Diözese;

2) Die Administratur Landsberg a.d. Warthe (Gorzów) wurde in drei neue Diözesen eingeteilt: neben Landsberg Stettin-Kammin (Szczecin) und Köslin (Koszalin). Die neuen Bistümer wurden der Erzdiözese Gnesen (Gniezno) unterstellt.

3) Die Diözese Ermland (Warmia) bekam einen polnischen Residenzbischof und wurde dem Erzbistum Warschau unterstellt.

4) Von der Erzdiözese Breslau (Wrocław), die nun ebenfalls einen polnischen Metropoliten bekam, wurde - außer der Oppelner Diözese - der in die DDR hineinragende Teil abgetrennt. Er wurde zur Administratur Görlitz (Deutsche Demokratische Republik), wie es in der vatikanischen Mitteilung hieß; der Heilige Stuhl nahm somit zum ersten Mal in einem kirchenrechtlichen Akt von der DDR Kenntnis.

5) Das Bistum Danzig (Gdańsk), das bisher direkt dem Heiligen Stuhl unterstellt war (aber seit 1964 einen polnischen Residenzbischof besaß), wurde ebenfalls der Erzdiözese Gnesen unterstellt.

Am 29. Juni 1972 erklärte die Hauptkommission der Deutschen Bischofskonferenz, sie respektiere die „aufgrund pastoraler Motive erfolgte Entscheidung" des Heiligen Stuhls. Die Erklärung war jedoch sehr reserviert, und anders als in der gegenüber den polnischen Amtsbrüdern verwandten Argumentation hielt sie auch mit politischen Äußerungen nicht zurück: Sie wies darauf hin, daß die Staatsgrenzen völkerrechtlich noch nicht feststünden (worin - laut Stehle - ein Gutachter des Vatikans zu einem anderen Ergebnis kam). Und sie wußte sich „mit dem Heiligen Stuhl einig", daß die Vier-Mächte-Verantwortung für Deutschland als Ganzes bestehen bliebe und verwies ausdrücklich auf die dem Warschauer Vertrag vorangestellte Bundestagsresolution vom 17. Mai 1972, nach der der Vertrag eine friedensvertragliche Regelung nicht vorwegnehme.

Die Bischöfe baten in ihrer Erklärung die Vertriebenen um Verständnis für die päpstliche Entscheidung und hoben hervor, daß ihnen großes Unrecht geschehen sei und sie dennoch schon bald nach dem Krieg „ihre Bereitschaft zu einer deutsch-polnischen Verständigung bekundet" hätten. Die Erklärung ging allerdings nicht darauf ein, aufgrund welcher Ursache - des von den Nationalsozialisten angezettelten Zweiten Weltkriegs - die „schmerzliche Neuregelung" nach 27 Jahren erfolgte.

Gleichwohl waren die Kontakte zwischen dem deutschen und dem polnischen Episkopat fortan erleichtert. Vom 23. bis 27. Oktober 1972 fuhr Kardinal Döpfner nach Polen.

Rein negativ beurteilte der der kommunistischen Regierung nahestehende Stanisław Markiewicz Döpfners Einfluß auf das Verhältnis zwischen beiden Kirchen: „Bis zum Tode von Kardinal Döpfner im Jahr 1976 kam es in den Beziehungen zwischen dem Episkopat Polen und dem Episkopat der BRD zu keiner Wende, um die sich Döpfner im übrigen gar nicht bemühte."[284] Ganz anders dagegen Stanisław Stomma in seinem Interview mit 'Powściągliwość i Praca': „An dieser Stelle will ich dankbar an die Gestalt des verstorbenen Kardinals Döpfner erinnern, der alles in seiner Macht stehende tat, um ein Klima der Versöhnung zu schaffen."[285] Die zweite Ansicht dürfte die zutreffendere sein, obwohl Döpfner Wyszyńskis Drängen hartnäckig widerstand. Bereits 1966 hatte Wyszyński Döpfner öffentlich einen „aufrichtigen Freund Polens" genannt.[286]

Döpfners Nachfolger Kardinal Höffner reiste im April 1977 nach Polen. Erst im Herbst 1978 nahm Wyszyński eine Einladung zum Gegenbesuch in der Bundesrepublik an. Während Kardinal Höffner bereits in seiner Begrüßungsansprache am 20. September 1978 in Fulda an den Briefwechsel anknüpfte und auch später mehrmals noch darauf anspielte, erwähnten Wyszyński und seine Begleiter - unter ihnen der kurz darauf zum Papst gewählte Kardinal Wojtyła - den Briefwechsel mit keinem Wort und mieden Worte wie Versöhnung und Vergebung. Während Höffner in seinen Ansprachen erklärte, daß die deutschen und die polnischen Bischöfe „Freunde wurden", daß es zwischen den deutschen und dem polnischen Volk keine Kluft gebe, daß der Besuch die Vergebung und Versöhnung zwischen Deutschen und Polen „besiegeln", ja „das Buch des Unrechts und der Greuel nicht bloß zuschlagen", sondern sogar „verbrennen" solle[287], stellte der polnische Primas gemeinsame europäische Werte und Zukunftsaufgaben in den Mittelpunkt seiner Ansprachen. Mehrmals erinnerte er an den „unvergeßlichen Kardinal Döpfner".

Trotz der Reserve, mit der die polnischen Bischöfe kamen, trotz der etwas bangen Unsicherheit, mit der die schwierigen Gäste in Deutschland erwartet wurden, brachte dieser Besuch eine Annäherung, die für die Kirche große Bedeutung gewinnen sollte: Wie aus „gewöhnlich gut informierten Kreisen" verlautete, soll der Vorschlag, Kardinal Karol Wojtyła aus Krakau auf den Stuhl Petri zu wählen, nach mehreren vorangegangenen Pattsituationen, von dem Mainzer Kardinal Volk gestammt haben und auch von Kardinal Höffner unterstützt worden sein.[288] So wurde nach genau 455 Jahren zum ersten Mal wieder ein Nicht-Italiener Papst. Daß es ein Pole auf Vorschlag eines Deutschen sein würde, wäre ohne den Versöhnungsbrief des fünf Jahre zuvor verstorbenen Kardinal Kominek sicherlich undenkbar gewesen. Auch einige Worte von Kardinal Wyszyński, die sein Biograph „sehr bezeichnend" nannte, deuten in die deutsche Richtung. Er sagte nämlich einen Tag nach der Wahl des neuen Papstes in Rom: „Man darf nicht vergessen, daß wir vor kurzem zusammen mit Kardinal Wojtyła, mit Erzbischof Stroba und mit den hier anwesenden Mitarbeitern nach Deutschland gereist sind. Es konnte so scheinen, als ob diese Reise nur eine einzelne Episode bliebe. Unterdessen hat der Herrgott es jedoch vermocht, alles zu seiner Zeit zustandekommen zu lassen und in seine Pläne einzufügen. Dank dessen - natürlich nicht nur deswegen - vollzog sich diese Änderung, dieses Abgehen vom Schema: Ein Italiener, seit vier Jahrhunderten ein Italiener, auf so ganz wunderbar ruhige Weise."[289]

Zwei Jahre später, vom 11. bis 15. September 1980, kam es zum Gegenbesuch. Es war die repräsentativste Delegation der deutschen Bischöfe, die je die Kirche eines Nachbarlandes besucht hatte. Kardinal Hermann Volk predigte am 12. September 1980 im Breslauer Dom und sprach die inhaltsschweren Worte aus: „Nun aber sind wir in Polen." Der polnische Primas freilich überwand, wie Stehle schrieb, eine letzte Distanz nicht: „Dazu hätte es aus seiner Sicht letzten Endes doch eines nicht nur religiös-moralischen Schuldbekenntnisses, sondern einer politisch relevanten Geste der deutschen Bischöfe bedurft. So sehr er ihr Zögern verstehen gelernt hatte, so wenig konnte er sich damit abfinden."[290]

Als sich am 10. Oktober 1982 die deutschen und die polnischen Bischöfe wiederum trafen, um gemeinsam in Rom die Heiligsprechung Maksymilian Kolbes zu feiern, war Stefan Kardinal Wyszyński nicht mehr am Leben. Die Deutschlandpolitik war ein wichtiger Teil seiner bischöflichen Sorge gewesen. Das Problem der Übereinstimmung von Moral und Politik wurde während der Kolbe-Feier allerdings auf eine sehr allgemeine Ebene gehoben und nicht in der eigenen Geschichte gesucht. Ausschwitz gebe es überall da, wo Menschen gequält, verwundet oder vernichtet würden, sagte Kardinal Höffner. Der Krakauer Kardinal Macharski warnte vor der „Ungeheuerlichkeit eines brudermörderischen Atomkrieges, eines Krieges überhaupt".

Der Besuch der polnischen Bischofsdelegation in Deutschland hatte noch weitere Auswirkungen auf die Intensität der Kontakte zwischen beiden Kirchen. Kardinal Wojtyła hatte noch in Fulda vorgeschlagen, eine 'Arbeitsgemeinschaft zur Förderung des gegenseitigen Austausches von Gütern der christlichen Kultur und Spiritualität' zu gründen.[291] Kardinal Höffner griff diesen Vorschlag im Anschluß an die Inthronisationsfeierlichkeiten für Papst Johannes Paul II. auf. Am 20. November 1978 wurden die Bischöfe von Essen und Rottenburg für die Kontaktgruppe mit Polen benannt. Von polnischer Seite gehörten die Bischöfe Stroba und Jeż zur gemischten Kommission, die erstmals im März 1980 in Wien, später zunächst in Deutschland, Österreich und Rom und dann abwechselnd in Deutschland und Polen tagte. Die Kommission wurde jedoch, so Hengsbach, aus politischen Gründen „nicht als offizielle Einrichtung betrachtet". Themen der Konferenzen waren einerseits die Ausweitung von Kontakten, andererseits „Fragen belastender Art" wie die

Grenzfrage, die Seelsorge für Polen in Deutschland und für Deutsche in Polen, die Wiedergutmachung, die Kriegsgräberfürsorge und die Lagerung kirchlicher Archive. Nicht ausgespart worden sei auch, so Hengsbach, die Diskussion über „Äußerungen polnischer staatlicher und kirchlicher Stellen".

Tatsächlich traten die spezifischen Schwierigkeiten des deutsch-polnischen Verhältnisses immer wieder zu Tage. Als Papst Johannes Paul II. während seiner zweiten Polenreise am 21. Juni 1983 in Breslau über die Hl. Hedwig, die „Grenzgestalt, die zwei Nationen untereinander verbindet", in durchaus versöhnlichem Geiste predigte, dann allerdings sagte, daß auch durch ihr Eintreten der Heilige Stuhl die kirchliche Normalisierung auf diesen Gebieten vollziehen konnte, die nach dem Zweiten Weltkrieg nach vielen Jahrhunderten erneut Teil des polnischen Staates geworden waren[292], protestierten deutsche Vertriebenenvertreter gegen den 'polnischen Nationalismus'. Da nutze es auch nichts, daß Wojtyła deutsche Fürsprecher der Verständigung namentlich erwähnt und die angestrebte „Versöhnung" deutsch ausgesprochen hatte.

Ebenso warfen die Vertreter der Vertriebenenverbände dem Papst vor, daß er am selben Tag in seiner Predigt auf dem schlesischen Annaberg der polnischen Gefallenen des Schlesischen Aufstandes von 1921 gedacht hatte. Eben auf diesem Berg jedoch, einem zentralen Wallfahrtsort der deutschen Minderheit in Oberschlesien, hatte der Papst auch zur Versöhnung „mit den Menschen, den nahen und fernen, den in diesen Gebieten Anwesenden und Nicht-Anwesenden" aufgerufen. In Breslau hatte der Papst Kominek zitiert, wonach die an der Dombrücke in Breslau in Stein gehauene Hedwig daran zu denken heiße, daß alle Brüder seien, „auf welchem Ufer (der Oder) sie auch immer wohnen mögen".

Auf Bitten der Deutschen Bischofskonferenz stellte Kardinalstaatssekretär Casaroli klar: „Leider wurden einige Abschnitte aus Reden des Heiligen Vaters, besonders in Breslau und auf dem Annaberg, in einer Weise verstanden, die keineswegs seinen Absichten entsprach. (...) Der Heilige Vater bedauerte das zutiefst (...) Er wandte sich an seine polnischen Landsleute und wollte sie anregen, als Einzelne und als Nation aus ihrer Geschichte eine Lehre zu ziehen, eine Lehre zu christlichem Handeln. Er wollte sie besonders zur geistigen Einheit ermahnen, deren Polen heute so bedarf. Er wollte sie auch zu einer aufrichtigen Aussöhnung mit dem deutschen Volk einladen"[293]

Kardinal Höffner dankte für die „unmißverständliche Klarstellung". Bei heutiger Durchsicht der Predigten erscheinen die Intentionen des Papstes, wie sie in dem Brief Casarolis noch einmal umschrieben wurden, jedoch kaum mißverständlich.

Trotz massiver polnischer Pressekritik am deutschen Episkopat reiste der neue polnische Primas, Kardinal Glemp, zweimal innerhalb eines Monats - im Juli 1984 - in die Bundesepublik. Dort wurde er mit der Forderung nach einer eigenen Seelsorge für die - wie es hieß - mehr als eine Million Deutsche in Polen konfrontiert. Nach seiner Rückkehr, am 15. August 1984, reagierte Glemp in einer vielbeachteten Predigt in Tschenstochau. Er kritisierte diejenigen scharf, „die der Bequemlichkeit und Annehmlichkeit wegen leicht ihr Vaterland wechseln". Solche Menschen hätten „keine klaren moralischen Grundsätze". Während Ausländern das Gebet in ihrer Heimatsprache erleichert werden müsse, könne man jedoch nicht „mit gutem Gewissen Andachten in fremder Sprache für diejenigen organisieren, die diese Sprache nicht kennen und sie erst in der Liturgie lernen wollen, denn es kann nicht ein Ausländer sein, wer das Ausland nie in seinem Leben gesehen hat."[294] Diese Predigt löste eine Welle des Protestes in der Bundesrepublik aus. Man hob hervor, daß die Deutschen in Polen ja nur deshalb die deutsche Sprache und Kultur nicht kennen würden, weil sie ihnen über Jahre hinweg vorenthalten worden sei. Neben der fragwürdigen moralischen Verurteilung der Wirtschaftsemigranten zeigt die Predigt Glemps vor allem fehlendes Verständnis für die Tatsache, daß die Deutschen in Polen keine Ausländer sind.

Durch die Reaktionen in der Bundesrepublik sah sich Glemp am 18. August 1984 zu einem Schreiben an Kardinal Höffner veranlaßt, in dem er auch auf die Arbeit der Kirche nach dem Kriege in den westlichen Gebieten „inmitten sehr unterschiedlicher Bevölkerung" hinwies und dazu aufforderte, „den breiten Hintergrund der gesellschaftlichen und historischen Bedingungen in Schlesien, Ermland und anderen Gebieten" zu berücksichtigen. Er schlug die Errichtung einer gemischten Kommission vor, die praktische Vorschläge für die geforderte Seelsorge erarbeiten sollte.

Etwas differenzierter, aber in ähnlichem Sinne, äußerte sich Glemp über Aussiedler und Volksgruppenrechte in einem Interview mit der 'Zeit' am 14. Juni 1985 - kurz vor dem später vieldiskutierten Schlesiertreffen. Einige deutsche Oberhirten reagierten daraufhin verärgert. Die deutsche Bischofskonferenz sagte eine polnische Einladung nach Stettin aus Anlaß des 40jährigen Bestehens der polnischen Seelsorge in den Westgebieten ab. Nun wiederum fühlten sich die polnischen Bischöfe brüskiert - sie waren nicht (mehr?) bereit, den 20. Jahrestag des Bischofsbriefwechsels in einer gemeinsamen Erklärung in Erinnerung zu rufen. Hengsbach erwähnte sogar eine gemeinsame Erklärung, die von der deutsch-polnischen Kommission im Oktober in Rom vorbereitet worden war, „die auch unsere Stellungnahme zur Grenzfrage enthielt", dann aber doch nicht verabschiedet werden konnte.[295] Trotzdem brachte der deutsche Episkopat eine 64-seitige Broschüre unter dem Titel 'Versöhnung aus der Kraft des Glaubens' heraus, in der der Wortlaut beider Briefe sowie Dokumente über das Verhältnis der beiden Kirchen zueinander zusammengestellt wurden. Darin wurde auch vorsichtige Kritik an der anderen Seite geäußert. Sie war sicherlich berechtigt - Selbstkritik der deutschen Seite sucht man dort allerdings vergeblich.

Es gelang jedoch, was bis Ende November noch nicht sicher schien, am 7. Dezember während der Synode in Rom in der Titularkirche Glemps, Santa Maria Trastevere, einen gemeinsamen deutsch-polnischen Gottesdienst im Gedenken an den Austausch der Versöhnungsbotschaften abzuhalten. Kardinal Höffner erinnerte an das „befreiende Wort" der polnischen Bischöfe vor 20 Jahren, sprach von dauerhaften Erfolgen und dem seither gewachsenen gegenseitigen Verständnis. Er versicherte, daß unter den Deutschen „das Verständnis für das Bedürfnis des polnischen Volkes nach nationaler und territorialer Integrität fest verankert" sei und fügte hinzu:

„Die deutschen Katholiken haben diesem Anliegen der Polen nach allen Schrecknissen der Vergangenheit seit jeher hohe moralische Bedeutung eingeräumt. Die feierliche Absage an Gewalt und Vergeltung, die Anerkennung der nationalen Lebens- und Heimatrechte des polnischen Volkes sind den deutschen Katholiken ebenso ernst wie die feste und dauerhafte Berücksichtigung der internationalen Rechtsgrundlagen in allen ihren Teilen, auf welche sich das Verhältnis zwischen unseren Staaten gründet." Man könne jedoch - und dies mögen die polnischen Mitbrüder doch verstehen - keine Stellungnahme „zur Frage einer noch ausstehenden abschließenden Friedensordnung für unser Land als Ganzes“ geben.[296]

Kardinal Glemp sprach auf theologischer Ebene über die Vergebung und zitierte dabei Petrus: „Herr, wie oft habe ich zu vergeben - bis siebenmal?“ (Mt. 18, 21) Die Vergebungsbotschaften, so Glemp, seien „zweifellos zu Ereignissen in der Geschichte christlichen Reifens“ geworden. Als „Früchte gesellschaftlicher Dimension“ nannte Glemp den Vertrag von 1970 und die Begründung der polnischen Ortskirchen im Jahr 1972.[297] Die Atmosphäre der von deutscher Seite organisierten Feier wurde offenbar auch von den polnischen Teilnehmern als positiv empfunden.

In seiner Weihnachtsbotschaft berichtete Kardinal Glemp den polnischen Gläubigen davon und rief auch die „gegenseitige Verzeihung der Bischöfe“ vor 20 Jahren als „Anfang eines langen und schwierigen Versöhnungsprozesses“ in Erinnerung. Eine gewisse Skepsis könnte man aus den Worten heraushören: „Ich weiß nicht, welche Bedeutung die Worte und Gedanken haben werden, die man dort geäußert hat. Aber ich weiß dennoch, daß wir uns in der Kirche der Muttergottes in Trastevere einander nahe fühlen wollten.“[298]

Rührung - und die Absicht, diese seinen Zuhörern weiterzuvermitteln - wurde jedoch offenbar, als Glemp in dem insgesamt nur kurzen Bericht erzählte: „Vor mir sehe ich einen betagten Kardinal, Kardinal Volk, der mit viel Mühe einen Liedtext entziffert und auf polnisch sang. Als ich mich ihm näherte, um ihm vor der Kommunion ein Zeichen des Friedens Christi zu geben, drückte er mich wie der Simon aus dem Hl. Evangelium ergriffen an sich und erwiderte den Friedensgruß.“[299]

Die polnische Presse erinnerte im November und Dezember 1985 im positiven Sinne, wenn auch von der Zensur etwas behindert, an den Briefwechsel. Im 'Tygodnik Powszechny' schrieb eine Gastkommentatorin, daß die Regierungen erst einige Zeit später der von den Bischöfen vorgegebenen Richtung gefolgt seien, nämlich durch den Abschluß des Warschauer Vertrags. Dagegen polemisierte noch einmal Ignacy Krasicki, allerdings nicht in der 'Trybuna Ludu', sondern in der Zeitschrift 'Życie Literackie' (Literarisches Leben) vom 26. Januar 1986, woraus hervorgeht, daß die Sache nicht mehr hochgespielt werden sollte. Krasicki nannte den Briefwechsel dort eine „ungemein unglückliche kirchliche Initiative“.

In den Publikationen zahlreicher polnischer Intellektueller in den 80er Jahren fand die Initiative der polnischen Bischöfe ungeteilte Anerkennung. Der Literaturwissenschaftler Jan Józef Lipski schrieb in seinem 1981 veröffentlichten Aufsatz 'Zwei Vaterländer - zwei Patriotismen', in dem er das Verhältnis der Polen zu ihren Nachbarn kritisch untersuchte, über den Briefwechsel: „Es mußte aber der Augenblick kommen - wenn wir im Bereich der christlichen Ethik und der westeuropäischen Zivilisation bleiben wollen -, um zu sagen: 'Wir vergeben, und wir bitten um Vergebung'. In einer Lage, da das Volk geknechtet war, sagte dies die höchste unabhängige moralische Autorität, die uns geblieben ist: die polnische Kirche. Diesen Satz müssen wir - ungeachtet aller Ressentiments, die auf tatsächlich erlittenem Unrecht beruhen - als den unseren anerkennen. Um ihn zu übernehmen, genügt bereits sein moralischer Inhalt. Aber neben dem moralischen hat er auch einen nationalen und kulturellen Inhalt: Als eine Nation, die sich dem westlichen Mittelmeer-Kulturkreis zugehörig fühlt, träumen wir von einer Rückkehr in unser größeres Vaterland Europa. Daher die Notwendigkeit einer Aussöhnung mit den Deutschen, die schon in diesem Europa sind und darin bleiben werden. Daß die polnischen Bischöfe ihren deutschen Amtsbrüdern die Hand entgegenstreckten, war die mutigste und weitblickendste Tat der polnischen Nachkriegsgeschichte."

Als erster polnischer Intellektueller stellte Lipski im Anschluß an diese Worte öffentlich die Frage nach der polnischen Schuld gegenüber den Deutschen, obwohl den Polen „eine solche Darstellung der Dinge unerträglich" scheine. Er warnte vor der Bagatellisierung der vergleichsweise geringeren Schuld; die Aussiedlung der Menschen aus ihrer Heimat könne „allenfalls ein kleineres Übel sein, niemals eine gute Tat".

Bereits 1977 ging auch Adam Michnik auf den Briefwechsel ein. In seinem Buch 'Die Kirche und die polnische Linke' ging er mit sich selbst ins Gericht. Der bekannte Intellektuelle und langjährige Oppositionelle hatte 1966 an der Kampagne gegen die Kirche teilgenommen: „Es war nicht meine Charakterschwäche, die mich dazu veranlaßte, sondern die unsinnige Überzeugung, einer gerechten Sache zu dienen."[300] Der „zutiefst humanistische Sinn" des Briefes und seine „politische Klugheit" seien ihm erst später aufgegangen: „Es gibt keinen anderen Weg für Polen, als mit den demokratischen Tendenzen in Deutschland den Dialog aufzunehmen und gemeinsam zu versuchen, die Folgen der hitlerischen Apokalypse zu überwinden".

Der polnische Historiker und Träger des Friedenspreises des deutschen Buchhandels 1986, Władysław Bartoszewski, erinnerte in einer Rede am 11. November 1983 vor dem Zentralkomitee der deutschen Katholiken an den Briefwechsel mit Worten, deren kritisches Potential - gegenüber den deutschen Bischöfen - den meisten Zuhörern entgangen sein dürfte: „Der Brief der polnischen Bischöfe an ihre deutschen Amtsbrüder vom November 1965 ging über den damaligen durchschnittlichen gesellschaftlichen Bewußtseinsstand und die moralische Reife der polnischen Katholiken weit hinaus. Doch in den folgenden Jahren verstanden die polnischen Katholiken in ihrer überwiegenden Mehrheit den Standpunkt jenes weitsichtigen Aktes seitens des polnischen Episkopats. Die Antwort der deutschen Bischöfe spiegelte in gewisser Weise den moralischen Reifegrad der deutschen Katholiken. Es ist unsere Hoffnung, daß die folgenden neun Jahre auch hier große Veränderungen erbrachten zugunsten der Bewältigung der Vergangenheit und der Versöhnung, wofür Sie und wir arbeiten."[301]

Diese vordergründig wohlwollende Würdigung des Briefwechsels im Rahmen einer versöhnlichen Rede sagte bei genauerem Hinhören nichts anderes, als daß der moralische Reifegrad beider Völker in Hinblick auf die Aussöhnung gering war; daß die polnischen Bischöfe über diesen Bewußtseinsstand hinausreichten, die deutschen aber nicht; daß die polnische Bevölkerung ihre Bischöfen in den folgenden Jahren verstanden, während man umgekehrt nur hoffen könne, daß sich in Deutschland nach der deutschen Bischofsantwort noch etwas verändert habe.

Auch der bekannte langjährige parteilose Sejmabgeordnete und Deutschlandspezialist Edmund Jan Osmańczyk, der 1965/66 dem Briefwechsel kritisch gegenüberstand und seine damalige Position auch später nicht völlig verwarf, trat schließlich in die Fußstapfen der Bischöfe. Im Jahre 1986 schrieb er in einem „der Jugend in beiden Ländern mit allerherzlichster, tief empfundener Hoffnung" gewidmeten Vortrag:
„Ich bin jedoch der Meinung, daß gegenwärtig die Zeit dazu gekommen ist, daß alle polnischen und deutschen meinungsbildenden Gruppen in ihren verschiedenen Weltanschauungen sich zu ebenso mutigen Bekundungen der Beendung der gegenseitigen Aufrechnungen entschließen, wie es diejenigen waren, die vor 20 Jahren der polnische Episkopat initiierte."[302]

Allgemeine Anerkennung und breite Zustimmung erfuhr der Briefwechsel nach dem demokratischen Umbruch in Polen 1989. In einem Leitartikel der überregionalen Tageszeitung 'Gazeta Wyborcza' vom 8. November 1989, einen Tag vor dem Besuch von Bundeskanzler Kohl in Warschau, würdigte Adam Michnik den polnischen Bischofsbrief: „Dieser edelmütige, kluge und weitsichtige Brief durchbrach eine psychologische Barriere; er brachte eine neue Perspektive in das Nachdenken über die polnisch-deutschen Beziehungen ein". Wenige Tage später erinnerte Bundeskanzler Helmut Kohl in seiner Tischrede an die „bewegende Botschaft der Versöhnung", und Ministerpräsident Tadeusz Mazowiecki erklärte in seiner Antwort, daß die Rolle des polnischen Bischofsbriefs gar nicht hoch genug eingeschätzt werden könne. Am 12. November würdigte der Bischof von Oppeln (Opole), Alfons Nossol, den Briefwechsel in seiner Predigt während des Kanzlerbesuches bei der deutschen Minderheit in Kreisau (Krzyżowa). Einen Tag später ging Bundeskanzler Kohl in seiner Rede in der Katholischen Universität Lublin aus Anlaß der Verleihung der Ehrendoktorwürde noch einmal auf die Ereignisse von 1965 ein. Auch beim Besuch von Bundespräsident Richard von Weizsäcker im Mai 1990 in Polen wurde viele Male an das Versöhnungswerk der Kirche erinnert.

Trotz der allgemeinen Anerkennung, die den Bischofsbriefen heute gezollt wird, hat sich das Klima zwischen den Vertretern der katholischen Kirche in Polen und Deutschland in dem Jahrzehnt, das auf die Wahl des polnischen Papstes folgte, nicht wesentlich verbessert. Zeitweilig war sogar eine deutliche Abkühlung der offiziellen Beziehungen spürbar. Das zeigte sich nicht nur am 25. Jahrestag des Briefwechsels, sondern auch am 1. September 1989: Einem gemeinsamen Gedenken an den 50. Jahrestag des Beginns des Zweiten Weltkrieges standen sowohl Teile des deutschen als auch des polnischen Episkopats mit Reserve gegenüber.

Allerdings wurde bei einer gemeinsamen deutsch-polnischen Bischofskonferenz in Gnesen unter Leitung von Bischof Karl Lehmann und Kardinal Glemp im November 1990 an den Briefwechsel erinnert. Der Vorsitzende der deutschen Bischofskonferenz Lehmann erklärte auf einer anschließenden Pressekonferenz in Warschau, Kardinal Glemp habe ihm versichert, daß die damalige Botschaft „das tiefe Bedauern über das Leiden der Vertreibung" einschließe. Auch sei die polnische Bitte um Vergebung keineswegs durch spätere Äußerungen wieder zurückgenommen oder eingeschränkt worden. Die Betonung dieses Aspekts von deutscher Seite dürfte eine Folge des nachdrücklichen Drängens von Franz Scholz sein, der allein im Jahre 1990 zweimal an Lehmann appelliert hatte, die „beschädigte Bischofsbotschaft“ vom 18. November 1965 „nüchtern zu werten und nicht hochzuidealisieren“[303]. Lehmann ließ sich jedoch offenkundig von dieser Sichtweise nicht überzeugen. In Warschau erklärte er, daß ihm die historische Tragweite der Vergebungsbitte von damals nunmehr tiefer aufgegangen sei.[304]

Kardinal Glemp seinerseits erklärte hingegen vor der Presse nur, daß der polnische Episkopat selbstverständlich niemals seinen Brief zurückgezogen habe und daß Polen für die Vertreibung der Deutschen nicht verantwortlich gewesen sei. Er gab ebenfalls bekannt, daß die Entscheidung über die deutschsprachigen Messen in Schlesien nun ganz in den Händen des Oppelner Bischofs Nossol liege, womit diese lange umstrittene Frage nun zu allgemeiner Zufriedenheit gelöst sei.

Diese so unterschiedlich gesetzten Akzente waren symptomatisch für die Verständigungsschwierigkeiten zwischen beiden Kirchen. Während auf deutscher Seite die kirchlichen Vertriebenensprecher noch immer auf eine ausdrückliche Anerkennung des ihnen zugefügten Leids und Unrechts drängen, reagiert die polnische Seite empfindlich auf das deutsche Ansinnen, man solle sich - ähnlich wie der tschechoslowakische Präsident Vacław Havel - bei den Deutschen entschuldigen. Nicht so allerdings Bischof Lehmann: Man könne nicht fordern, solche Worte beliebig oft zu wiederholen, sagte er an die deutsche Adresse gerichtet.[305] In der Tat können die polnischen Kirchenvertreter ja darauf verweisen, daß sie das schon im Jahre 1965 getan haben und daß von deutscher Seite kein gleichermaßen spektakulärer und entschiedener Schritt erfolgt sei.

Aus deutschen Presseartikeln ging hervor, daß Kardinal Glemp zu den Jubiläumsgedenkgottesdienst am 21. November 1990, also am evangelischen Buß- und Bettag auch einen Vertreter der evangelischen Kirche eingeladen hatte, höchstwahrscheinlich eingedenk der Rolle, die die Denkschrift der EKD beim Zustandekommen des katholischen Briefwechsels gespielt hatte. Diese Einladung wurde jedoch von deutscher katholischer Seite als Affront betrachtet und ihre Wahrnehmung in letzter Minute verhindert. Der Dominikanerpater und Leiter des Instituts für Gesellschaftswissenschaften in Bonn, Basilius Streithofen, nannte den polnischen Kardinal in der Zeitung 'Welt am Sonntag' unter Hinweis auf diese Einladung und Berufung auf 'Kenner der kirchenpolitischen Szene' sogar einen „Oberbremser für eine positive Entwicklung der deutsch-polnischen Beziehungen“[306]. Auch in der 'FAZ' wurde die Einladung eines Vertreters der evangelischen Kirche als problematisch bezeichnet, da das Treffen von den deutschen Bischöfen als „innerkatholische Begegnung“ betrachtet werde.[307] Der 1990 noch amtierende Generalsekretär des Bundes der Vertriebenen (BDV), Hartmut Koschyk, erklärte ebenfalls im Vorfeld der Jubiläumsveranstaltung, sein Verband warte bis heute auf ein „ehrliches Wort des Bedauerns“ von polnischer Seite, „das nicht bereits an die nächste Kreditforderung gekoppelt wird“.[308]

Der für April 1991 vereinbarte Gegenbesuch der polnischen Bischöfe in Fulda wurde aufgrund des zeitlichen Zusammentreffens mit einem Konsistorium in Rom auf längere Zeit verschoben.

Die Distanz des polnischen Episkopats zu Kontakten mit Deutschland wurde Ende 1990, Anfang 1991 in der Frage des Jugendaustausches erneut deutlich. Vertretern des deutschen katholischen Büros gelang es trotz wiederholter Versuche nicht, im polnischen Episkopat einen Termin zur Besprechung des kirchlichen Engagements im Jugendaustausch zu bekommen. Der polnische Episkopat akzeptierte zwar offiziell einen Platz im neugegründeten deutsch-polnischen Jugendrat, einem paritätisch besetzten Gremium mit staatlichen und freien am Jugendaustausch interessierten Trägern, der zuständige Bischof Kazimierz Romaniuk nahm jedoch an keiner der beiden ersten in jährlichem Abstand stattfindeneden Sitzungen teil und entsandte auch trotz entsprechender Bemühungen im Vorfeld keinen Stellvertreter. Die Teilnehmer der zweiten Jugendratssitzung unter Leitung der polnischen Beauftragten für Frauen, Jugend und Familie Anna Popowicz und der deutschen Frauen- und Jugendministerin Angelika Merkel, darunter auch Vertreter deutscher kirchlicher Stellen, beschlossen im April 1991, in einem Brief an den polnischen Primas Glemp auf die Bedeutung des Jugendaustausches für die Verständigung zwischen beiden Völkern hinzuweisen.

Ein großer Schritt in Richtung Normalität zwischen beiden Kirchen wurde im Herbst 1991 getan. Auf Wunsch der deutschen Bischöfe wurden am 9. November 1991 die sterblichen Überreste des letzten deutschen Kardinals von Breslau Adolf Bertram (gest. 1945) von Prag nach Breslau überführt und feierlich auf der Dominsel beigesetzt. Das Hochamt wurde in lateinischer Sprache von den Kardinälen Joachim Meissner (Köln), Franciszek Macharski (Krakau) und Henryk Gulbinowicz (Breslau) konzelebiert. In seiner Predigt unterstrich Gulbinowicz die Verdienste seines Vorgängers im Widerstand gegen den Totalitarismus und würdigte Bertrams Persönlichkeit mit wärmsten Worten: Bertram sei ein Mensch von tiefem eucharistischem Geist und der Marienfrömmigkeit gewesen, eine starke Persönlichkeit, ein bischöfliches Vorbild, ein weiser Prediger und ein Titan der Arbeit.[309] Eine neue, früher nicht denkbar gewesene Unbefangenheit im gegenseitigen Verhalten zeigte sich darin, daß zu den offiziell geladenen Gästen auch der langjährige Vorsitzende des Vertriebenenverbandes Herbert Hupka gehörte. Allerdings blieben sowohl Kardinal Glemp als auch Bischof Lehmann der denkwürdigen Veranstaltung fern.

VIII. Schlußbemerkung

Bolesław Komineks Brief war der Versuch eines Kirchenmannes, „historische Prozesse nicht nur zu dulden, sondern in sie einzugreifen" - um mit Worten aus dem Memorandum des Bensberger Kreises zu sprechen. Mit Eigensinn und Hartnäckigkeit versuchte er, den langen und schwierigen Prozeß von Normalisierung und christlicher Versöhnung zwischen Polen und Deutschen nach der traumatischen Erfahrung des Zweiten Weltkriegs zu beschleunigen. Dabei waren es konkrete eigene und nationale Interessen, die den polnischen Bischof zu solchen hehren Zielen anspornten - an vorderster Stelle der Wunsch nach Neuordnung der Kirchenverwaltung in den ehemals deutschen Gebieten, nach Anerkennung der Grenze und nach Öffnung seines Landes zum Westen. Aber er verstand und realisierte diese Interessen in einer Weise, die sich von derjenigen anderer polnischer und deutscher Politiker und Kirchenführer unterschied. Er versuchte, sein Ziel nicht auf dem Weg der Konfrontation, sondern der Überzeugung und Gemeinsamkeit zu erreichen.

„Die polnischen Bischöfe waren sich bewußt, daß es um große historische Ereignisse geht", sagte der engagierte Schlesier selbst einmal in einem Interview, und erklärte auch gleich, was für ihn ein solches „großes historisches Ereignis" wäre - nämlich eine Änderung in der Einstellung der Polen den Deutschen und der Deutschen den Polen gegenüber. Wer die Entwicklung des Verhältnisses zwischen beiden Kirchen zum Prüfstein für den Erfolg seines Unterfangens macht, wird jedoch zu einem eher skeptischen Urteil gelangen. Beide Seiten bleiben bis heute erheblich hinter dem eigenen Anspruch auf Aussöhnung und Verständigung zurück.

In der deutschen katholischen Hierarchie scheinen viele sich bis heute nicht bewußt, daß ihre Gemeinschaft Polen eine Geste schuldig geblieben ist, die von ihrer christlichen Radikalität und historischen Dimension her dem polnischen Bischofsbrief von 1965 entsprochen hätte. Nach dem von Deutschen entfesselten furchtbaren Angriffskrieg gegen Polen beschränkten sich offizielle Äußerungen der deutschen Katholiken diesem Land gegenüber auf den erstmals von Vertriebenen ausgesprochenen 'Verzicht auf Rache und Vergeltung' - eine Formel, die über Jahrzehnte hinweg wiederholt wurde. Später wurde die 'Versöhnung' mit Polen zum geforderten Schlagwort und damit auch zu einer Prestigesache, in die die Kirche aufrichtige Anstrengung und viel Geld investierte. Die mangelnde deutsche Bereitschaft zu politischen Zugeständnissen und das 'penetrante' Bestehen der polnischen Seite darauf blieb dabei stets eine besondere Schwierigkeit, die viele versöhnungswillige Deutsche in ärgerliche Verlegenheit brachte.

Auf polnischer Seite gaben sowohl Wyszyński als auch Wojtyła den Appellen an die Geschlossenheit und Einheit der Nation und der Festigung des polnischen Geschichts- und Kontinuitätsbewußtseins Vorrang vor einer angemessenen Darstellung des deutschen Anteils an der schlesischen, pommerschen, Danziger und ostpreußischen Geschichte. Kardinal Glemp ist sich zwar - nach den Worten seines deutschen Amtsbruders Bischof Lehmann - mit der deutschen Seite über die „moralische Bewertung" der Vertreibung einig, aber auch er hat bislang keinen Anlaß gesehen, sich in dieser Frage gegenüber seinen Landsleuten öffentlich zu äußern. Es blieb Jan Józef Lipski vorbehalten, das Unrecht der Vertreibung öffentlich beim Namen zu nennen - einem unabhängigen Vertreter der polnischen Linken, der trotz seines von vielen als zutiefst christlich empfundenen Denkens keinen Platz für sich in der Kirche sah. Vieles deutet darauf hin, daß für einen Teil der national-konservativ geprägten polnischen katholischen Hierarchie der Ausbau von Kontakten zu Deutschland immer noch keinen besonders hohen Stellenwert besitzt.

Aber diese Schattenseiten sollen nicht den Blick verstellen für zahlreiche kleine und größere Schritte auf dem Wege der Verständigung zwischen beiden Kirchen. Von deutscher Seite zählt die Unterstützung der Kardinäle bei der Wahl des polnischen Papstes sicherlich ebenso zur Annäherung an den polnischen Nachbarn wie etwa die während der Versorgungskrise organisierten, von kirchlicher Seite mitgetragenen Hilfsaktionen, die Solidarität mit Polen bezeugten und zu zahlreichen Kontakten führten. In Polen wiederum besitzt die Oppelner Diözese - das Zentrum der deutschen Minderheit in Polen - in dem schlesischen Bischof Alfons Nossol einen hervorragenden Mittler zwischen Deutschen und Polen, der in mancher Beziehung in Komineks Fußstapfen tritt. Viele Anliegen der deutschen Kirche, darunter deutsche Messen für die Minderheit (die es im Stillen fast durchgängig gegeben hat), die Möglichkeit zur Kriegsgräberfürsorge und zuletzt die Heimführung des Leichnams von Kardinal Bertram nach Breslau wurden vom polnischen Episkopat inzwischen erfüllt.

Aber nicht nur auf kirchlichem Gebiet war Komineks Initiative der sofortige Durchbruch versagt; auch unmittelbare politische Erfolge blieben zunächst aus. Bis zur Ratifizierung des Warschauer Vertrags und zur Neuregelung der Bistumsgrenzen 1972 vergingen sieben Jahre, bis zur endgültigen Anerkennung der Staatsgrenze gar noch 25 Jahre. Mittelfristig waren jedoch bereits erste Erfolge des Bischofsbriefes zu verzeichnen. Dazu zählte vor allem die Beeinflussung des Meinungsbildungsprozesses in der Bundesrepublik. Der öffentliche Meinungswandel in der Ostpolitik in den 60er Jahren hatte sicherlich von der evangelischen Denkschrift seinen entscheidenden Anstoß bekommen; aber ohne den Briefwechsel der katholischen Bischöfe dürfte sich das der katholischen Kirche in Deutschland nahestehende geistige Potential den Ostverträgen gegenüber nicht weitgehend neutral, sondern ablehnend verhalten haben. Wenn man bedenkt, mit welch knapper Mehrheit der Vertrag mit Polen schließlich ratifiziert wurde, scheinen Zweifel berechtigt, ob diese Mehrheit ohne Komineks beherzten Akt überhaupt zustandegekommen wäre. Zu den langfristigen politischen 'Fernwirkungen' kann man auch die endgültige Lösung des Grenzkonflikts nach der demokratischen Wende und den Abschluß des Vertrages über freundschaftliche Zusammenarbeit und gute Nachbarschaft 1991 zählen.

Trotzdem läßt es sich kaum bestreiten: Was die unmittelbaren Auswirkungen der bischöflichen Politik betraf, war der Brief ein Fehlschlag. Die Kalkulation Komineks erwies sich einfach als naiv. Aber seine Botschaft war mehr als nur Kalkulation. Sie offenbarte persönlichen Mut und eine große Portion guten Willens. Indem der Breslauer Oberhirte versuchte, als einzelner den Lauf der Geschichte zu ändern, entschloß er sich auch, im eigenen Lande gegen den Strom zu schwimmen. Er konnte nicht wissen, daß sich einmal Regierungschefs und Präsidenten auf ihn berufen würden - damals setzte er sich Kritik von allen Seiten aus. Heute wird seine Leistung allgemein anerkannt und bei deutsch-polnischen Begegnungen aller Art gerne in der Tischrede zitiert - was nicht ausschließt, daß sich das Fehlen der von Kominek demonstrierten Offenheit immer wieder schmerzhaft bemerkbar macht.

50 Jahre sind wenig in der Geschichte von Staaten und Kirchen, die schon mehr als tausend Jahre zählen, und so darf es nicht wundern, daß der Prozeß der Aussöhnung, Verständigung und Normalisierung weiter andauert. Aber 50 Jahre sind viel im Leben des einzelnen Menschen, und die deutsch-polnischen Beziehungen sind am lebendigsten im kulturellen und gesellschaftlichen Bereich, wo engagierte Männer wie Frauen von beiden Seiten seit vielen Jahren Brücken bauen. Viele von ihnen sind dem Beispiel Komineks gefolgt und haben mutige Initiativen ins Leben gerufen. Viele von ihnen sind - ohne es zu wissen - den von ihm gebahnten Weg weiter gegangen. Gerade hier, in den zwischenmenschlichen Beziehungen, hat das Werk Komineks die meisten Früchte getragen.

IX. Anhang: Dokumentation des Briefwechsels

Wir gewähren Vergebung – wir erbitten Vergebung

Die Botschaft der polnischen Bischöfe an die deutschen Bischöfe vom 18. November 1965

Hochwürdige Konzilsbrüder!

Es sei uns gestattet, ehrwürdige Brüder, ehe das Konzil sich verabschiedet, unseren nächsten westlichen Nachbarn die freudige Botschaft mitzuteilen, daß im nächsten Jahr – im Jahre des Herrn 1966 – die Kirche Christi in Polen und mit ihr zusammen das gesamte polnische Volk das Millenium seiner Taufe und damit auch die Tausendjahrfeier seines nationalen und staatlichen Bestehens begehen wird.

Wir laden Sie hiermit in brüderlicher, aber auch zugleich in feierlichster Weise ein, an den Kirchenfeiern des polnischen Milleniums teilzunehmen; der Höhepunkt des polnischen Te deum laudamus soll Anfang Mai 1966 auf der Jasna Góra, bei der heiligen Mutter Gottes, der Königin Polens, stattfinden.

Die folgenden Ausführungen mögen als historischer und zugleich auch sehr aktueller Kommentar unseres Milleniums dienen und vielleicht auch mit Hilfe Gottes unsere beiden Völker im gegenseitigen Dialog einander noch näherbringen.

Es steht geschichtlich einwandfrei fest, daß im Jahr 966 der polnische Herzog Mieszko I. durch Einfluß seiner Gemahlin, der tschechischen Königstochter Dombrowka, zusammen mit seinem Hofstaat als erster polnischer Herzog das heilige Sakrament der Taufe empfing.

Von diesem Augenblick an wurde das christliche Missionswirken in Polen – seit Generationen durch christliche Apostel schon vorher in unserem Land verkündet – im ganzen polnischen Volksraum verbreitet.

Der Sohn und Nachfolger Mieszkos, Bolesław Chrobry (der Tapfere) setzte das Christianisierungswerk seines Vaters fort und erwirkte vom damaligen Papst Silvester II. die Errichtung einer eigenen polnischen Hierarchie mit der ersten Metropole in Gniezno (Gnesen) und drei Suffraganbistümern Kraków, Wrocław, Kołobrzeg (Krakau, Breslau, Kolberg). Bis 1821 blieb Gniezno weiterhin Metropole des Breslauer Bistums. Im Jahre 1000 begab sich der damalige Herrscher des Römischen Imperiums, der Kaiser Otto III., zusammen mit Bolesław Chrobry als Pilger zum Märtyrerschrein des heiligen Wojciech-Adalbert, der einige Jahre vorher bei den baltischen Preußen den Märtyrertod erlitten hatte. Die beiden Herrscher, der römische und der zukünftige polnische König (er wurde kurz vor seinem Tode zum König gekrönt), gingen barfuß eine weite Strecke Weges zu den heiligen Gebeinen in Gniezno, die sie alsdann mit großer Andacht und innerer Ergriffenheit verehrten.

Das sind die geschichtlichen Anfänge des christlichen Polens und zugleich auch die Anfänge seiner nationalen und staatlichen Einheit. Auf diesen Fundamenten - christlich, kirchlich, national und staatlich zugleich - wurde sie durch alle Generationen weiter ausgebaut von Herrschern, Königen, Bischöfen und Priestern, 1000 Jahre hindurch. Die Symbiose Christentum, Kirche, Staat bestand in Polen seit Anfang und wurde eigentlich nie gesprengt. Sie erzeugte mit der Zeit die fast allgemeine polnische Denkart: Polnisch ist zugleich katholisch. Aus ihr heraus entstand auch der polnische Religionsstil, in dem seit Anfang an das Religiöse mit dem Nationalen eng verwoben und verwachsen ist, mit allen positiven, aber auch negativen Seiten dieses Problems.

Zu diesem religiösen Lebensstil gehört auch seit jeher als sein Hauptausdruck der polnische Marienkult. Die ältesten polnischen Kirchen sind der Mutter Gottes geweiht (u.a. die Gnesener Metropolitan-Kathedrale); das älteste polnische Lied, sozusagen das Wiegenlied des polnischen Volkes, ist ein bis heute noch gesungenes Marienlied: „Bogurodzica-dziewica, Bogiem Sławonia Maryja" (Gottesgebärerin - Jungfrau Maria). Die Tradition bringt sein Entstehen mit dem heiligen Wojciech zusammen, ähnlich wie die Legende es mit den polnischen weißen Adlern im Nest von Gniezno tut. Diese und ähnliche Traditionen und Volkslegenden, welche die Geschichtstatsachen wie Efeu umranken, haben das Gemeinsame von Volk und Christentum so eng miteinander verwoben, daß man sie einfach schadlos nicht auseinanderbringen kann. Von ihnen her wird alles spätere polnische Kulturgeschehen, die gesamte polnische nationale und kulturelle Entwicklung, bestrahlt, ja sogar zu einem Großteil geprägt.

Die allerneueste Geschichtsschreibung gibt diesen unseren Anfängen folgende politische und kulturelle Bedeutung: „In der Begegnung mit dem Imperium Ottos des Großen vor einem Jahrtausend hat sich Polens Eintritt in die lateinische Christenheit vollzogen, und durch die bewundernswert geschickte Politik Mieszkos I. und sodann Bolesław des Tapferen ist es zu einem gleichberechtigten Glied des universal konzipierten, auf Erfassung der gesamten nichtbyzantinischen Welt gerichteten Imperium Romanum Ottos III. geworden, womit Polen einen entscheidenden Beitrag zu der Gestaltung des östlichen Europa geleistet hat...“

Damit war die Grundlage gelegt und die Form und Voraussetzung geschaffen für die kommenden fruchtbaren deutsch-polnischen Beziehungen und die Ausbreitung der abendländischen Kultur.

Leider sind die deutsch-polnischen Beziehungen im späteren Verlauf der Geschichte nicht immer fruchtbar geblieben und haben sich sozusagen in den letzten Jahrhunderten in eine Art nachbarliche „Erbfeindschaft“ verwandelt. Darüber später.

Der Anschluß des neuen polnischen Königreiches an das Abendland, und zwar mit Hilfe des Papsttums, dem sich die polnischen Könige immer wieder zur Verfügung stellten, brachte im Mittelalter einen in jeder Hinsicht regen und äußerst reichen Austausch zwischen Polen und den abendländischen Völkern, insbesondere mit den süddeutschen Ländern, aber auch Burgund und Flandern, mit Italien und später mit Frankreich und Österreich und den italienischen Renaissancestaaten, wobei natürlicherweise Polen als jüngeres Staatsgebilde, als jüngster von den älteren Brüdern des christlichen Europas, anfangs mehr der nehmende als der gebende Teil war.

Es wurden zwischen Kalisz und Kraków, der polnischen Königsstadt des Mittelalters, und zwischen Bamberg, Speyer, Mainz, Prag, Paris, Köln und Lyon und Clairvaux und Gent nicht nur Waren ausgetauscht. Es kamen aus dem Westen die Benediktiner, die Zisterzienser und später die Bettelorden und erhielten in Polen, im christlichen Neuland, sofort einen schwunghaften Auftrieb; dann kam im Mittelalter das deutsche Magdeburger Recht dazu, das bei polnischen Stadtgründungen große Dienste leistete. Es strömten auch nach Polen deutsche Kaufleute, Architekten, Künstler und Siedler, von denen sehr viele im polnischen Volkstum aufgingen: Ihre deutschen Familiennamen ließ man ihnen. In der großen Krakauer Bürgerkirche St. Maria finden wir noch heute die Grabinschriften zahlreicher deutscher Familien aus dem Mittelalter, die mit der Zeit alle polnisch geworden sind, woraus Hitler und andere - unseligen Gedenkens - den einfachen Schluß zogen, daß Kraków und ganz Polen nur eine deutsche Siedlung seien und demgemäß behandelt werden müssen. - Das klassische Beispiel deutsch-polnischer Zusammenarbeit in Kultur und Kunst im hohen Mittelalter ist wohl der weltberühmte Bildhauer Veit Stoß aus Nürnberg (Wit Stwosz), der fast sein ganzes Leben lang in Kraków wirkte; seine Werke dort sind alle vom Genius loci der polnischen Umgebung inspiriert: Er schuf in Kraków eine eigene Künstlerschule, die noch Generationen hindurch nachwirkte und das polnische Land befruchtete.

Die Polen haben ihre Brüder aus dem christlichen Westen, die als Boten der wahren Kultur zu ihnen kamen, sehr geehrt und verschwiegen niemals ihre nichtpolnische Stammesherkunft. Wir haben der abendländischen - auch der deutschen - Kultur wahrhaftig sehr viel zu verdanken.

Es kamen auch aus dem Westen zu uns Apostel und Heilige, und sie gehören wohl zu dem Wertvollsten, was uns das Abendland geschenkt hat. Ihr segensreiches soziales Wirken spüren wir vielerorts noch heute. Zu den bekanntesten zählen wir den heiligen Bruno von Querfurt, „Bischof der Heiden" genannt, der den slawischen und litauischen Nordosten im Einvernehmen mit Bolesław Chrobry evangelisierte. Dann ganz besonders die heilige Hedwig (Jadwiga), Herzogin von Schlesien, aus Andechs gebürtig, Gemahlin des polnischen Piastenfürsten Heinrich des Bärtigen (Brodaty) von Schlesien und Gründerin des Zisterzienserinnenklosters von Trzebnica (Trebnitz), wo sie ihre Grabstätte gefunden hat. Sie ist im 13. Iahrhundert die größte Wohltäterin des polnischen Volkes in den damaligen Westgebieten des Piastenpolens, in Schlesien, geworden. Es steht historisch ziemlich fest, daß sie, um dem polnischen einfachen Volk dienen zu können, sogar die polnische Sprache lernte. Nach ihrem Tode und ihrer baldigen Heiligsprechung strömten ohne Unterlaß

Scharen des polnischen und deutschen Volkes zu ihrer Grabstätte in Trzebnica - später Trebnitz genannt. Und sie tun es noch heute zu Tausenden und Abertausenden. Niemand macht unserer großen Landesheiligen den Vorwurf, daß sie deutschen Geblütes war; im Gegenteil, man sieht sie allgemein - von einigen nationalistischen Fanatikern abgesehen - als den besten Ausdruck eines christlichen Brückenbaues zwischen Polen und Deutschland an -, wobei wir uns freuen, auch auf deutscher Seite recht oft dieselbe Meinung zu hören. Brücken bauen zwischen Völkern können eben am besten nur heilige Menschen, nur solche, die eine lautere Meinung und reine Hände besitzen. Sie wollen dem Brudervolke nichts wegnehmen, weder Sprache noch Gebräuche, noch Land, noch materielle Güter; im Gegenteil: Sie bringen ihm höchst wertvolle Kulturgüter, und sie geben ihm gewöhnlich das Wertvollste, was sie besitzen: sich selbst, und werfen damit den Samen ihrer eigenen Persönlichkeit in den fruchtbaren Boden des neuen Missionsnachbarlandes; dieser trägt dann gemäß dem Heilandswort hundertfache Früchte, und zwar Generationen hindurch. So sehen wir in Polen die heilige Hewig von Schlesien, so sehen wir auch alle anderen Missionare und Märtyrer, die, aus den westlich gelegenen Ländern kommenden, in Polen wirkten mit dem schon erwähnten Märtyrerapostel Wojciech-Adalbert aus Prag an der Spitze. Darin besteht auch wohl der allertiefste Unterschied zwischen echter christlicher Kulturmission und dem sogenannten, heute zu Recht verpönten Kolonialismus.

Nach dem Jahre 1200, als das polnische Land immer christlicher wurde in seinen Menschen und Institutionen, wuchsen ihm eigene polnische Heilige heran.

Schon im 12. Jahrhundert war es der Bischof Stanislaus Szczepanowski von Kraków, Bekenner und Märtyrer, vom König Bolesław dem Verwegenen am Altare erschlagen. (Der König selbst starb als heiligmäßiger Büßer in der Verbannung in einem Kloster in Oberösterreich.) Am Grabe des heiligen Stanislaus in der königlichen Domkirche von Kraków entstand das majestätische Lied zu seiner Ehre, heute überall in Polen lateinisch gesungen: „Gaude mater Polonia, prole foecunda nobili ..."

Dann erschien am Firmament das heilige polnische Dreigestirn aus der Familie der Odrowaz (ein altes Geschlecht, das lange Jahrhunderte an der Oder in Oberschlesien seinen Sitz hatte). Der größte von ihnen ist der heilige Hyazinth - polnisch Jacek genannt -, ein Dominikanerapostel, der ganz Osteuropa von Mähren bis zum Baltikum, von Litauen bis Kiew mit Riesenschritten durchmaß. Sein Verwandter, der selige Czesław, ebenfalls Dominikaner, der die damalige Stadt Wrocław gegen die Mongolen verteidigte und im heutigen Wrocław, in der neuerbauten Wojciech-(Adalbert-)Kirche begraben ist, wird von der frommen Bevölkerung als Patron der aus den Trümmem von 1945 wiedererstandenen Stadt verehrt. Und schließlich ruht in Kraków die selige Bronisława, der Tradition nach Schwester des seligen Czesław, eine Norbertanerin aus Schlesien.

Die Sterne am Heiligenhimmel werden immer mehr: In Sącz die selige Kunigunde, in Gniezno Bogumil und die selige Jolanta, in Masowien Władysław, auf der Königsburg in Kraków die heiligmäßige Königin Jadwiga, eine neue polnische Hedwig, die auf ihre Heiligsprechung wartet. Später kamen neue Heilige und Märtyrer dazu: der heilige Stanislaus Kostka, Jesuitennovize in Rom, der heilige Johannes Kantius, Professor an der Jagiellonischen Universität in Kraków, der heilige Andreas Bobola, Märtyrer in Ostpolen, 1938 heiliggesprochen, und andere Heilige bis zum Franziskanerpater Maximilian Kolbe, dem Märtyrer vom Konzentrationslager Auschwitz, der sein Leben für seine Mitbrüder freiwillig hingab. Gegenwärtig warten in Rom etwa 30 polnische Kandidaten auf ihre Heilig- und Seligsprechung. - Unser Volk ehrt seine Heiligen und betrachtet sie als die edelste Frucht, die ein christliches Land hervorbringen kann.

Die obengenannte polnische Universität in Kraków war die erste dieser Art neben Prag im ganzen osteuropäischen Raum. Gegründet schon im Jahre 1363 von König Kasimir dem Großen (Kazimierz Wielki), war sie Jahrhunderte hindurch Zentrum nicht nur politischer, sondern auch universaler europäischer Kulturstrahlung nach allen Richtungen, im besten Sinne des Wortes. - Im 15. und 16. Jahrhundert, als die schlesischen Piastenländer nicht mehr zum polnischen Königreich gehörten, studierten in Kraków und dozierten daselbst Tausende von Studenten und Professoren aus Wratislavia (Breslau), Raciborz (Ratibor), Gliwice (Gleiwitz), Glogow (Glogau), Nyse (Neisse), Opole (Oppeln) und vielen anderen Städten Schlesiens. Ihre Namen und die Namen ihrer Geburtsorte sind in diesem polnisch-lateinischen Idiom in den alten Universitätsregistern verzeichnet. Auch Nicolaus Kopernik (Copernicus) wird da namentlich angeführt. Er studierte in Kraków Astronomie beim Professor Martin Bylica. Hunderte von Gelehrten von höchstem wissenschaftlichen Rang hat diese Universität hervorgebracht und der europäischen Kultur geschenkt: Mathematiker, Physiker, Mediziner, Rechtsgelehrte, Astronomen, Historiker und Kulturphilosophen. Unter ihnen befindet sich auch der berühmte Paulus Włodkowić, Rektor der Krakauer Universität, der auf dem Konzil in Konstanz frank und frei, mit höchster Gelehrtenautorität, eine für damalige Zeiten unerhörte religiöse und humane Toleranz lehrte und mit großem persönlichem Mut den Standpunkt vertrat: Die heidnischen Völker Osteuropas seien kein Freiwild, das man mit Feuer und Schwert bekehren soll und darf. Sie haben natürliche Menschenrechte genauso wie die Christen...

Włodkowić war sozusagen der klassische Ausdruck des polnischen toleranten und freiheitlichen Denkens. Seine Thesen waren gegen die deutschen Ordensritter, die sogenannten „Kreuzritter", gerichtet, die damals im slawischen Norden und in den preußischen und baltischen Ländern die dortigen Ureinwohner eben mit Feuer und Schwert bekehrten und für das europäische Christentum und sein Symbol, das Kreuz, aber auch für die Kirche, in deren Namen sie auftraten, im Laufe der Jahrhunderte eine furchtbare und äußerst kompromittierende Belastung geworden sind. Noch heute, nach vielen Generationen und Jahrhunderten, ist die Bezeichnung „Krzyżak" (Kreuzritter) Schimpfwort und Schreckgespenst für jeden Polen und wird leider nur allzuoft von alters her mit dem Deutschtum identifiziert. - Aus dem Siedlungsgebiet der „Kreuzritter" sind später jene Preußen hervorgegangen, die alles Deutsche in polnischen Landen in allgemeinen Verruf brachten. Sie sind in der geschichtlichen Entwicklung repräsentiert durch folgende Namen: jener Albrecht von Preußen, Friedrich der sog. Große, Bismarck und schließlich Hitler als Endpunkt.

Friedrich II. wird seit jeher vom ganzen polnischen Volk als der Haupturheber der Teilung Polens angesehen, und zweifellos nicht ganz zu Unrecht. Hundertfünfzig Jahre lebte das polnische Millionenvolk aufgeteilt von den drei damaligen Großmächten: Preußen, Rußland und Österreich, bis es 1918 am Ende des Ersten Weltkrieges langsam aus seinem Grabe hervorkommen konnte; bis zum äußersten geschwächt, begann es damals wieder unter größten Schwierigkeiten eine neue eigenstaatliche Existenz...

Nach kurzer Unabhängigkeit von etwa 20 Jahren (1918 bis 1939) brach über das polnische Volk ohne seine Schuld das herein, was man euphemistisch einfach als Zweiten Weltkrieg bezeichnet, was aber für uns Polen als totale Vernichtung und Ausrottung gedacht war. Über unser armes Vaterland senkte sich eine furchtbare finstere Nacht, wie wir sie seit Generationen nicht erlebt hatten. Sie wird bei uns allgemein „deutsche Okkupationszeit" genannt und ist unter diesem Namen in die polnische Geschichte eingegangen. Wir waren alle macht- und wehrlos. Das Land war übersät mit Konzentrationslagern, in denen die Schlote der Krematorien Tag und Nacht rauchten. Über sechs Millionen polnischer Staatsbürger, darunter der Großteil jüdischer Herkunft, haben diese Okkupationszeit mit ihrem Leben bezahlen müssen. Die führende polnische Intelligenzschicht wurde einfach weggefegt. Zweitausend polnische Priester und fünf Bischöfe (ein Viertel des damaligen Episkopates) wurden in Lagern umgebracht. Hunderte von Priestern und Zehntausende von Zivilpersonen wurden bei Ausbruch des Krieges an Ort und Stelle erschossen (778 Priester allein in der Diözese Kulm). Die Diözese Włocławek allein verlor im Kriege 48 Prozent ihrer Priester, die Diözese Kulm 47 Prozent. Viele andere waren ausgesiedelt. Alle Mittel- und höheren Schulen waren geschlossen. Die Priesterseminarien waren aufgehoben. Jede deutsche Uniform, nicht nur die SS, wurde für alle Polen nicht nur ein Schreckgespenst, sondern auch Gegenstand eines Deutschenhasses. Alle polnischen Familien hatten ihre Todesopfer zu beklagen. Wir wollen nicht alles aufzählen, um die noch nicht vernarbten Wunden nicht wieder aufzureißen. Wenn wir an diese polnische, furchtbare Nacht erinnern, dann nur deswegen, damit man uns heute einigermaßen versteht, uns selbst und unsere heutige Denkart ... Wir versuchen zu vergessen. Wir hoffen, daß die Zeit – der große göttliche Kairos – die geistigen Wunden langsam heilen wird.

Nach alledem, was in der Vergangenheit geschehen ist – leider erst in der allerneuesten Vergangenheit –, ist es nicht zu verwundern, daß das ganze polnische Volk unter dem schweren Druck eines elementaren Sicherheitsbedürfnisses steht und seinen nächsten Nachbarn im Westen immer noch mit Mißtrauen betrachtet. Diese geistige Haltung ist sozusagen unser Generationsproblem, das, Gott gebe es, bei gutem Willen schwinden wird und schwinden muß. In den schweren politischen und geistigen Nöten des Volkes, in seiner jahrhundertelangen Zerrissenheit sind die katholische Kirche und die

Heilige Jungfrau immer der Rettungsanker und das Symbol der nationalen Einheit des Volkes geblieben, zusammen mit der polnischen Familie. In allen Freiheitskämpfen während der Unterdrükkungszeit gingen die Polen mit diesen Symbolen auf die Barrikaden, die weißen Adler auf der einen Seite - die Muttergottes auf der anderen Seite der Freiheitsfahne. Die Devise war immer: „Für eure und unsere Freiheit."

Das ist etwa - in ganz allgemeinen Abrissen gezeichnet - die tausendjährige Entwicklung der polnischen Kulturgeschichte mit besonderer Berücksichtigung der deutsch-polnischen Nachbarschaft. Die Belastung der beiderseitigen Verhältnisse ist immer noch groß und wird vermehrt durch das sogenannte „heiße Eisen" dieser Nachbarschaft. Die polnische Westgrenze an Oder und Neiße ist, wie wir wohl verstehen, für Deutschland eine äußerst bittere Frucht des letzten Massenvernichtungskrieges - zusammen mit dem Leid der Millionen von Flüchtlingen und vertriebenen Deutschen (auf interalliierten Befehl der Siegermächte - Potsdam 1945! - geschehen). Ein großer Teil der Bevölkerung hatte diese Gebiete aus Furcht vor der russischen Front verlassen und war nach dem Westen geflüchtet. - Für unser Vaterland, das aus dem Massenmorden nicht als Siegerstaat, sondern bis zum äußersten geschwächt hervorging, ist es eine Existenzfrage (keine Frage „größeren Lebensraumes"!); es sei denn, daß man ein über 30-Millionen-Volk in den engen Korridor eines „Generalgouvernements" von 1939 bis 1945 hineinpressen wollte - ohne Westgebiete; aber auch ohne Ostgebiete, aus denen seit 1945 Millionen von polnischen Menschen in die „Potsdamer Westgebiete" hinüberströmen mußten. Wo sollten sie auch damals hin, da ja das sogenannte Generalgouvernement zusammen mit der Hauptstadt Warschau in Schutt und Trümmern lag. Die Vernichtungswellen des letzten Krieges sind nicht nur einmal, wie in Deutschland, sondern seit 1914 mehrere Male über die polnischen Lande hinweggebraust, und zwar hin und zurück wie apokalyptische Reiter, und haben jedesmal Schutt und Trümmer, Armut, Krankheit, Seuchen und Tränen und Tod und wachsende Vergeltungs- und Haßkomplexe hinterlassen.

Seid uns wegen dieser Aufzählung dessen, was im letzten Abschnitt unserer tausend Jahre geschehen ist, liebe deutsche Brüder, nicht gram! Es soll weniger eine Anklage als vielmehr eine eigene Rechtfertigung sein! Wir wissen sehr wohl, wie ganz große Teile der deutschen Bevölkerung jahrelang unter übermenschlichem nationalsozialistischem Gewissensdruck standen, wir kennen die furchtbaren inneren Nöte, denen seinerzeit rechtschaffene und verantwortungsvolle deutsche Bischöfe ausgesetzt waren, um nur die Namen Kardinal von Faulhaber, von Galen, von Preysing zu erwähnen. Wir wissen um die Märtyrer der weißen Rose, die Widerstandskämpfer des 20. Juli, wir wissen, daß viele Laien und Priester ihr Leben opferten (Lichtenberg, Metzger, Klausener und viele andere). Tausende von Deutschen teilten als Christen und Kommunisten in den Konzentrationslagern das Los unserer polnischen Brüder...

Und trotz alledem, trotz dieser fast hoffnungslos mit Vergangenheit belasteten Lage, gerade aus dieser Lage heraus, hochwürdige Brüder, rufen wir Ihnen zu: Versuchen wir zu vergessen! Keine Polemik, kein weiterer kalter Krieg, aber der Anfang eines Dialogs, wie er heute vom Konzil und von Papst Paul VI. überall angestrebt wird. Wenn echter guter Wille beiderseits besteht – und das ist wohl nicht zu bezweifeln –, dann muß ja ein ernster Dialog gelingen und mit der Zeit gute Früchte bringen – trotz allem, trotz heißer Eisen. – Es scheint uns gerade im ökumenischen Konzil ein Gebot der Stunde zu sein, daß wir diesen Dialog auf bischöflicher Hirtenebene beginnen, und zwar ohne Zögern, daß wir einander näher kennenlernen, unsere gegenseitigen Volksbräuche, den religiösen Kult und Lebensstil, in der Vergangenheit verwurzelt und gerade durch diese Kulturvergangenheit bedingt.

Wir haben versucht, uns mit dem gesamten polnischen Gottesvolk auf die Tausendjahrfeier durch die sogenannte große Novene unter dem hohen Patronat der allerseligsten Jungfrau Maria vorzubereiten. Neun Jahre hindurch (1957 bis 1965) haben wir im Sinne des „per Mariam ad Jesum" die Kanzel in Polen, aber auch die gesamte Seelsorge auf wichtige moderne Seelsorgeprobleme und soziale Aufgaben eingesetzt: Jugendseelsorge, sozialer Aufbau in Gerechtigkeit und Liebe, soziale Gefahren, nationale Gewissenserforschung, Ehe und Familienleben, katechetische Aufgaben und ähnliche.

Das ganze gläubige Volk nahm auch geistig regsamsten Anteil am Ökumenischen Konzil durch Gebet, Opfer und Bußwerke. Während der Konzilssitzungen fanden jeweils in allen Pfarrgemeinden Bittandachten statt, und das heilige Bild der Muttergottes sowie die

Beichtstühle und Kommunionbänke in Częstochowa waren wochenlang belagert von Pfarrdelegationen aus ganz Polen, die durch persönliches Opfer und Gebet helfen wollten.

Schließlich haben wir uns in diesem Jahr, dem letzten der großen Novene, alle der Mutter Gottes geweiht, Bischöfe, Priester, Ordensleute sowie alle Stände unseres gläubigen Volkes. Vor den ungeheuren Gefahren moralischer und sozialer Art, welche die Seele unseres Volkes, aber auch seine biologische Existenz bedrohen, kann uns nur die Hilfe und Gnade unseres Erlösers retten, die wir durch die Vermittlung seiner Mutter, der allerseligsten Jungfrau, herabflehen wollen. Voll kindlichen Vertrauens werfen wir uns in ihre Arme. Nur so können wir innerlich frei werden als dienende und zugleich freie Kinder - ja sogar als „Sklaven Gottes", wie es der heilige Paulus nennt.

Wir bitten Sie, katholische Hirten des deutschen Volkes, versuchen Sie auf Ihre eigene Art und Weise, unser christliches Millenium mitzufeiern, sei es durch Gebet, sei es durch einen besonderen Gedenktag. Für jede Geste dieser Art werden wir Ihnen dankbar sein. Überbringen Sie auch, wir bitten Sie darum, unsere Grüße und unseren Dank den deutschen evangelischen Brüdern, die sich mit uns und mit Ihnen abmühen, Lösungen für unsere Schwierigkeiten zu finden.

In diesem allerchristlichsten und zugleich sehr menschlichen Geist strecken wir unsere Hände zu Ihnen hin in den Bänken des zu Ende gehenden Konzils, gewähren Vergebung und bitten um Vergebung. Und wenn Sie, deutsche Bischöfe und Konzilsväter, unsere ausgestreckten Hände brüderlich erfassen, dann erst können wir wohl mit ruhigem Gewissen in Polen auf ganz christliche Art unser Millennium feiern. Wir laden Sie dazu herzlichst nach Polen ein.

Das walte der barmherzige Erlöser und die Jungfrau Maria, die Königin Polens, die Regina Mundi und Mater Ecclesiae.

Rom, 18. November 1965

Die Unterzeichner des polnischen Briefes:

Stefan Cardinalis Wyszyński, Primas Poloniae
Antonius Baraniak, Archiepiscopus Posnaniensis
Bolesław Kominek, Archiepp. Tit. in Wrocław
Carolus Wojtyła, Archiepiscopus Metropolita Cracoviensis
Antono Pawlowski, Episcopus Vladislaviensis
Casimirus Joseph Kowalski, Episcopus Culmensis
Michael Klepacz, Episcopus Lodzensis, Ord.
Czesław Fałkowski, Episcopus Lomzensis
Petrus Kalwa, Episcopus Lublinensis
Franciscus Jop, Episcopus in Opole
Herbertus Bednorz, Episcopus Coadiutor Katovicensis
Stefan Barela, Episcopus Czestochoviensis
Bogdan Sikorski, Episcopus Plocensis
Edmund Nowicki, Episcopus Gedanensis
Joannes Jaroszewicz, Admin. Apost. Kielcensis
Jerzy Ablewicz, Episcopus Tarnovlensis
Joseph Drzazga, Episcopus Vic. co. p. Olsztyn
Stanisław Jakiel, Vic. Cap. Przemyśl
Andrzej Wronka, Episcopus Auxil. in Wrocław
Venceslaus Majewski, Episcopus Auxil. Varsaviensis
Georgius Stroba, Episcopus Auxil. in Gorzów
Franciscus Jedwabski, Episcopus Auxil. in Poznań
Julianus Groblicki, Episcopus Auxil. Cracoviensis
Carolus Pękala, Episcopus Auxil. in Tarnów
Zygfryd Kowalski, Episcopus Auxil. Culmensis
Georgius Modzelewski, Episcopus Auxil. Varsaviensis
Jan Wosiński, Episcopus Auxil. Plocensis
Bogdan Bejze, Episcopus Auxil. Lodzensis
Thaddaeus Szyagrzyk, Episcopus Auxil. Czestochoviensis
Venceslaus Skomorucha, Episcopus Auxil. in Siedlce
Jan Zaręba, Episcopus Auxil. Vladislaviensis
Henricus Grzondziel, Episcopus Auxil. in Opole
Joseph Kurpas, Episcopus Auxil. Katovicensis
Ladislaus Rubin, Episcopus Auxil. Gnesnensis
Paulus Latusek, Episcopus Auxil. in Wroclaw
Joannes Czerniak, Episcopus Auxil. in Gnienzno

(aus: Versöhnung aus der Kraft des Glaubens. Analysen, Dokumente, Perspektiven 1965–85. Zwanzig Jahre seit dem Briefwechsel zwischen den polnischen und deutschen Bischöfen hrsg. v. der Deutschen Bischofskonferenz, red. v. G. Albert, R. Hammerschmidt und R. Lehmann, Bonn 1985, S. 9–15)

Wir ergreifen die dargebotenen Hände

Die Antwort der deutschen Bischöfe an die polnischen Bischöfe vom 5. Dezember 1965

Hochwürdigste Mitbrüder im bischöflichen Amt!

Mit Bewegung und Freude haben wir Ihre Botschaft vom 18. November dieses Jahres und Ihre freundliche Einladung zur Tausendjahrfeier der Christianisierung des polnischen Volkes empfangen. Wir betrachten es als eine kostbare Frucht unserer gemeinsamen Konzilsarbeit, daß Sie dieses Wort an uns richten konnten. Dankbar greifen wir es auf und hoffen, den begonnenen Dialog in Polen und in Deutschland miteinander fortsetzen zu können. Mit Gottes Hilfe wird dieses Gespräch die Brüderlichkeit zwischen dem polnischen und dem deutschen Volk fördern und festigen.

Wir sind uns bewußt, wie schwer es für viele Christen in Europa war und noch ist, nach den Schrecken des Zweiten Weltkrieges die fundamentale Wahrheit unseres Glaubens mit ganzem Herzen festzuhalten, daß wir Kinder des himmlischen Vaters und Brüder in Christus sind. Diese christliche Brüderlichkeit fand im Jahre 1948 beim Kölner Domjubilämn durch den Besuch französischer und englischer Kardinäle und Bischöfe ihren ersehnten Ausdruck. So möge auch im kommenden Jahr das Millenium der Taufe Polens ein solches Zeichen werden.

Sie haben uns in Ihrem Schreiben, ehrwürdige Brüder, in Erinnerung gerufen, mit wie vielen Banden das polnische Volk seit Jahrhunderten an das christliche Europa gebunden ist und welche Rolle es in der Geschichte dieses christlichen Europa gespielt hat - und so, so hoffen wir, auch weiterhin spielen wird. Sie hatten dabei die Großherzigkeit, aus all diesen Jahrhunderten zunächst und vor allem Beispiele zu erwähnen, die sowohl Ihrem wie auch unserem Volke zur Ehre gereichen, Beispiele gemeinsamer Arbeit, aufrichtiger Achtung, fruchtbaren Austausches und gegenseitiger Förderung, obwohl dies alles hätte zurücktreten können angesichts des Unrechts und des Leides, das das polnische Volk im Laufe der Geschichte zu tragen hatte. Es ist ein tröstlicher Hinweis auf die von uns erhoffte und mit allen Mitteln zu erstrebende Zukunft, wenn Sie uns daran erinnern, wie die polnische Kirche im Mittelalter über alle Grenzen hinweg mit deutschen Städten, Gemeinden und Orden in vielfältigem Austausch gestanden hat. Es berührt uns tief, daß wir in der Verehrung der heiligen Hedwig vereint sind, die deutschen Geblütes und doch - wie Sie schreiben - die größte Wohltäterin des polnischen Volkes im 13. Jahrhundert war. Diese hellen Seiten des polnisch-deutschen Verhältnisses in der Geschichte verdanken wir ohne Zweifel unserem gemeinsamen christlichen Glauben. Wir sind daher überzeugt und mit Ihnen, ehrwürdige Brüder, darin einig: Wenn wir über alle Unterschiede hinweg Brüder Christi sein wollen, wenn wir Bischöfe, wie es bei diesem Konzil deutlich wurde, zuerst und vor allem das Kollegium der Hirten sein wollen, die dem einen Volke Gottes dienen, und wenn wir so auch unsere Teilkirchen führen, dann müssen die Schatten weichen, die leider noch immer über unseren beiden Völkern liegen.

Furchtbares ist von Deutschen und im Namen des deutschen Volkes dem polnischen Volke angetan worden. Wir wissen, daß wir Folgen des Krieges tragen müssen, die auch für unser Land schwer sind. Wir verstehen, daß die Zeit der deutschen Besatzung eine brennende Wunde hinterlassen hat, die auch bei gutem Willen nur schwer heilt. Um so mehr sind wir dankbar, daß Sie angesichts dieser Tatsache mit wahrhaft christlicher Großmut anerkennen, wie in der Zeit des Nationalsozialismus auch ein großer Teil der deutschen Bevölkerung unter schwerem Gewissensdruck gestanden hat. Wir sind dankbar, daß Sie auch angesichts der Millionen polnischer Opfer jener Zeit sich an die Deutschen erinnern, die dem Ungeist widerstanden und zum Teil ihr Leben hingegeben haben. Es ist uns ein Trost, daß viele unserer Priester und Gläubigen in jener Nacht des Hasses betend und opfernd für das entrechtete polnische Volk eingetreten sind und für diese christliche Liebe Gefängnis und Tod auf sich genommen haben. Wir sind dankbar, daß Sie neben dem unermeßlichen Leid des polnischen Volkes auch des harten Loses der Millionen vertriebener Deutscher und Flüchtlinge gedenken.

Eine Aufrechnung von Schuld und Unrecht - darin sind wir einer Meinung - kann uns freilich nicht weiterhelfen. Wir sind Kinder des gemeinsamen himmlischen Vaters. Alles menschliche Unrecht ist zunächst eine Schuld vor Gott, eine Verzeihung muß zunächst von ihm erbeten werden. An ihn richtet sich zuerst die Vaterunserbitte

„Vergib uns unsere Schuld!" Dann dürfen wir auch ehrlichen Herzens um Verzeihung bei unseren Nachbarn bitten. So bitten auch wir zu vergessen, ja wir bitten zu verzeihen. Vergessen ist eine menschliche Sache. Die Bitte um Verzeihung ist ein Anruf an jeden, dem Unrecht geschah, dieses Unrecht mit den barmherzigen Augen Gottes zu sehen und einen neuen Anfang zuzulassen.

Dieser Anfang ist besonders belastet durch die bitteren Folgen des von Deutschland begonnenen und verlorenen Krieges. Millionen von Polen mußten aus dem Osten in die ihnen zugewiesenen Gebiete übersiedeln. Wir wissen wohl, was darum für das heutige Polen diese Gebiete bedeuten. Aber auch Millionen Deutsche mußten ihre Heimat verlassen, in der ihre Väter und Vorfahren lebten. Diese waren nicht als Eroberer in das Land gezogen, sondern im Laufe der Jahrhunderte durch die einheimischen Fürsten gerufen worden. Deshalb müssen wir Ihnen in Liebe und Wahrhaftigkeit sagen: Wenn diese Deutschen von „Recht auf Heimat" sprechen, so liegt darin - von einigen Ausnahmen abgesehen - keine aggressive Absicht. Unsere Schlesier, Pommern und Ostpreußen wollen damit sagen, daß sie Rechtens in ihrer alten Heimat gewohnt haben und daß sie dieser Heimat verbunden bleiben. Dabei ist ihnen bewußt, daß dort jetzt eine junge Generation heranwächst, die das Land, das ihren Vätern zugewiesen wurde, ebenfalls als ihre Heimat betrachtet. Christliche Liebe versucht, sich jeweils in die Sorgen und Nöte des anderen hineinzuversetzen und so Spannungen und Grenzen zu überwinden. Sie will den Ungeist des Hasses, der Feindschaft und des Revanchismus ausmerzen. So wird sie dazu beitragen, daß alle unseligen Folgen des Krieges in einer nach allen Seiten befriedigenden und gerechten Lösung überwunden werden. Sie dürfen überzeugt sein, daß kein deutscher Bischof etwas anderes will und jemals etwas anderes fördern wird als das brüderliche Verhältnis beider Völker in voller Aufrichtigkeit und ehrlichem Dialog.

Zu solcher Brüderschaft des guten Willens kann uns die Erfahrung des Konzils Mut machen. Auch beim Konzil waren die Wege nicht immer überschaubar. Nicht immer leuchtete das Ziel klar und deutlich, und oft standen die Väter zögernd an Wegkreuzungen, aber dann wurde uns durch Gottes Gnade ein Weg gezeigt und manchmal eine überraschende Lösung geschenkt. So hoffen wir mit Ihnen, daß Gott auch unseren beiden Völkern in Zukunft Lösungen zeigen wird, wenn wir ihm Beweise unseres guten Willens geben. Als Zeichen unseres guten Willens, ehrwürdige Brüder, wollen wir, in aufrichtiger Dankbarkeit für Ihre Einladung, als Pilger zu Ihrem Marienheiligtum nach Tschenstochau kommen und Anteil nehmen an Ihrer und Ihres ganzen Volkes Freude. Wir wollen mit Ihnen an den Heiligtümern beten, wo das polnische Volk sich oft und besonders in der heutigen Zeit Kraft und Segen von Gott erbittet. Wir versprechen, unsere Gläubigen aufzufordern, sich im kommenden Marienmonat mit unserem und Ihrem Gebet zu vereinen.

Wir wollen alles tun, daß diese Verbindung nicht mehr abreißt. Im Jahr 1968 wird der Deutsche Katholikentag in Essen stattfinden. den. Im gleichen Jahr begeht das Bistum Meißen die Tausendjahrfeier seiner Gründung. Es wäre für uns und unsere Gläubigen eine große Freude, bei diesen Gelegenheiten polnische Bischöfe begrüßen zu dürfen. Bei unseren Einladungen haben wir mit Ihnen den Wunsch, daß die Begegnung der Bischöfe und der begonnene Dialog sich fortsetzen möge in allen Lebensbereichen unserer beiden Völker. Alle Schritte, die diesem Ziel dienen können, werden wir von Herzen begrüßen. Darum erfüllen wir auch mit Freude Ihre Bitte, Ihren besonderen Gruß unseren evangelischen Brüdern in Deutschland zu übermitteln. Darüber hinaus dürfen wir uns in unseren Bemühungen um gegenseitiges Verständnis einig wissen mit allen Menschen guten Willens.

Hochwürdigste Brüder! Das Konzil hat uns zusammengeführt an heiliger Stätte zu gemeinsamer Arbeit und gemeinsamem Gebet. Die Grotten von St. Peter bergen die kleine Kapelle der Tschenstochauer Madonna. Dort fanden wir auch das Bild der heiligen Hedwig, die Ihr Volk besonders verehrt und die Sie „als den besten Ausdruck eines christlichen Brückenbaues zwischen Polen und Deutschland“ ansehen.

Von dieser großen Heiligen wollen wir lernen, uns in Ehrfurcht und Liebe zu begegnen. Am Schluß Ihres Schreibens stehen die kostbaren Worte, die für unsere beiden Völker eine neue Zukunft eröffnen können: „Wir strecken unsere Hände zu Ihnen hin in den Bänken des zu Ende gehenden Konzils, gewähren Vergebung und bitten um Vergebung.“ Mit brüderlicher Ehrfurcht ergreifen wir die dargebotenen Hände. Der Gott des Friedens gewähre uns auf die Fürbitte der „regina pacis“, daß niemals wieder der Ungeist des Hasses unsere Hände trenne!

Rom, 5. Dezember 1965

Die Namen der deutschen Unterzeichner:

Jos. Card. Frings, Erzbischof von Köln
Julius Card. Döpfner, Erzbischof von München und Freising
Lorenz Card. Jaeger, Erzbischof von Paderborn
Josef Schneider, Erzbischof von Bamberg
Hermann Schäufele, Erzbischof von Freiburg
Alfred Bengsch, Erzbischof, Bischof von Berlin
Joseph Schröffer, Bischof von Eichstätt
Franz Hengsbach, Bischof von Essen
Adolf Bolte, Bischof von Fulda
Hermann Volk, Bischof von Mainz
Rudolf Graber, Bischof von Regensburg
Isidor Marcus Emanuel, Bischof von Speyer
Carl Jos. Leiprecht, Bischof von Rottenburg
Josef Stangl, Bischof von Würzburg
Wilhelm Kempf, Bischof von Limburg
Matthias Wehr, Bischof von Trier
Josef Stimpfle, Bischof von Augsburg
Heinrich Maria Janssen, Bischof von Hildesheim
Helmut Hermann Wittler, Bischof von Osnabrück
Johannes Pohlschneider, Bischof von Aachen
Otto Spülbeck, Bischof von Meißen
Joseph Höffner, Bischof von Münster
Gerhard Schaffran, Bischof und Kapitelsvikar in Görlitz
Heinrich Pachowiak, Weihbischof in Hildesheim
Walter Kampe, Weihbischof in Limburg
Johannes v. Rudloff, Weihbischof in Hamburg
Augustinus Frotz, Weihbischof in Köln
Eduard Schick, Weihbischof in Fulda
Hugo Aufderbeck, Weihbischof in Erfurt
Joseph Buchkremer, Weihbischof in Aachen
Heinrich Tenhumberg, Weihbischof in Münster i.W.
Alfons Kempf, Weihbischof in Würzburg
Julius Angerhausen, Weihbischof in Essen
Karl Gnädinger, Weihbischof in Freiburg
Joseph Zimmermann, Weihbischof in Augsburg
Carl Schmidt, Weihbischof in Trier
Friedrich Rintelen, Weihbischof in Magdeburg
Josephus Hiltl, Weihbischof in Regensburg
Wilhelm Cleven, Weihbischof in Köln

Bernardus Stein, Weihbischof in Trier
Bernhard Schräder, Weihbischof in Schwerin
Josef Maria Reuss, Weihbischof in Mainz

(aus: Versöhnung aus der Kraft des Glaubens. Analysen, Dokumente, Perspektiven 1965–85. Zwanzig Jahre seit dem Briefwechsel zwischen den polnischen und deutschen Bischöfen hrsg. v. der Deutschen Bischofskonferenz, red. v. G. Albert, R. Hammerschmidt und R. Lehmann, Bonn 1985, S. 16–18)

Briefwechsel zwischen den Kardinälen Stefan Wysziński und Julius Döpfner

Stefan Kardynal Wyszyński
Prymas Polski

Rom 5. November 1970

Lieber Herr Kardinal,

Gewiß haben Sie bemerkt, wie die Weltpresse über unsere römische Zusammenkunft fantasiert. Ich kann aber Ihnen versichern, daß ich bisher mit niemandem davon gesprochen habe.
Doch habe ich den Eindruck, daß wir unsere Unterredung nicht zu Ende gebracht haben und daß es uns übrigbleibt die Schlußfolgerungen klar zu formulieren:

1. In dieser historischen Stunde erscheint zum ersten Mal, seit den furchtbaren Vorgängen vor fünfundzwanzig Jahren und der Entfremdung unserer Völker, die Möglichkeit einer Regelung der Lebensfragen des polnischen Volkes und Staates. Darf da die bischöfliche Führung in der Bundesrepublik beiseite stehen? In unserem Briefwechsel von 1965 haben wir, im Geiste des Evangeliums und des Konzils, um gegenseitige Versöhnung gebeten. Heutzutage wird um die konkrete, politische Konsequenz dieser Gesinnung zwischen unseren Völkern gerungen. Mir scheint es die Aufgabe der Kirche zu sein, die staatliche Leitung auf die Wichtigkeit der kommenden Entscheidung aufmerksam zu machen, so daß wir an diesem historischen Ereignis nicht vorbeilaufen oder zurückbleiben. Ich glaube, Herr Kardinal, daß dies mit „POLITIK" gar nichts zu tun hat. Es handelt sich einfach um die seelsorgerische Pflicht unserer Episkopate.
Nun muß ich Ihnen ganz ehrlich gestehen, daß die Antwort des deutschen Episkopats auf unseren Versöhnungsbrief nicht nur in Polen, sondern auch die Weltmeinung enttäuscht hat. Unsere so herzlich ausgestreckte Hand wurde nicht ohne Vorbehalt angenommen. Wie oft hörten wir unsere Priester und Laien uns den Vorwurf machen, daß unseres, durch Christenliebe diktiertes Entgegenkommen, auf Politik gestoßen hat!

2. Dies ist desto trauriger, daß die deutschen Protestanten dem katholischen Polen in einer viel mehr evangelischen Gesinnung entgegenkommen und daß gerade sie Zeichen der Reue für alles was wir im Kriege erlitten haben und des Versöhnungswillens im Namen unseres Heilands immer öfter darbieten. Für unser katholisches Volk ist es ein öffentliches Ärgernis, es kann eben nicht verstehen, daß die deutschen Amtsbrüder des polnischen Episkopats in dieser Hinsicht so ... zurückbleiben. Und doch handelt es sich, ich wiederhole es mit Nachdruck, nicht um Politik, sondern um jene evangelische Gesinnung, die AUCH der Politik dienen kann und soll.

3. „Verzeihen" heißt leider nicht „vergessen", und die immer gründlicheren Studien und Dokumente, die in Polen veröffentlicht werden, erinnern auch die jungen Generationen an die Wunden, die noch nicht vernarbt sind, an die Verluste, die jede polnische Familie erlitten hat.
Desto mehr erwartet das polnische Gottesvolk Verständnis und evangelisches Entgegenkommen von der Seite des deutschen Episkopats, durch ein klares und öffentliches „Engagement" auf Grund unseres gemeinsamen Glaubens.
Es leben noch viele in Polen, die Augenzeugen der furchtbaren Ereignisse gewesen sind. Ich selbst habe Massenexekutionen von Geiseln gesehen, die man gefesselt, den Mund mit Gips geknebelt, durch Warschaus Straßen zum Mordplatz schleppte. Als Lubliner Bischof habe ich große Haufen von Kinderkrippen gesehen (Zamość, Rozaniec...). So etwas kann man nicht vergessen, wohl aber um unseres Heilands willen verzeihen. Nun aber müssen diejenigen, die im Namen des Völker- und Gottesrechtes auch eine gewisse Mitverantwortung dafür tragen, uns helfen zu verzeihen und vielleicht, mit der Zeit, zu vergessen.

4. Es handelt sich aber nicht nur um Polen. Die Geschichte hat das Schicksal unseres Volkes mit dem der katholischen Kirche eng verbunden. Jeder territoriale Verlust im Osten hat seit Jahrhunderten Tausende und Millionen Gläubigen von der katholischen Kirche getrennt und zum Schisma oder zum Atheismus verurteilt. Heutzutage ist Polen wirklich das letzte Bollwerk des Katholizismus im Osten. Darum ist auch unsere GRENZFRAGE auch eine KIRCHENFRAGE! Vom Osten nach Westen verdrängt, wissen die Polen bestimmt, daß sie in ihre „östlichen Gebiete", die ein Drittel Polens repräsentieren, ohne einen sichtbaren Eingriff der Allmacht

Gottes nie zurückkehren werden. Es graut ihnen gerade, wenn sie bedenken, daß sie vielleicht auch von den Westgebieten, wohin sie vor 25 Jahren verschleppt worden sind, vertrieben werden könnten. Die GRENZFRAGE ist für sie eine LEBENSFRAGE geworden, und dies gerade darf die katholische Kirche in der Bundesrepublik nicht vergessen.

5. Die Vertriebenen vom Osten in Polen wissen wohl, daß ihr Schicksal durch Hitlers Raubüberfall bestimmt worden ist. Sie wissen, daß die katholische Kirche ihre blühendste Diözese (Lwów, Wilno...) nach der letzten, fünften Teilung Polens, verloren hat. Leider wissen sie auch, daß die fünf Teilungen Polens durch geheime Verträge zwischen Deutschland und Rußland beschlossen worden sind. Darum fürchtet man so sehr, besonders in den Westgebieten, daß auch dieser neue Moskauvertrag Unglück bringen kann. Auch da braucht man dringend ZEICHEN guten Willens und friedlicher Zusammenarbeit, um beweisen zu können, daß Polen wirklich vom WESTEN nicht bedroht wird.

6. Das Provisorium in der Regelung der kirchlichen Organisation in den Westgebieten wird in Polen durch die öffentliche Meinung und nicht ohne die Hilfe der kommunistischen Presse, der hemmenden Tätigkeit des deutschen Episkopats zugeschrieben. Gerade heute hat man mir gesagt, daß der heilige Stuhl durch den Widerstand des deutschen Episkopats so gelähmt ist, daß er die dringendsten Probleme der westlichen Diözesen nicht lösen kann. Freilich ist es kein Fortschritt auf dem Weg zur Versöhnung und friedlicher Zusammenarbeit.

Herr Kardinal und lieber Amtsbruder! Seien Sie mir nicht böse, daß ich Ihnen unsere kritische Situation nochmals vorgesellt habe. Nur „WAHRHEIT BEFREIT“, und es scheint mir, daß man leider in Deutschland, aus verschiedenen Gründen, unsere Wahrheit nicht sieht oder nicht sehen will. Nun handelt es sich aber, ich muß es nochmals betonen, nicht um POLITIK, sondern um SEELSORGE. Es handelt sich eben um die knappe Existenz der katholischen Kirche in Osteuropa! Wir haben dringende Probleme, die man im „freien“ Westen kaum vermutet. Sehen Sie, bitte, in diesem meinen Brief wie eine Fortsetzung dessen, den wir vor fünf Jahren geschrieben haben: Die ausgestreckte Hand haben wir niemals zurückgezogen, und im Namen Christi wünschen wir inbrünstig eine neue Wendung

in der Geschichte unserer Völker: In LIEBE und VERTRAUEN. Darum brauchen wir so sehr ZEICHEN GUTEN WILLENS und WAHRER FREUNDSCHAFT!
Dies alles müssen wir fest mit Gebet umklammern und der Fürsorge Gottes anvertrauen, so daß wir wirklich, im Sinne der BERGPREDIGT, „FRIEDENSSTIFTER“ werden.

Mit meinen herzlichsten Weihnachtswünschen
in caritate X-ti, per Mariam,
gez. + Stefan Card. Wyszyński

Der Erzbischof
von München und Freising

München, 14. Dezember 1970

Seiner Eminenz
dem Hochwürdigsten Herrn
Stefan Cardinal WYSZYNSKI
Erzbischof von Gnesen und Warschau
Primas von Polen
ul. Miodowa, 17–19
WARSZAWA/POLSKA

Hochwürdigster Herr Kardinal! Lieber Mitbruder!

Mit aufrichtigem Dank habe ich Ihr Schreiben vom 5. November 1970 erhalten. Oft und dankbar sowie auch mit tiefster Genugtuung hatte ich inzwischen an unsere Unterredung vom 14.10.1970 zurückgedacht und den Eindruck mitgenommen, es sei ein offenes, von verschiedenen Ausgangspositionen kommendes, aber in der Tiefe von einer einmütigen Haltung beseeltes Gespräch gewesen. Insofern hat mich Ihr Brief überrascht, um nicht zu sagen, erschrecken lassen; denn nach unserem Gespräch hatte ich ihn in dieser Art nicht erwartet. Doch bin ich von ganzem Herzen dafür dankbar, daß Sie alles aussprachen, was Sie bedrückt. Denn – darin gebe ich Ihnen recht – nur die Wahrheit kann uns freimachen. Sie erlauben mir, in unverbrüchlicher brüderlicher Verbundenheit mit Ihnen, Ihren Amtsbrüdern und Ihrem ganzen Volk, aber auch in der Gesinnung redlicher Aufrichtigkeit zu antworten. Dabei möchte ich der größeren Klarheit halber, die Punkte Ihres Brief entlang gehen.

1. Sie sprechen hier von der gegenwärtigen historischen Stunde, in der „zum ersten Mal seit den furchtbaren Vorgängen vor 25 Jahren und der Entfremdung unserer Völker die Möglichkeit einer Regelung der Lebensfragen des polnischen Volkes und Staates“ gegeben sei. Dabei fragen Sie: „Darf da die bischöfliche Führung der Bundesrepublik beiseite stehen?“ Wir Bischöfe dürfen im Augenblick so wenig beiseite stehen wie in den vergangenen Jahren, aber wir sollten uns nicht in konkrete politische Auseinandersetzungen hineinziehen lassen. Ich habe Ihnen seit der ersten Begegnung, die ich mit Ihnen haben durfte, erklärt, daß die verantwortlichen Politiker aller

tragenden Parteien darin einig sind, daß mit Polen eine echte, dauerhafte Versöhnung gesucht werden muß und daß an eine gewaltsame Zurückholung der an Polen gegangenen deutschen Ostgebiete auf keinen Fall gedacht werden kann. Ich sagte Ihnen das letzte Mal, daß die Zeit für Sie arbeite und daß sich dessen jeder deutsche Politiker bewußt sei. Ich habe, bevor ich Ihren Brief erhielt, auf der Jahresversammlung der deutschen Pax-Christi-Bewegung am 14. November 1970 folgendes formuliert:

„Ich möchte einige Friedensaufgaben nennen, die mir innerhalb der katholischen Kirche der Bundesrepublik besonders dringlich zu sein scheinen:
An erster Stelle gehört zweifellos, und zwar auf viele Jahre hinaus, die Verständigung und Versöhnung mit Polen. Wie immer man zu dem Vertrag stehen mag, über den gegenwärtig verhandelt wird –, diese Aufgabe ist und bleibt gestellt. Ich freue mich in diesem Zusammenhang, daß aus dem Kreise der polnischen katholischen ZNAK-Gruppe eine Einladung an das Präsidium von Pax Christi zu einem Besuch in Polen ergangen ist, und möchte an dieser Stelle herzlich dafür danken. Wir hoffen, daß sich aus einem solchen Besuch von Mitgliedern des Präsidiums ein regelmäßiger Meinungsaustausch über alle anstehenden Fragen entwickelt. Ich selbst hoffe, daß es bald möglich sein wird, Kardinal Wyszyński und andere polnische Mitbrüder im Bischofsamt zu besuchen."

Die Lösung, die im gegenwärtigen Vertrag vorgelegt wird, ist eine Lösung. Ob sie für die Zukunft, auch im Interesse des polnischen Volkes, die beste ist, darüber kann man verschiedener Meinung sein. Ich hielt es nicht für richtig, in diese konkrete politische Auseinandersetzung den Episkopat hineinzuziehen. Daß unter den Katholiken die einen so, die anderen anders denken, habe ich nie bedauert, sondern zur Klärung des ganzen Problems für nützlich gehalten. Sie schreiben, daß in dem Briefwechsel zwischen dem polnischen und deutschen Episkopat Ihre „herzlich ausgestreckte Hand nicht ohne Vorbehalt angenommen" worden sei, sondern daß vielmehr Ihr „durch Christenliebe diktiertes Entgegenkommen auf Politik gestoßen" sei. Ich bedauere aufrichtig, daß Sie in den Gesprächen, die wir inzwischen haben durften, diesen Ihren Eindruck niemals in dieser klaren Weise ausgesprochen haben. Man hätte im persönlichen Gespräch manches leichter erläutern können. Ich habe nun daraufhin unseren damaligen Brief nochmals durchgelesen. Sie haben sicherlich darin recht, daß der Brief verhaltender, reservierter wirkt als Ihr Brief. Aber hängt das nicht auch mit den besonderen Schwierigkeiten zusammen, die von deutscher Seite aus zu bewältigen waren? Mir scheint, es sei doch eine historische Leistung, an der der deutsche Episkopat einen wesentlichen Anteil trägt, daß es bei Millionen von Heimatvertriebenen gelungen ist, eine nationalistische und revanchistische Bewegung zu verhindern. Im Rückblick scheint mir, wir hätten damals einiges wärmer formulieren können, aber wesentlich anders hätten wir, speziell bezüglich der Grenzfrage, kaum schreiben können. Dabei kann ich gut verstehen, daß der Eindruck entstehen konnte, von dem Sie in Ihrem Brief schreiben. Jedenfalls - glauben Sie das bitte - wollte unsere Antwort nicht mehr aus zaghafter Haltung „Politik“ sein, sondern sie zielte auf eine langfristige, dauerhafte Lösung.

2. Sie meinen in Fortführung der in 1) geäußerten Meinung, die deutschen Protestanten seien den katholischen Polen in einer viel mehr evangelischen Gesinnung entgegengekommen. Ich erkenne die hochherzigen Absichten unserer evangelischen deutschen Mitchristen voll an, bewundere sie sogar, aber es bleibt eine offene Frage, ob dieses Vorgehen für das Ausreifen der Frage im Bereich der evangelischen Kirche nicht auch problematisch war. Jedenfalls sind damals dort Gegensätze aufgebrochen, die bei uns vermieden wurden. Überdies ist zu bedenken, daß wir Katholiken nach den schauerlichen Ereignissen der nationalsozialistischen Periode von Anfang an in der Behauptung einer „Kollektivschuld“ behutsamer waren und sie sorgfältiger von der gemeinsamen Verantwortung für das Unrecht, das im Namen des deutschen Volkes geschehen war, unterschieden. So darf ich Sie bitten, zu glauben, daß die deutschen Bischöfe und die deutschen Katholiken aus ehrlicher Überzeugung in ihrem Versöhnungswillen und einer Gesinnung aus dem Geist des Evangeliums nicht hinter ihren evangelischen Mitbürgern zurückstehen wollen.

3. Hier erinnern Sie an das Schreckliche, was an Polen durch Deutsche geschehen ist. Mit tiefer Scham lassen wir uns daran gemahnen. Wir dürfen aber auch nicht das schwere Schicksal verschweigen, das jenseits aller Prüfung einer persönlichen Schuld die große Zahl der deutschen Heimatvertriebenen zu erleiden hatte. Wenn es auch in der Folge der Ursachen und Wirkungen einen nicht zu übersehenden Unterschied zu den polnischen Heimatvertriebenen, den Op-

fern des territorialen Verlustes im Osten Polens gibt, so bleibt doch die Tatsache, daß in der Bundesrepublik Deutschland viele Menschen leben, die als Augenzeugen und Opfer dieser Vertreibung für ihre Person vor der gleichen schwierigen Aufgabe des Verzeihens und Vergebens stehen: Wir haben uns bemüht und werden uns weiter bemühen, den deutschen Heimatvertriebenen die christliche Aufgabe durch unseren seelsorglichen Dienst zu erleichtern. Aber man sollte nicht übersehen, daß im Augenblick von den Deutschen das Schwere verlangt wird, da es gerade darum gehe, für die polnischen Westgebiete, die ehemalige Heimat so vieler Deutscher, eine dauerhafte, friedliche Lösung zu finden, was - das sei noch einmal betont - ein Anliegen aller Verantwortung tragenden deutschen Politiker ist.

4. Hier weisen Sie darauf hin, daß die Grenzfrage im Westen Polens für Sie eine Lebensfrage geworden sei und daß gerade die katholische Kirche in der Bundesrepublik das nicht vergessen dürfte. Ich bitte Sie zu glauben, daß wir uns dessen all die Jahre her in vollem Umfang bewußt waren. Jedenfalls ist eine friedfertige Haltung in unserem Volk wichtiger als ein konkreter Vertrag. Die Sorge der Polen um ihre Westgrenze ist berechtigt oder unberechtigt - mit oder ohne Vertragswerk, je nachdem wie die Einstellung im deutschen Volke ist. Um ein kontinuierliches Reifen dieser Friedenseinstellung unseres Volkes und hier konkret der deutschen Katholiken ging es uns in all den vergangenen Jahren.

5. Wenn Sie hier darauf hinweisen, daß die Vertriebenen vom Osten in Polen darum wissen, daß ihr Schicksal durch Hitlers Raubüberfall bestimmt worden sei, dann will ich diese Untat Hitlers in keiner Weise abmindern. Aber es muß doch ergänzend hinzugefügt werden, daß Hitlers Überfall nicht möglich gewesen wäre, wenn nicht zuvor Rußland mit dem Nazi-Deutschland den Nichtangriffspakt geschlossen hätte. Ihre Sorge um eine Einigung Rußlands und Deutschlands auf Kosten Polens kann ich gut verstehen. Eine dauerhafte gute Politik wird zweifellos dahin zielen müssen, Polen Zeichen guten Willens dafür zu bieten, daß es von Westen her nicht bedroht wird. Wir können nur hoffen, daß der jetzt unterzeichnete Vertrag ein solch dauerhafter Beitrag ist.

6. Daß das Provisorium in der Regelung der kirchlichen Organisation in den Westgebieten Polens durch die öffentliche Meinung und

vor allem durch die kommunistische Presse der hemmenden Tätigkeit des deutschen Episkopates zugeschrieben wird, kann ich gut verstehen. Ich durfte Ihnen wiederholt erklären, daß die deutschen Bischöfe aufrichtig stets daran interessiert waren, daß in diesen Gebieten seelsorgliche Regelungen geschaffen werden, die den seelsorglichen Aufgaben der Kirche entsprechen. Ich habe Ihnen aber auch immer wieder gesagt, es nicht nur im Falle Polens, sondern auch sonst bewährter Brauch der Kirche war, mit endgültigen kirchlichen Lösungen zu warten, bis die politische Lösung vollzogen ist. Wir haben in den vergangenen Jahren nicht ohne Widerstand der katholischen Heimatvertriebenen stets dazu mitgewirkt, daß mögliche kleine Schritte zur endgültigen Lösung getan wurden. Sie schreiben, gerade am Tag, an dem Sie diesen Brief formuliert hätten, sei Ihnen gesagt worden, das der Hl. Stuhl durch den Widerstand des deutschen Episkopats so gelähmt sei, daß er die dringendsten Probleme der westlichen Diözesen nicht lösen könne. Ich kann eine solche Bemerkung, wer sie auch immer gemacht haben mag, nur bedauern. Es ist belegbar, daß man sich in den vergangenen Jahren von Seiten der politischen Führung der Bundesrepublik einschließlich der gegenwärtigen Regierung aus gut begreiflichen Gründen gegen endgültige kirchliche Lösungen sträubte, bevor die grundlegenden politischen Lösungen getroffen seien. Glauben Sie mir bitte, die deutschen Bischöfe wünschen, daß mit einer endgültigen Regelung der kirchlichen Verhältnisse keinen Augenblick länger gezögert wird, als dies von politischen Voraussetzungen her notwendig ist. Wir werden in jener Stunde wie bisher alles tun, um unseren heimatvertriebenen Glaubensbrüdern zu helfen, solche Entscheidungen anzunehmen.

Lieber hochwürdigster Mitbruder, Sie ließen mich mit Ihrem Brief in die Sorgen und Auffassungen Einblick nehmen, die Sie in Ihrem Vaterland haben. Nehmen Sie meine Zeilen als Ausdruck des Bemühens, einige Ergänzungen dazu aus unserer Sicht zu geben. Vor allem danke ich Ihnen, daß Sie trotz der verschiedenen Auffassungen, ja Enttäuschungen, von denen Sie in Ihrem Brief sprechen, die ausgestreckte Hand nicht zurückgezogen haben. Die Aufgabe des Friedens und der Versöhnung, die uns als Christen und hier zumal als verantwortlichen Hirten der Kirche gestellt ist, wird in naher Zukunft noch größer und drängender sein. Aus ehrlicher Überzeugung darf ich für die deutschen Katholiken die Absicht bekunden, den politischen Verträgen zwischen dem polnischen und dem deutschen

Staat eine tragende Grundlage im nachbarlichen Verhältnis der beiden Völker zu geben. Und so hoffe ich, daß die Einladung, die Sie so gütig für nächstes Jahr aussprachen, zustande kommt und daß es auch Ihnen und anderen polnischen Bischöfen möglich sein wird, bald einmal uns in Deutschland zu besuchen.
So bleibt es mein Wunsch und meine Bitte an Gott, daß es trotz aller Schwierigkeiten gelingen möge, etwas von der Friedensverheißung lebendig werden zu lassen, die uns als Gabe und Auftrag der frohen Botschaft des Festes der Geburt unseres Herren begegnet.

Mit verehrungsvollem brüderlichem Gruß und herzlichen Weihnachtswünschen

Ihr im Herrn ergebener
gez. + Julius Card. Doepfner

Handschriftliche Notiz am Ende des Briefes vom 14. Dezember 1970:

Am 27.10.71 noch einmal mit Kard. W. über diesen Briefwechsel gesprochen. So ganz wohl scheint ihm nicht gewesen zu sein. Er sah darin offensichtlich eine Pflichtübung, über die er möglicherweise berichtete, da er von der damaligen Romreise kein greifbares Ergebnis nach Hause brachte. Er versicherte mich erneut seines nie erschütterten Vertrauens. Freilich bleiben manche Aussagen, die hier herausbrachen, trotz allem bemerkenswert.

30.10.71 Döpfner

(Beide Briefe aus: Hansjakob Stehle: Seit 1960: Der mühsame katholische Dialog über die Grenze, in: Werner Plum (Hrsg.): Ungewöhnliche Normalisierung. Beziehungen der Bundesrepublik Deutschland zu Polen, Bonn 1984, S. 155–178)

Anmerkungen

1 Zwei Vaterländer - zwei Patriotismen: 12

2 laut offiziellem Bericht des Biuro Odszkodowań Wojennych (Büro für Kriegsentschädigungen), zit. nach Madajczyk: 617

3 Über den Briefwechsel sind bislang nur einige Aufsätze (Stehle, Scholz, Czaja, R. Lehmann) sowie ein als aktuelle Interpretationshilfe intendiertes Büchlein von Otto Roegele erschienen.

4 Das stellte auch Dieter Bingen fest, der diesem Mangel mit seiner Dissertation 'Die Stellung der Bundesrepublik Deutschland in der internationalen Politik aus polnischer Sicht 1969–1976' teilweise abhalf. Die 1990 erschienene Arbeit von Michael Ludwig 'Polen und die deutsche Frage' konzentriert sich auf die polnische Außenpolitik im Zusammenhang mit der deutschen Wiedervereinigung.

5 Am nächsten kommt diesem Anspruch das von Hansjakob Stehle Mitte der 60er Jahre verfaßte Buch 'Nachbar Polen', das zahlreiche Hintergrundinformationen enthält und trotz seines journalistischen Stils als wertvolle historische Quelle zu betrachten ist.

6 'Rzeczpospolita' vom 16.11.1946, zit. nach Orzechowski: 94

7 ebenda

8 Zwei Vaterländer ...: 12

9 'Frankfurter Rundschau' vom 5.3.1991

10 Zahlen nach Hoensch, Geschichte Polens: 291

11 vgl. Stehle, Nachbar: 324

12 vgl. Pilichowski: 67–72

13 ohne die Bevölkerung der von der UdSSR annektierten Gebiete (ca. 1.187.200), jedoch einschließlich der Bevölkerung Danzigs (ca. 404.000)

[14] Zahlen nach Kulski: 73ff. In dieser Darstellung wird deutsches und polnisches Zahlenmaterial verwendet, jede Schätzung wird begründet, Widersprüche werden verfolgt und erläutert.

[15] Die Erlebnisse der Zivilbevölkerung sind in Theodor Schieders vielbändiger 'Dokumentation der Vertreibung der Deutschen aus Ost-Mitteleuropa' und in Alfred-Maurice Zayas 'Anmerkungen zur Vertreibung der Deutschen aus dem Osten' eindrucksvoll dokumentiert. – Unberücksichtigt bei den genannten Zahlen blieben etwa eine halbe Million alteingesessene Deutsche sowie etwa 800.000 Umsiedler und Reichsdeutsche in den polnischen Gebieten außerhalb der Reichsgrenzen.

[16] Ossowski: 102–107, zit. nach Kulski: 73ff

[17] Organizacja i kierunki działalności ...: 23f

[18] vgl. Józef Leitgeber, Początki w Koszalinie

[19] Kulski: 79f

[20] vgl. Roos, Geschichte: 212

[21] Davies, Bd. II: 567

[22] Zwei Vaterländer ...: 14

[23] zit. nach Tomala: 92

[24] Deutsche Ostpolitik im Lichte der Denkschrift: 207

[25] hier und im folgenden: Tomala: 101f

[26] Pressedienst, hrsg. von der Presseabteilung der Militärmission der VRP beim Alliierten Kontrollrat in Deutschland, Berlin, Nr. 1432, zit. nach Strobel: 51

[27] zit. nach Kulski, Germany and Poland ...: 156. Sułek ist seit 1990 Abteilungsleiter im polnischen Außenministerium und war für die Verhandlungen über den Grenzvertrag und den deutsch-polnischen Vertrag über Zusammenarbeit und gute Nachbarschaft zuständig.

[28] vgl.: Roos, Grundzüge: 274, Stehle, Nachbar: 331, Rakowski, Außenpolitik: 129

[29] Nachbar: 331

30 vgl.: 'Deutschland–Polen, Wunsch und Wirklichkeit'. Die Arbeit Strobels enthält zahlreiche Beispiele, welche die vom Autor bestrittene These nur bestärken. So bezweifelt Strobel zum Beispiel die Glaubwürdigkeit des katholischen ZNAK-Abgeordneten Stanisław Stomma und hält selbst das Zeugnis des ehemaligen Leiters der Berliner Militärmission, Oberst Tykociński, in dieser Frage für „unbewiesen".

31 Die hier verwendeten Zitate zum Rapacki-Plan entstammen, soweit nicht anders vermerkt, Stehles Buch 'Nachbar Polen': 295ff.

32 ebenda

33 zit. nach 'Die auswärtige Politik', Quelle 102: 374

34 Auf dieser These beruhte die offizielle sowjetische Deutschlandpolitik.

35 zit. nach Stehle, Nachbar: 305f

36 So beklagte z.B. Gomułka bei einem Staatsbesuch in der DDR im Oktober 1962 die 'Vorläufigkeit' der deutschen Situation.

37 Rakowski, Außenpolitik: 164

38 ebenda: 165f

39 Dagegen betont Stehle in 'Nachbar Polen': 345, daß selbst in diesem „ausgefeilten Schriftstück" des Außenministeriums zwar die faktische, nicht aber die formale Grenzanerkennung zur Bedingung erhoben wurde.

40 Roos, Geschichte: 287

41 Diese Theorie ging von der Annahme aus, daß für jene Länder, die bereits vor der Formulierung der Hallstein-Doktrin Beziehungen zur DDR pflegten, diese nicht gelten sollte.

42 Polen nach 1945: 116

43 Geschichte: 287

44 so der Titel der Biographie Wyszyńskis von Andrzej Micewski: Kardynał Wyszyński – Prymas i Mąż Stanu

45 zit. nach Wyszyński, Für Freiheit und Menschenwürde: 137

46 Stehle, Nachbar: 97

[47] Beispiele bei Stehle, Nachbar: 107 und 110f

[48] Diese Diskussion wurde nach der demokratischen Wende in Polen im Jahre 1990/91 wieder aufgegriffen. Die Kirche forderte, die Bindung an christliche Werte in die Verfassung aufzunehmen.

[49] zit. nach Stehle, Die Ostpolitik des Vatikans: 312

[50] Aus dem Memorandum des Episkopats an die Geistlichkeit über die 'Verständigung' [zwischen Staat und Kirche] im April 1950, in: Listy Pasterskie: 107

[51] Nachbar Polen: 91

[52] in: Actes et Documents du Saint-Siège, Bd. III (Polen und die baltischen Staaten), Dokument Nr. 398: 902

[53] Roos, Geschichte: 239

[54] Zahlen nach Hoensch, Geschichte Polens: 302

[55] Listy Pasterskie: 43

[56] Zur Person und Rolle Piaseckis vgl. Micewski, Katholische Gruppierungen in Polen, Teil 1: PAX

[57] zit. nach Castellan: 220

[58] Der Titel stellte eine Neuerung dar; zuvor hatte der polnische Primas den Titel eines Erzbischofs von Gnesen und Posen geführt.

[59] Gott schütze ...: 226

[60] zit. nach Castellan: 227, der sich hier auf D. J. Dunn beruft: The Catholic Church and the Soviet Government 1939–1949, New York 1977: 149f

[61] Diesen Psalmspruch gab Pius XII. den polnischen Bischöfen mit auf den Weg; vgl. Stehle, Ostpolitik: 319

[62] zit. nach Stehle, Ostpolitik: 319

[63] Dokumentation des vollständigen Textes der 'Verständigung' bei Stehle, Nachbar: 390ff und bei P. Lenert, L'Église catholique en Pologne: 121ff

[64] zit. nach Castellan: 229

[65] So Monsignore Tardini in einem Brief nach Warschau, zit. nach Stehle, Ostpolitik: 319

66 Brief vom 8. Mai 1953, zit. nach Castellan: 233ff

67 J. M. Majchrowski, The origin and early activities of the PAX movement in Poland, in: 'East-European Quarterly' 12 (1978) 4: 392

68 Geschichte Polens: 312

69 Next to God ... Poland: 19

70 Geschichte der polnischen Nation: 254

71 Prymas i Mąż Stanu: 164

72 Next to God ... Poland: 20

73 Prymas i Mąż Stanu: 215. Micewskis Wyszyński-Biographe verhüllt oft mehr als sie enthüllt, besonders wenn es um kritische Fragen innerhalb der Kirche geht. Der Leser muß ein hohes Vorauswissen haben, um aus den Andeutungen Gewinn zu ziehen. Jedoch ist die detaillierte Sachkenntnis des Autors unverkennbar.

74 ebenda: 234

75 Im Jahre 1991 erhielt die Kirche aufgrund eines noch unter der letzten kommunistischen Regierung Rakowski verabschiedeten Gesetzes ihre Ländereien zurück und erreichte damit als erste und bis Ende 1991 einzige in Polen eine Realrückgabe im Rahmen der Reprivatisierung.

76 zit. nach Micewski: 102

77 Listy pasterskie: 16

78 W służbie Ziem Zachodnich: 32

79 Im Dienste des Friedens: 322

80 Der Oder-Neiße-Konflikt: 65 und 161

81 Kominek, W służbie ...: 13f

82 „Gott, der Du Polen/ so viele Jahrhunderte lang/ mit dem Glanze Deiner Macht und Deines Ruhmes umgabst/ der Du es mit dem Schilde Deiner Fürsorge/ vor Unheil bewahrtest/ welches es bedrängte:/ vor Deinem Altar/ erheben wir die Bitte:/ Segne das freie Vaterland."

[83] Als 'Repatrianten' wurden in der amtlichen polnischen Sprechweise die polnischen Vertriebenen aus dem Osten bezeichnet.

[84] Kominek, W służbie ...: 96f

[85] Józef Leitgeber, Początki w Koszalinie: 5

[86] So vertritt etwa Markiewicz die Auffassung, daß die Ernennungen gegen das Kirchenrecht verstießen, vgl. Państwo i Kościół: 65. Auch der Priester Andrzej Bardecki, Redakteur des 'Tygodnik Powszechny', meinte, daß die „Bischöfe in den Westgebieten nicht Apostolische Administratoren, sondern Generalvikare waren", auch wenn man darüber nicht spräche. (Sammlung K. Żórawski – Relacja: 4)

[87] Kominek, W służbie ...: 104

[88] vgl. Stehle, Ein Pfarrer klagt an

[89] Kominek, W służbie ...: 105

[90] 141ff

[91] Ostpolitik: 291

[92] zit. nach ebenda

[93] Konkordatstext nach Markiewicz, Państwo i Kościół: 61

[94] Gott schütze Polen: 219f

[95] vgl. Ostpolitik: 292

[96] Nach Markiewicz (Państwo i Kościół: 73) stellten die Katholiken 1939 in Westpommern kaum 3,5 Prozent der Bevölkerung, in Niederschlesien 29,6 Prozent, in Ermland und Masuren zusammen 15 Prozent; nur im Oppelner Schlesien waren es 88,5 Prozent.

[97] zit. nach Józef Sikora, Watykan czy Polska: 107

[98] zit. nach Rogalski, Katolicyzm w Niemczech po II wojnie światowej: 202ff

[99] Listy Pasterskie: 16f

[100] Ein Titularbischof wird nicht auf den Namen der Diözese, in der er arbeitet, geweiht, sondern auf den Namen einer entlegenen oder nicht mehr bestehenden Diözese.

[101] Ostpolitik: 321

[102] Interview in der katholischen Wochenzeitung 'Tygodnik Powszechny' vom 16. Dezember 1951

[103] vgl. dazu Micewski, Prymas i Mąż Stanu: 94

[104] vgl. ebenda: 98

[105] Geschichte des Bistums Breslau: 184

[106] Primas i Mąż Stanu: 97

[107] ebenda: 96

[108] W służbie ...: 109

[109] Micewski, Prymas i Mąż Stanu: 194

[110] W służbie ...: 109. Der Priester Andrzej Bardecki berichtete, daß die Initiative zu dieser 'Beförderung' von Kominek selbst ausgegangen sei. Er, Bardecki, habe dabei vermittelt. (vgl. Sammlung K. Żórawski - Relacja: 3)

[111] 'Tygodnik Powszechny' vom 21. Oktober 1962, zit. nach Zaborowski, Anhang A. III.: 57 (in deutscher Sprache)

[112] laut einem Kommuniqué der deutschen Botschaft vom 16. Oktober 1962, zit. bei Stehle, Nachbar: 358

[113] 'Der Schlesier', 25. Oktober 1962

[114] zit. nach 'Der Spiegel' Nr. 34, 21. August 1963

[115] Prymas i Mąż Stanu: 218

[116] Listy pasterskie: 407ff

[117] Wyszyński, Für Freiheit und Menschenwürde: 163f

[118] ebenda: 158ff

[119] Seit 1960 ...: 158

[120] W służbie ...: 171ff. 'Nur für Polen' steht im polnischen Text hervorgehoben und in deutscher Sprache, - eine Anspielung auf die Nationalsozialisten, die während der Besatzungszeit in Polen Straßenbahnen, Kinos, Restaurants, Theater und sogar Kirchen als 'Nur für Deutsche' und 'Nur für Polen' klassifizierten.

[121] ebenda: 178f

[122] Deutscher Ostdienst (dod) v. 26. Juni 1965

123 „Ich habe das in extenso gelesen", schrieb Kominek am 19. Juli 1965 an Stehle. „Na ja, radikaler und (pardon!) dümmer geht's nicht mehr. Man möchte beinahe sagen: Herr, vergib ihnen, denn sie wissen nicht, was sie tun! Werde natürlich auf dieser psychologischen und sprachlichen Ebene keine Polemik mit ihnen aufnehmen ...", zit. nach Stehle, Seit 1960 ...: 159

124 vgl. beispielsweise die Argumentation der Denkschrift der Evangelischen Kirche

125 Zahlen nach Castellan, Gott schütze Polen!: 216f. Markiewicz nannte in seinem Buch 'Państwo i Kościół w Polsce Ludowej' abweichende Zahlen: Von insgesamt 13.943 katholischen Ordensgeistlichen und Priestern im Jahre 1937 seien 1945 auf polnischem Gebiet noch 7.170 am Leben gewesen, vgl.: 15

126 Hier besuchte Wyszyński vor dem Krieg das Priesterseminar. Mehr als die Hälfte seiner Kommilitonen starb während des Zweiten Weltkriegs.

127 Gott schütze Polen!: 217f

128 Geschichte der polnischen Nation: 275

129 vgl. Stomma: Zum Thema deutsch-polnische Normalisierung: 77–83. Von Brentanos langjähriger Freund Dr. Johannes Schauff bestätigte im Oktober 1986 im Gespräch mit der Verfasserin Stommas Darstellung.

130 Erinnerungen: 628

131 Seit 1960: 155

132 vgl. 'Bulletin der Bundesregierung' vom 12. Juli 1960: 125f

133 'Tygodnik Powszechny' 1960, Nr. 39

134 Stehle, Seit 1960: 156

135 zit. nach Versöhnung aus der Kraft des Glaubens: 25f

136 'Tygodnik Powszechny' vom 20.11.1960

137 hier und im folgenden: W służbie ...: 91

138 Seit 1960 ...: 157f

139 Hellmut Becker, Joachim Beckmann, Klaus von Bismarck, Werner Heisenberg, Günter Howe, Georg Picht, Ludwig Raiser, Carl-Friedrich von Weizsäcker

140 Dieses wie auch das vorherige Zitat aus: Carl-Friedrich von Weizsäcker, Der bedrohte Friede: 110

141 Unter ihnen als ständiger Gast Richard von Weizsäcker, Kirchentagspräsident von 1964 bis 1970

142 vgl. Karl-Alfred Odin, Die Denkschriften der EKD: 151

143 Die Denkschriften der EKD: Texte und Kommentar, 1966

144 Betroffenheit und Befreiung: 92

145 Deutsche und Polen: Dokumente zur Versöhnung

146 Vom kalten Krieg zur Ostpolitik: 68

147 Betroffenheit und Befreiung: 92

148 Die Lage der Vertriebenen: 40, vgl. auch Girgensohn, Das Recht auf Heimat

149 Regierungserklärung von Bundeskanzler Prof. Dr. Erhard vom 10. November 1965 (Auszug), in: Die deutsche Ostpolitik 1961–1970: 114–116

150 Die Denkschriften der EKD: 159

151 Davies, Bd. II: 592

152 Odin, Deutsche Ostpolitik im Lichte ...: 200

153 Versöhnung oder Haß? : 24

154 vgl. Stehle, Versuchen wir zu vergessen: 44

155 vgl. Höfer, Die Briefe der Bischöfe: 10

156 Seit 1960 ...: 159f

157 „Ich habe in den letzten zwei Jahren viel draufzahlen müssen", schrieb Kominek am 15. Mai 1965 an Stehle, zit. bei Stehle, Seit 1960: 158

158 ebenda

159 Gespräch mit der Verfasserin im April 1986

[160] „Versuchen wir zu vergessen“: 49

[161] Deutsche erwiesen uns einen Bärendienst, in: 'Stern' Nr. 17, 18.4.1966

[162] Gespräch mit der Verfasserin im April 1987

[163] vgl. Stehle, Johannes Schauff - ein Vermittler deutsch-polnischer Verständigung: 248ff

[164] Telefongespräch mit der Verfasserin im Oktober 1986

[165] Johannes Schauff - ein Vermittler ...: 250

[166] Die Ostpolitik des Vatikans: 393

[167] Primas i Mąż Stanu: 159

[168] Gespräch mit der Verfasserin im April 1986. Krasicki, der aus einer bekannten Adelsfamilie stammt und wegen seiner linksorthodoxen Ansichten den Beinamen 'der rote Graf' trägt, war 1986 Redakteur der Parteizeitung der Polnischen Vereinigten Arbeiterpartei 'Trybuna Ludu' und definierte seine damalige Position als links von der Regierung.

[169] Stehle, Seit 1960 ...: 160f

[170] vgl. Stehle, Ostpolitik: 391

[171] Nachbar: 143

[172] Antoni Marylski i Laski: 224

[173] Po Konsekracji Biskupa Franciszka Musiela, in: Sammlung K. Żórawski: 7

[174] 'Christ und Welt' Nr. 50, 10.12.1965: 11

[175] W samym sercu ewangelii: 99

[176] Po Konsekracji Biskupa Franciszka Musiela, in: Sammlung K. Żórawski: 3

[177] Das Zweite Vatikanische Konzil: 239

[178] Über eine Beteiligung Wojtyłas - wie sie Stehle für möglich hält (Polen-Deutschland-Rom: 14) - war jedoch keinem meiner polnischen Gesprächspartner etwas bekannt, auch nicht dessen persönlichem Freund Jerzy Turowicz, dem langjährigen Chefredakteur der Krakauer Wochenzeitung 'Tygodnik Powszechny', der

sich im Jahre 1965 ebenfalls in Rom aufhielt. Prälat Andrzej Bardecki, ebenfalls Redakteur des 'Tygodnik Powszechny', erklärte sogar gegenüber Krzysztof Żórawski, daß Wojtyła den Brief unterschrieben hätte, ohne ihn vorher gelesen zu haben. - Vgl. Relacja A. Bardeckiego, in: Sammlung K. Żórawski: 5

179 Versöhnung oder Haß?: 13

180 Polen-Deutschland-Rom: 14

181 hier und im folgenden zit. nach 'Versöhnung aus der Kraft des Glaubens', (vgl. auch: Anhang)

182 Gott schütze Polen!: 316, Fußnote 286

183 Auch ohne die alten Ost- und die neuen Westgebiete wäre Polen ein etwa doppelt so großes Gebiet wie das 'Generalgouvernement' verblieben.

184 Lebensbericht: 212

185 'Die Zeit' Nr. 51, 17. 12. 1965: 10

186 Kopie des Gutachtens im Besitz der Autorin

187 Der deutsch-polnische Dialog: 10ff

188 Telefongespräch mit der Verfasserin im April 1987

189 vgl. Versöhnung oder Haß: 13

190 vgl. W służbie ...: 113

191 'Die Zeit' Nr. 50, 10. 12. 1965: 4

192 Primas i Mąż Stanu: 243f

193 vgl. 'Die Zeit' v. 29. 10. 1965

194 'Stern', Nr. 17, 18. 4. 1966

195 Jedin: 216

196 'Die Zeit', Nr. 51, 17. 12. 1965: 10

197 z.B. Albrecht Cordes, Der Weg zum Verzicht: 78; und Gerta Scharffenorth, Bilanz der Ostdenkschrift: 32. Beide Autoren führen jedoch keine schlüssigen Belege an.

198 hier und im folgenden zitiert nach: 'Versöhnung aus der Kraft des Glaubens', (vgl. auch: Anhang)

[199] Bachmann, Wege zur Friedensordnung: 144

[200] ebenda: 145

[201] Relacja St. Stomma, in: Sammlung K. Żórawski: 7

[202] Diese Art der Argumentation, die eine 'Aufrechnung gegenseitiger Schuld' ablehnt, ist in Deutschland weit verbreitet. So fand sie beispielsweise auch Eingang in die Bundestagsresolution aus Anlaß der Ratifizierung des deutsch-polnischen Vertrags über freundschaftliche Zusammenarbeit 1991.

[203] Scholz: Memorandum: 9

[204] Interessanterweise übergingen sowohl Czaja als auch Bachmann in ihren Analysen des Briefwechsels diesen Aspekt. Beide lobten den Episkopat für seine Verteidigung des Rechtes auf Heimat, wenn auch Czaja einschränkte, daß bei der „Abgrenzung von angestammten Heimatrecht und Existenzrecht der im neuen Lande Geborenen" manches in dem Brief „noch verschwommen" sei. – vgl. Czaja, Der deutsch- polnische Dialog

[205] Der deutsch-polnische Dialog: 8

[206] 'Frankfurter Allgemeine Zeitung', 7. 12. 1965

[207] 'Tagesspiegel' Nr. 6148, 1. 12. 1965 (Kürzel J.B.)

[208] 'Süddeutsche' Nr. 287, 1. 12. 1965: 4

[209] 'Der Spiegel' Nr. 50, 8. 12. 1965: 109

[210] 'Christ und Welt' Nr. 50, 10. 12. 1965: 11

[211] vgl. 'Die Brücke' v. 11. 12. 1965

[212] 'Süddeutsche Zeitung' Nr. 289, 3. 12. 1965: 1

[213] 'Freie Demokratische Korrespondenz' v. 1.12.1965

[214] Zitate aus der 'Süddeutschen Zeitung' vom 1. bis 5. Dezember 1965

[215] vgl. dpa-Meldung v. 10. 12. 1965

[216] so laut Stehle, Der Briefwechsel ...: 541

[217] zit. nach Stehle, Seit 1960 ...: 163

[218] Meldung des KNA, zit. nach Czaja, Der deutsch-polnische Dialog ...: 8

[219] zit. nach 'Versöhnung aus der Kraft des Glaubens': 24

[220] Der deutsch-polnische Dialog ...: 11

[221] Ein Memorandum deutscher Katholiken ...: 25

[222] hrsg. v. Bensberger Kreis, Mainz 1968. Zu den bekanntesten Unterzeichnern gehören u.a. Prof. Wolfgang Böckenförde, Prof. Ernst-Otto Czempiel, Walter Dirks, Alfons Erb, Doz. Norbert Greinacher, Prof. Ernst Kogon, Prof. Max Müller, Prof. Karl Rahner SJ, Prof. Josef Ratzinger, Prof. Rudolf Spaemann. Auch der in Komineks Memoiren erwähnte Dominik Rappich zählt zu den Unterzeichnern.

[223] Die Erfüllung dieser Forderung erlebte die Mehrheit der Betroffenen nicht mehr: Erst im Oktober 1991 beschloß die Bundesregierung, die polnischen Opfer nationalsozialistischer Gewaltherrschaft ohne Anerkennung eines Rechtsanspruches über eine Stiftung zu entschädigen. Zuvor war nur die relativ kleine Gruppe der Opfer pseudomedizinischer Versuche mit insgesamt 130 Millionen DM entschädigt worden. Ein Teil der Überlebenden der Konzentrationslager (nicht der sehr viel zahlreicheren Arbeitslager) wird von einer privaten Stiftung, dem Maximilian-Kolbe-Werk in Freiburg, unterstützt.

[224] Abdruck des Schreibens von Wyszyński in: Golombek, Dialog mit dem Bensberger Kreis: 173

[225] Zahlen nach Feger, Einstellungen von Deutschen zu Polen: 253

[226] zit. nach 'Informationsdienst des katholischen Arbeitskreises für zeitgeschichtliche Fragen' Nr. 58, Juli 1972: 89f

[227] vgl. Stehle, Nachbar: 144

[228] Stehle, Ostpolitik: 109

[229] 'FAZ', Nr. 290, 14.12.1965: 2

[230] Wyszyński wußte laut Stehle nicht, daß Kominek den Text bereits an offizielle polnische Stellen weitergeleitet hatte, - die Weitergabe durch Krasicki dürfte über die polnische Botschaft erfolgt sein.

[231] Die Zitate aus den polnischen Zeitungen stammen, soweit nicht anders angegeben, aus der polnischen Materialsammlung Orędzie Biskupów Polskich do Biskupów Niemieckich, Warszawa 1966

[232] Życie Warszawy, 18.12.1965

[233] 'Trybuna Ludu', 18.4.1966

[234] wie Stehle meint, angeblich nur mit knapper Mehrheit, vgl. Nachbar: 148. Micewski schreibt jedoch in seinem Aufsatz 'Die Kirche in Polen und der historische Kompromiß', daß der Episkopat schon im Juli 1965 erfahren habe, daß die polnischen Machthaber einem Besuch nicht zustimmen würden; Wyszyński habe die Einladung jedoch trotzdem ausgesprochen.

[235] vgl. Dokumentation des Briefes vom 5. März 1966 bei Roegele: Versöhnung oder Haß?: 128–150

[236] Ein Dialog ...: S. 105

[237] vgl. Roegele: 57

[238] im September 1979 von der Untergrundzeitschrift 'GŁOS' veröffentlicht

[239] nicht jedoch meines Wissens Punkt 9

[240] Nr. 37/38, 18.12.1965

[241] Predigt am 19.2.1965 in der Warschauer 'Gemeinde des Unbefleckten Herzens Marias'

[242] Prymas i Mąż Stanu: 246

[243] 'Orędzie Biskupów Polskich do Biskupów Niemieckich'

[244] Der Band 'Ostblock intern', den Weit im Jahre 1970 nach seiner Übersiedlung in den Westen als sensationell aufgemachtes Enthüllungswerk veröffentlichte, enthält hauptsächlich propagandistische Desinformation, was jedoch nicht ausschließt, daß einige der dort erwähnten Einzelheiten zutreffen können. Da die Zahl von 200 Abweichungen sehr subjektiv vom Urteil des Übersetzers abhängt, dürfte Micewskis Zahl auf die Angaben Weits zurückgehen.

[245] Beide im Gespräch mit der Verfasserin im April 1986

[246] Orędzie biskupów polskich do biskupów niemieckich. Materiały i dokumenty.

[247] Stellungnahme hier und im folgenden zitiert nach: 'Stimmen der Weltkirche', Nr. 4, 1978

[248] zit. nach Roegele: 32

[249] so Micewski, Prymas i Mąż Stanu: 246

[250] zit. nach 'Versöhnung aus der Kraft des Glaubens': 18 (verbesserte Übersetzung)

[251] zit. nach Orędzie ...: 9 (verbesserte Übersetzung)

[252] Sammlung K. Żórawski, Relacja: 5

[253] Sammlung K. Żórawski, Relacja: 1

[254] Sammlung K. Żórawski, außerdem Stomma gegenüber R. Freudenstein am 26.11.1987, vgl. ders., Der polnische Katholizismus und die deutsche Frage: 51

[255] Briefausschnitte und Darstellung des Konflikts bei: J. Moskwa, Antoni Marylski i Laski: 229 ff

[256] ebenda: 230

[257] zit. nach 'Für Freiheit und Menschenwürde': 169–178 und nach dem polnischen autorisierten Text

[258] Wielkie Dobro Przebaczenia, in: 'Tygodnik Powszechny' Nr. 47, 24.11.1985: 1 u. 4, hier zit. nach der KNA-Übersetzung „Das große Gut der Vergebung“ unter Berücksichtigung des Originals

[259] zit. nach 'Dialog Episkopatów Polski i Niemiec': 107–110, einer in London herausgegebenen Dokumentation, die u.a. auch das in deutscher Sprache geführte Interview enthält (hier aus dem Polnischen zurück ins Deutsche übersetzt)

[260] zit. nach Stehle, Seit 1960 ...: 163

[261] W samym sercu Ewangelii, hrsg. v. Jan Krucina. Krucina gilt auch als Mitautor oder -vorbereiter der Predigt. Zitate in Zeitungsberichten deuten allerdings darauf hin, daß die gedruckte Predigt nicht völlig mit der tatsächlich gehaltenen übereinstimmt.

[262] Dem Hinweis auf die EKD-Schrift wird sogar in Klammern hinzugefügt: „Bitte im Original auf S. 19 und 20 nachlesen!“

[263] Anna Pawlowska, Ks. Arcybiskup wyjaśnia ...: 181

[264] Listy pasterskie: 433–438

[265] Memorandum: 19, vgl. auch ders.: Zur Versöhnungsbotschaft der polnischen Bischöfe: 134–151

[266] Offener Brief an Herrn Prof. Dr. Franz Scholz: 7 (Kopie im Besitz der Autorin); Scholz erwähnt in seinem 'Memorandum' den 14seitigen Brief Węcławskis. Da jedoch ein weiterer Kontakt nicht zustande gekommen sei, habe er darauf verzichtet, den Brief zu veröffentlichen, wie ihn Węcławski gebeten hatte.

[267] dieses wie auch die folgenden Zitate, Nachbar Polen: 148

[268] Interview mit 'Powściągliwość i Praca', nachgedruckt in Informationsdienst ...: 80

[269] W służbie ...: 113f

[270] vollständig veröffentlicht wurde das Dokument erstmals bei: Stehle, Seit 1960 ...: 164. – Auch Johannes Schauff warb mit Billigung Barzels bei den christdemokratischen Parteien Europas um Zustimmung zu den Ostverträgen. Sein Ziel sei gewesen, daß der Vertrag mit der UdSSR mit fünf Stimmen Mehrheit, der mit Polen aber mit 50 Stimmen Mehrheit angenommen werde. Leider, so Schauff, sei es umgekehrt geschehen.

[271] Stehle, Der Briefwechsel der Kardinäle: 542

[272] Es scheint natürlich angesichts der Vormachtstellung Moskaus fraglich, ob der Wunsch, den Warschauer Vertrag zuerst zu unterzeichnen, nicht von vorneherein illusionär war. Die deutsche Seite ging fraglos davon aus – und folgte damit einer weit zurückreichenden Tradition deutscher Ostpolitik.

[273] zit. nach Stehle, Briefwechsel der Kardinäle: 543

[274] Prymas i Mąż Stanu: 295

[275] Stehle, Seit 1960 ...: 166

[276] Prymas i Mąż Stanu: 297

[277] siehe Anhang: (ohne Korrektur sprachlicher Unebenheiten); Der Brief Wyszyńskis und die Antwort Döpfners wurden erstmals 1983 in Stehles Aufsatz 'Ein Briefwechsel zwischen den Kardinälen' veröffentlicht.

[278] Veröffentlichung ebenfalls in Stehle, Ein Briefwechsel zwischen den Kardinälen

[279] ebenda: 552

[280] Das führt dann in der Wyszyński-Biographie zu solch vielsagenden Sätzen wie: „Alle Bischöfe, die auf der Konferenz das Wort ergriffen, stimmten ihm zu" (ergo: die theologischen Gegner der 'Knechtschaft Mariens' ergriffen gar nicht erst das Wort).

[281] zit. nach Stehle, Der Vatikan und die Oder-Neiße-Grenze: 559–566

[282] Bei der telefonischen Übertragung nach Rom wurden aus den „politischen" „polnische Instanzen". Döpfner empörte sich später über Stehles Darstellung, daß ausgerechnet er dem Vatikan das Zeichen für die Neuordnung gegeben haben sollte.

[283] Die östlichen Diözesangrenzen stimmen nach wie vor nicht mit der Staatsgrenze überein.

[284] Kardinalskorrespondenz: 18

[285] Zum Thema deutsch-polnische Normalisierung: 81

[286] Predigt vom 30. Januar 1966, Sammlung K. Żórawski

[287] zit. nach 'Stimmen der Weltkirche' 1978, Nr. 4 und nach Stehle, Seit 1960: 175

[288] Zur Nominierung und anschließenden Wahl Wojtyłas im achten Wahlgang trugen verschiedene Faktoren bei: Seine Bekanntheit und Beliebtheit unter den Bischöfen seit dem Konzil, seine Sprachbegabung, sein Herkunftsland als Kompromiß zwischen westlichen Industrieländern und Dritter Welt, sein aus deutscher Sicht etwa im Vergleich zu Wyszyński unpolitisches Charisma.

[289] Primas i Mąż Stanu: 395

[290] Seit 1960: 176

[291] vgl. auch im folgenden: Hengsbach, Rückblick: 6

[292] zit. nach 'Versöhnung aus der Kraft des Glaubens': 57

[293] ebenda: 58

[294] zit. nach 'FAZ' vom 18.8.1984

[295] Rückblick: 7

[296] zit. nach: Eucharistiefeier zum 20. Jahrestag des Austausches der Versöhnungsbotschaften

[297] ebenda

[298] hier und im folgenden: Glemp, Botschaft zu Weihnachten

[299] zitiert nach KNA-Übersetzung

[300] Die Kirche und die polnische Linke: 67

[301] Tradition und Zukunft im Denken von Polen und Deutschen

[302] Niemcy i Polska w Europie: 6

[303] Scholz, Memorandum: 4

[304] auf der Pressekonferenz am 22. November 1990 im Sekretariat der Polnischen Bischofskonferenz

[305] ebenda

[306] Warum bremst Kardinal Glemp bessere deutsch-polnische Beziehungen?

[307] vgl. P. Schilder, Irritationen zwischen Katholiken in Polen und Deutschland

[308] zit. nach 'Welt am Sonntag' v. 18.11.1990

[309] W. Świątkiewicz, Kolejny krok

X. Literatur- und Personenverzeichnis

A. Literatur

1. Quellen

1.1 Dokumentationen

Die Auswärtige Politik der Bundesrepublik Deutschland, hrsg. v. Auswärtigen Amt unter Mitwirkung eines wissenschaftlichen Beirats, Köln 1972

Die Antwort der deutschen Bischöfe an die polnischen Bischöfe vom 5.12.1965, in: 'Stimmen der Weltkirche', Nr. 4, hrsg. v. Sekretariat der Deutschen Bischofskonferenz, Bonn 1978

Die Botschaft der polnischen Bischöfe an die deutschen Bischöfe vom 18.11.1965, in: 'Stimmen der Weltkirche', Nr. 4, 1978

Die deutsche Ostpolitik 1961-1970: Kontinuität und Wandel. Dokumentation, hrsg. v. Boris Meissner, Köln 1970

Deutsche und Polen: Dokumente zur Versöhnung, hrsg. v. der 'Aktion katholischer landsmannschaftlicher Jugend im BDKJ', 2.Aufl. Eichstätt 1969

Dialog Episkopatów Polski i Niemiec: Oceny i Odgłosy na Zachodzie. W opracowaniu Michała Czerskiego i Andrzeja Walickiego [Dialog der Episkopate Polens und Deutschlands: Bewertungen und Reaktionen im Westen], Londyn 1966

Döpfner, Julius Kardinal: Erklärung namens der Deutschen Bischofskonferenz am 29. Juni 1972 zur kirchenrechtlichen Neuordnung in den Oder-Neiße-Gebieten, in: 'Europa-Archiv' 16 (1972), S. D 386

Dokumentation zur Ostpolitik der Bundesregierung: Verträge und Vereinbarungen, hrsg. v. Presse- u. Informationsamt der Bundesregierung, 10. erw. Aufl. Bonn 1985

Ein Memorandum deutscher Katholiken zu den polnisch-deutschen Fragen, hrsg. v. Bensberger Kreis, Mainz 1968

Erklärung des Brigadegenerals a.D. Dr. Friedrich Beermann (MdB) zur Ratifizierung des Warschauer Vertrags, in: 'Informationsdienst des katholischen Arbeitskreises für zeitgeschichtliche Fragen', Nr. 58, Juli 1972, S. 89f

Eucharistiefeier zum 20. Jahrestag des Austausches der Versöhnungsbotschaften zwischen den polnischen und den deutschen Bischöfen, am 7.12.1985 in der Kirche 'Santa Maria Trastevere' in Rom: Begrüßungsansprache von Kardinal Höffner, Predigt von Kardinal Glemp. Manuskript (Photokopie für die Presse) im Besitz der Autorin

Glemp, Józef Kardinal: Botschaft zu Weihnachten 1985, in: 'Pismo Okólne' 12 (1985)

Gomółka Władysław: O problemie niemieckim [Über das deutsche Problem], Warszawa 1968

Jedin, Hubert: Bemerkungen zum polnisch-deutschen Verhältnis. Gutachten vom 16.10.1965 (unveröffentlicht, Kopie im Besitz der Autorin)

Kominek, Bolesław: Deutsche erwiesen uns einen Bärendienst, Interview mit Hansjakob Stehle, in: 'Stern' v. 17/18.4.1966

Ders.: W samym sercu Ewangelii. Przemówienie wygłoszone w archikatedrze wrocławskiej w dniu 6.2.1966 [Mitten im Herzen des Evangeliums. Predigt, gehalten in der Breslauer Kathedrale am 6.2.1966], in: Miłość miłosierna [Barmherzige Liebe], hrsg. v. Jan Krucina, Wrocław 1985, S. 95-112

Ders.: W służbie Ziem Zachodnich [Im Dienst der Westgebiete], aus dem Nachlaß zusammengestellt von Jan Krucina, Wrocław 1977

Die Lage der Vertriebenen und das Verhältnis des deutschen Volkes zu seinen östlichen Nachbarn. Eine evangelische Denkschrift, mit einem Vorwort von Präses D. Kurt Scharf, 6.Aufl. Hannover 1965

Listy Pasterskie Episkopatu Polski 1945-1974 [Hirtenbriefe des polnischen Episkopats], mit einem Vorwort von Kardinal Wyszyński, Paris 1975

Mißtrauische Nachbarn. Deutsche Ostpolitik 1919-1970. Dokumentation und Analyse, hrsg. v. Hans-Adolf Jacobsen, Düsseldorf 1970

Orędzie biskupów polskich do biskupów niemieckich. Materiały i dokumenty [Die Botschaft der polnischen Bischöfe an die deutschen Bischöfe. Materialien und Dokumente], 1. und 3. erw. Aufl. Warszawa 1966

Orędzie biskupów polskich do ich niemieckich braci w Chrystusie oraz List biskupów niemieckich do biskupów polskich i Komunikat Episkopatu [Die Botschaft der polnischen Bischöfe an ihre deutschen Brüder in Christus sowie 'Der Brief der deutschen Bischöfe an die polnischen Bischöfe' und 'Das Kommuniqué des Episkopats'], in: 'Forum', Dez. 1965, Nr. 37/38

PZPR i Kościół. Plan walki z Kościołem spożądzony przez Wydział Administracyjny KC PZPR w marcu 1966r [PVAP und Kirche. Plan für den Kampf gegen die Kirche, zusammengestellt von der Verwaltungsabteilung des ZK der PVAP im März 1966], in: 'GŁOS' Aug./Sept. 1979

Sammlung Krzysztof Żórawski: 1) Wyszyński, Stefan Kardinał: Po konsekracji Biskupa Franciszka Musiela [Nach der Bischofsweihe F. Musiels], Jasna Góra, 30.1.1966; 2) Relacja Ks. Andrzeja Bardeckiego [Bericht von Priester A. Bardecki], 29.8.1986; 3) Relacja Tadeusza Mazowieckiego [Bericht T. Mazowieckis], 2.9. 1986; 4) Relacja Stanisława Stomma [Bericht St. Stommas], 18.2.1989; 5) Brief von Jan Józef Lipski an K. Żórawski, Warszawa 7.10.1987 – Kopien im Besitz der Autorin

Tübinger Memorandum, in: 'Lutherische Monatshefte' 1 (1962) 1, S. 134-136

Verlautbarung des Vatikans vom 28.6.1972 über die kirchenrechtliche Neuordnung in den Oder-Neiße-Gebieten durch den Heiligen Stuhl, in: 'Europa-Archiv' 16 (1972), S. D 384f

Versöhnung aus der Kraft des Glaubens. Analysen. Dokumente. Perspektiven. 1965-1985: 20 Jahre seit dem Briefwechsel zwischen den polnischen und den deutschen Bischöfen, red. v. G. Albert, R. Hammerschmidt und R. Lehmann, Bonn 1985

Wojtyła, Karol: Wielkie Dobro Przebaczenia [Das große Gut der Vergebung]. Predigt des Erzbischofs vom 26.12.1965, in: 'Tygodnik Powszechny' Nr. 47 (24.11.1985), in deutscher Übersetzung (KNA)

Wyszyński, Stefan Kardinal: Für Freiheit und Menschenwürde. Ansprache zur Tausendjahrfeier des christlichen Polen, mit einem Geleitwort von Julius Kardinal Döpfner, Limburg 1966

Ders.: Predigt am 19.12.1965 in der Warschauer Gemeinde des 'Unbefleckten Herzen Mariae'. Auszüge.
Abschrift des autorisierten Textes der Katholischen Universität Lublin im Besitz der Autorin

Ders.: Un évêque au service du peuple de Dieu. Préface du Cardinal Garrone. Traduction et introduction biographique de Maria Winowska, Paris 1968

Das Zweite Vatikanisches Konzil. Pastoralkonstitution: Über die Kirche in der Welt von heute, Authentische Textausgabe lat.-dt., Bd. IX, Trier 1967

1.2 Erinnerungen

Brandt, Willy: Begegnungen und Einsichten: Die Jahre 1960-1975, Hamburg 1976
Hoffmann, Hermann: Im Dienste des Friedens. Lebenserinnerungen eines katholischen Europäers, Stuttgart 1970
Jedin, Hubert: Lebensbericht, hrsg. v. Konrad Repgen, Mainz 1984
Kominek, Bolesław: Fakty i wspomnienia z 20 lat polskiej organizacji kościelnej na ziemiach zachodnich [Fakten und Erinnerungen aus 20 Jahren polnischer Kirchenorganisation in den Westgebieten], Wrocław 1965
Leitgeber, Józef: Początki w Koszalinie, in: 'Tygodnik Powszechny' Nr. 29, 21.7.1985: 5
Schmid, Carlo: Erinnerungen, 2. Aufl. München 1981

2. Monographien, Sammelwerke und Aufsätze

Baring, Arnulf: Machtwechsel: Die Ära Brandt-Scheel, 3. Aufl. Stuttgart 1982
Bartoszewski, Władysław: Tradition und Zukunft im Denken von Polen und Deutschen: Einige Bemerkungen zur Lage, hrsg. v. Zentralkomitee der Deutschen Katholiken, Kevelaer 1986
Bender, Peter: Europa braucht ein starkes Polen, in: Ungewöhnliche Normalisierung, hrsg. v. Werner Plum, Bonn 1984, S. 295-306
Bielecki, Jan Krzysztof: Polens Weg nach Europa führt durch Deutschland: Der polnische Ministerpräsident im Gespräch, in: 'Frankfurter Rundschau' vom 5.3.1991, S. 6
Bingen, Dieter: Die Bonner Deutschlandpolitik 1969-1979 in der polnischen Publizistik, hrsg. v. Bundesministerium für innerdeutsche Beziehungen, Frankfurt am Main 1982
Ders.: Die Stellung der BRD in der internationalen Politik aus polnischer Sicht 1969-1976, Königstein 1980 (Diss.)
Birnbaum, Immanuel: Entzweite Nachbarn. Deutsche Polenpolitik in Osteuropa, Frankfurt am Main 1968
Braunmühl, Claudia von: Kalter Krieg und friedliche Koexistenz: Die Außenpolitik der SPD in der Großen Koalition, Frankfurt am Main 1973
Broszat, Martin: Zweihundert Jahre deutsche Polenpolitik, 2. rev. Aufl., Frankfurt am Main 1972

Castellan, Georges: Gott schütze Polen! Geschichte des polnischen Katholizismus 1795-1982, Freiburg i. Br. 1983 (erstmals Paris 1981)
Cordes, Albrecht: Der Weg zum Verzicht: Die Polenpolitik der Bundesrepublik Deutschland bis zum Warschauer Vertrag von 1970, Magisterarbeit Freiburg 1985
Czaja, Herbert: Der deutsch-polnische Dialog. Zum Briefwechsel zwischen den polnischen und deutschen Bischöfen, Vortrag am 16.10.1966 vor der Stuttgarter Eichendorffgilde (Sonderdruck)
Davies, Norman: God's Playground. A History of Poland, vol. II: 1795 to the Present, New York 1984
Dirks, Walter: Die Kirche greift ein. Drei 1965er Modelle politischer Mahnungen, in: 'Frankfurter Hefte' 1965, Nr.12, S. 819-826
Erb, Gottfried: Das Memorandum des Bensberger Kreises zur Polenpolitik, in: Ungewöhnliche Normalisierung, hrsg. v. Werner Plum, Bonn 1984, S. 179-190
Feger, Hubert: Einstellungen von Deutschen zu Polen, in: Bundesrepublik Deutschland - Volksrepublik Polen, hrsg. v. Hans-Adolf Jacobsen, Frankfurt am Main und Warschau 1979, S. 241-261
Freudenstein, Roland: Der polnische Katholizismus und die deutsche Frage 1965-1985, Magisterarbeit Bonn 1988
Girgensohn, Herbert: Das Recht auf Heimat, in: Informationsblatt für die Gemeinden in den niederdeutschen Landeskirchen, 1. Mai-Heft Nr. 9, 12. Mai 1960
Golombek, Oskar: Dialog mit dem Bensberger Kreis, Köln 1968
Gordan, Paulus (Hrsg.): Um der Freiheit willen. Eine Festgabe für und von Johannes und Karin Schauff zum 80. Geburtstag, Pfullingen 1983
Grube, Frank u. Gerhard Richter (Hrsg.): Der Freiheitskampf der Polen. o.O., o.J. (ca. 1980), mit Beiträgen von Rhode, Micewski, Kołakowski, Rakowski u.a.
Guttenberg, Karl Theodor Frhr. zu: Die neue Ostpolitik: Wege und Irrwege, Osnabrück 1971
Halecki, Oskar: Geschichte Polens, Frankfurt 1963
Hauptmann, Jerzy u. Gotthold Rhode (Hg.): Lindenfelser Gespräche. Dokumente und Kommentare zu Ost-Europa-Fragen, Bd. XVII: Ein Bericht über fünf deutsch-polnische Symposien 1964-1971, Bonn 1972
Heidingsfeld, Uwe-Peter: Verbindungen evangelischer Christen mit Polen, in: Ungewöhnliche Normalisierung, hrsg. v. Werner Plum, Bonn 1984, S. 139-148

Heller, Edith: Dokument świętej naiwności. Wymiana listów między Biskupami polskimi i niemieckimi w 1965 r. [Ein Dokument heiliger Einfalt. Der Briefwechsel zwischen den polnischen und den deutschen Bischöfen im Jahre 1965], in: 'Res Publica' (1990) 4, S. 52-65

Hengsbach, Franz Kardinal: Rückblick auf die polnisch-deutschen Versöhnungsbemühungen in den vergangenen 25 Jahren aus der Sicht der Deutschen Bischofskonferenz und der Polnisch-deutschen Bischofskommission. Referat, das aus Anlaß des 25. Jahrestages des Briefwechsels der Bischöfe am 21.11.1990 in Gnesen gehalten werden sollte (zur Veröffentlichung freigegeben; Manuskript im Besitz der Autorin)

Höfer, Werner: Die Briefe der Bischöfe. Gespräch mit dem Ruhrbischof Hengsbach über die Kontakte zwischen dem polnischen und dem deutschen Episkopat, in: 'Die Zeit' Nr. 51, 17.12.1965

Hoensch, Jörg K.: Geschichte Polens, Stuttgart 1983

Holzapfel, Helmut Msgn.: Deutschenseelsorge in Polen, in: 'Informationsdienst des katholischen Arbeitskreises für zeitgeschichtliche Fragen', Nr. 59, Oktober 1972, S. 56-60

Imhoff, Christoph von: Ein Dialog zwischen Deutschen und Polen, in: 'Außenpolitik. Zeitschrift für internationale Fragen' 2 (1966) 17, S. 100-109

Jacobsen, Hans-Adolf (Hrsg.): Bundesrepublik Deutschland – Volksrepublik Polen: Bilanz der Beziehungen, Probleme und Perspektiven ihrer Normalisierung, Frankfurt am Main und Warschau 1979

Ders.: Bundesrepublik Deutschland – Volksrepublik Polen. Bestimmungsfaktoren ihrer Beziehungen 1949-1970, in: Bundesrepublik Deutschland – Volksrepublik Polen, hrsg. v. dems., Frankfurt am Main und Warschau 1979, S. 44-68

Jahn, Egbert u. Volker Rittberger (Hg.): Die Ostpolitik der BRD. Triebkräfte, Widerstände, Konsequenzen, Opladen 1974

Kellermann, Volkmar: Brücken nach Polen. Die deutsch-polnischen Beziehungen und die Weltmächte 1939-1973, Stuttgart 1973

Krasicki, Ignacy: Kto za, a kto przeciw polskiej racji stanu? [Wer ist für und wer gegen die polnische Staatsräson], in: 'Życie Literackie' vom 26.1.1986, S. 33

Krucina, Jan (Hrsg.): Kościół na ziemiach zachodnich. Ćwierćwiecze Polskiej organizacji kościelnej [Die Kirche in den Westgebieten. Ein Vierteljahrhundert polnischer Kirchenorganisation] Wrocław 1971

Ders. (Hrsg.): Miłość miłosierna [Barmherzige Liebe], Wrocław 1985
Krukowski, Józef: Stanowiska Księdza Prymasa Stefana Wyszyńskiego w sprawie normalizacji sytuacji prawnej Koscioła w Polsce [Der Standpunkt Primas Stefan Wyszyńskis bezüglich der Normalisierung der rechtlichen Situation der Kirche in Polen], in: Kościół i Prawo [Kirche und Recht], hrsg. v. dems., Lublin 1985
Krzemiński, Adam: Was uns unterscheidet, worin wir ähnlich sind, in: 'Die Zeit' Nr. 31, 25.7.1986, S. 14
Kulski, Władysław Wszebór: Germany and Poland: From War to Peaceful Relations, New York 1976
Lehmann, Hans Georg: Der Oder-Neiße-Konflikt, München 1979
Lehmann, Reinhold: Das Land, aus dem der Papst kommt, Freiburg 1978
Ders.: Erst in der nächsten Generation? Zwanzig Jahre Botschaften der Versöhnung der polnischen und deutschen Bischöfe, in: 'Herder-Korrespondenz' 39 (1985), S. 525-528
Lenert, Pierre: L'Église catholique en Pologne, Paris 1972
Lipski, Jan Józef: Offener Brief an alle Deutschen, die für die deutsch-polnische Versöhnung arbeiten wollen, in: 'Kultura', deutschsprachige Sondernummer, Paris u. Bonn Herbst 1984, S. 80-83
Ders.: Zwei Banditen, in: 'Der Spiegel' Nr. 34, 20.8.1984, S. 90-91
Ders.: Zwei Vaterländer - zwei Patriotismen, mit einer Einführung von Gotthold Rhode, Kontinent-Sondernummer 1982 (erstmals im polnischen Untergrundverlag NOWA veröffentlicht, o.J., o.O., dann in der Pariser Exilzeitschrift 'Kultura' 1981, S. 409ff
Löwenthal, Richard: Vom kalten Krieg zur Ostpolitik, Stuttgart 1974
Ludwig, Michael: Polen und die deutsche Frage. Mit einer Dokumentation, Bonn 1991
Madajczyk, Czesław: Die Okkupationspolitik Nazideutschlands in Polen 1939-1945, Köln 1988
Madajczyk, Piotr: „Przebaczamy i prosimy o przebaczenie..." [„Wir vergeben und bitten um Vergebung..."], in: 'Więź' (1990) 9, S. 112-124
Markiewicz, Stanisław: Kardinalskorrespondenz, in: 'Polnische Perspektiven' 15 (1985) 3, S. 11-20
Ders.: Państwo i Kościół w Polsce Ludowej [Staat und Kirche in Volkspolen], Warszawa 1981
Marschall, Werner: Geschichte des Bistums Breslau, Stuttgart 1980

Martin, André: La Pologne défend son âme, Paris et Fribourg 1977
Micewski, Andrzej: Kardynał Wyszyński: Prymas i Mąz Stanu [Kardinal Wyszyński: Primas i Staatsmann], 2 tomy, Paris 1982 [Für diese Arbeit wurde ein in Polen erschienener Nachdruck verwendet - daher vom Original abweichende Seitenzahlen, E.H.]
Ders.: Katholische Gruppierungen in Polen: PAX und ZNAK 1945-1976, München u. Mainz 1978
Ders.: Die Kirche in Polen und der 'historische Kompromiß', in: Der Freiheitskampf der Polen, hrsg. v. Frank Grube u. Gerhard Richter, o.O., o.J., S. 157-166
Michnik, Adam: Die Kirche und die polnische Linke. Von der Konfrontation zum Dialog, München 1980 (erstmals Paris 1977)
Moskwa, Jacek: Antoni Marylski i Laski, Warszawa 1986
Musiał, Stanisław: Biskupi Niemieccy na Jasnej Górze [Die deutschen Bischöfe auf dem Weißen Berg], in: 'Tygodnik Powszechny', Nr. 36, 7.9.1986, S. 1-3
Odin, Karl-Alfred: Die Denkschriften der EKD. Texte und Kommentar, Neukirchen-Vluyn 1966
ders.: Deutsche Ostpolitik im Lichte der Denkschrift der evangelischen Kirche, in: 'Europa-Archiv' 6 (1966), S. 195-208
Orzechowski, Marian: Zur Rolle und zum Standort Polens (1945-1970) und der Bundesrepublik Deutschland (1949-1970) in der internationalen Politik, in: Bundesrepublik Deutschland - Volksrepublik Polen, hrsg. v. Hans-Adolf Jacobsen, Frankfurt am Main und Warschau 1979, S. 87-102
Osmańczyk, Edmund Jan: Niemcy i Polska w Europie. Vortrag auf dem Symposium der 'Gemeinschaft zur Förderung von Studienaufenthalten polnischer Studenten in der Bundesrepublik Deutschland e.V.' (GFPS) vom 29.9.-3.10.1986 in Freiburg (unveröffentlicht - Manuskript im Besitz der Autorin)
Pawlowska, Anna: Ks. Arcybiskup wyjaśnia..., Poprawka z Historii [Der Herr Erzbischof erklärt..., Historische Richtigstellung], Warszawa 1966, S. 178-189
Pietrzak, Jan: Działalność Kardynała Augusta Hlonda jako wysłanika Papieskiego na ziemiach odzyskanych w 1945 r. [Die Tätigkeit Kardinal August Hlonds als päpstlicher Gesandter in den wiedergewonnenen Gebieten 1945], in: 'Nasza Przeszłość' 42 (1974), S. 195-249

Pilichowski, Czesław: Straty nauki i kultury polskiej w okresie II wojny swiatowej [Verluste der Wissenschaft und der Kultur im Zweiten Weltkrieg], in: Krajowa Agencja Informacyjna, März 1973, S. 67-72

Plum, Werner (Hrsg.): Ungewöhnliche Normalisierung. Beziehungen der Bundesrepublik Deutschland zu Polen, Bonn 1984

Poprawka z Historii. W sprawie orędzia biskupów niemieckich piszą K. Grzybowski, M. Zychowski ii. [Historische Richtigstellung. In Sachen 'Botschaft der deutschen Bischöfe schreiben ...], Warszawa 1966

Raina, Peter: Dialog Kardynałów: Stefan Wyszyński - Julius Döpfner [Dialog der Kardinäle: Stefan Wyszyński - Julius Döpfner], in: 'Chrześcijanin w Świecie' 1989, Nr. 185, S. 54-64

Raiser, Ludwig: Deutsche Ostpolitik im Lichte der Denkschrift der evangelischen Kirche, in: 'Europa-Archiv' 6 (1966), S. 195-208

Rakowski, Mieczysław: Die Außenpolitik der VR Polen. Skizzen aus der Geschichte dreier Jahrzehnte, Warszawa 1975

Roegele, Otto: Versöhnung oder Haß? Der Briefwechsel der Bischöfe Polens und Deutschlands und seine Folgen. Eine Dokumentation mit einer Einführung von Otto Roegele, Osnabrück 1966

Rogalski, Aleksander: Katolicyzm w Niemczech po II. wojnie światowej, Warszawa 1952

Roos, Hans: Geschichte der polnischen Nation 1918-1978. Von der Staatsgründung im Ersten Weltkrieg bis zur Gegenwart, 3., erw. Aufl. Stuttgart 1979

Ders.: Grundzüge des außenpolitischen Verhältnisses zwischen Polen und der Bundesrepublik Deutschland (1945-1972), in: Wie Polen und Deutsche einander sehen, hrsg. v. Hans-Adolf Jacobsen u. Mieczysław Tomala, Düsseldorf 1973

Scharffenorth, Gerta von: Bilanz der Ostdenkschrift. Echo und Wirkung in Polen. Darstellung, Analyse, Dokumentation, Hamburg 1968

Schilder, Peter: Irritationen zwischen Katholiken in Polen und Deutschland, in: 'Frankfurter Allgemeine Zeitung' Nr. 226, 28.9.1990

Scholz, Franz: Um des Evangeliums willen. Die Versöhnungsbotschaft der polnischen Bischöfe auf dem Zweiten Vatikanischen Konzil, in: 'Miscellanea Fuldensia' 1966, S. 197-216

Ders.: Zur Versöhnungsbotschaft der polnischen Bischöfe vom 18. November 1965, in: Beiträge zur Geschichte Schlesiens im 19. und 20. Jahrhundert, hrsg. v. P. Chmiel, H. Neubach u.a., Dülmen 1988, S. 134-151
Ders.: Zwischen Staatsräson und Evangelium: Kardinal Hlond und die Tragödie der ostdeutschen Diözesen, Frankfurt am Main 1988
Ders.: Memorandum. Ist die gefeierte Versöhnungsbotschaft (18.11. 1965) - im Kontext anderer Hirtenbriefe - eine tragfähige Basis für die Versöhnng?, Dieburg 1991
Sikora, Józef: Watykan czy Polska, Warszawa 1950
Sitek, Ks. Alojzy: Organizacja i kierunki działalności administracji apostolskiej Śląska Opolskiego w latach 1945-1956 [Organisation und Tätigkeitsfelder der apostolischen Administratur im Oppelner Schlesien in den Jahren 1945-1956], (doktorat) Wrocław 1986
Stammler, Eberhard: Betroffenheit und Befreiung, in: Deutschland und die östlichen Nachbarn, Beiträge zu einer evangelischen Denkschrift, Stuttgart 1966, S. 92-99
Stehle, Hansjakob: Neue Aspekte und Methoden vatikanischer Ostpolitik, in: 'Europa-Archiv' 7 (1967), S. 621-628
Ders.: Nachbar Polen, erw. Neuausgabe Frankfurt 1968
Ders.: Der Vatikan und die Oder-Neiße-Grenze, in: 'Europa-Archiv' 16 (1972), S. 559-566
Ders.: Polen-Deutschland-Rom. Zum historischen Hintergrund eines bischöflichen Dialogs, in: 'Herder-Korrespondenz' 33 (1979) 1, S. 10-19
Ders.: Der Briefwechsel der Kardinäle Wyszyński und Döpfner im deutsch-polnischen Dialog von 1970/71, in: 'Vierteljahreshefte für Zeitgeschichte' 31 (1983) 3, S. 536-553
Ders.: Johannes Schauff - ein Vermittler deutsch-polnischer Verständigung. Blick in unbekannte Dokumente, in: Um der Freiheit willen, hrsg. v. Paulus Gordan, Pfullingen 1983, S. 247-253
Ders.: Die Ostpolitik des Vatikans: Geheimdiplomatie der Päpste von 1917 bis heute, überarb. Fassung der 1975 ersch. Erstausgabe, Bergisch-Gladbach 1983
Ders.: Seit 1960: Der mühsame katholische Dialog über die Grenze, in: Ungewöhnliche Normalisierung, hrsg. v. Werner Plum, Bonn 1984, S. 155-178

Ders.: Ein Pfarrer klagt an. Hat Kardinal Hlond die päpstliche Vollmacht gegen Deutsche mißbraucht?, in: 'Die Zeit', 2.12.1988, S. 41

Ders.: „Versuchen wir zu vergessen". Warum deutsche Bischöfe nicht gleich in die Hand der Polen einschlugen, in: 'Die Zeit' Nr. 46, 9.11.1990, S. 49f

Stomma, Stanisław: Zum Thema deutsch-polnische Normalisierung. Ein Interview mit St. Stomma. in: 'Informationsdienst des katholischen Arbeitskreises für zeitgeschichtliche Fragen e.V.', Nr. 140 (1986), S. 77-83 [Übersetzung aus der Monatszeitschrift 'Powściągliwość i Praca', Nr. 6 (1986)]

Streithofen, Basilius: Warum bremst Kardinal Glemp bessere deutsch-polnische Beziehungen?, in: 'Welt am Sonntag', 18.11.1990

Strobel, Georg: Deutschland-Polen. Wunsch und Wirklichkeit, 2., erw. Aufl. Bonn 1971

Świątkiewicz, Wojciech: Kolejny krok ku pojednaniu niemiecko-polskiemu [Der nächste Schritt auf dem Weg zur deutsch-polnischen Versöhnung.], in: 'Słowo Powszechne', 12.11.1991

Szajkowski, Bogdan: Next to God ... Poland. Politics and Religion in Contemporary Poland, London 1983

Tomala, Mieczysław: Polen nach 1945, Stuttgart 1973

Węcławski, Tomasz: Offener Brief an Herrn Prof. Dr. Franz Scholz, Poznań, 25.6.1988 (unveröffentlicht, Kopie im Besitz der Autorin)

Weit, Erwin: Ostblock intern: 13 Jahre Dolmetscher für die polnische Partei- und Staatsführung, Hamburg 1970

Zaborowski, Jan: Die Kirche an der Oder und Neisse, Warszawa 1969

Zychowski, Marian: Współczesne problemy katolicyzmu a polityka. Poprawka z historii [Gegenwärtige Probleme des Katholizismus und der Politik. Historische Richtigstellung], Warszawa 1966

B. Personenverzeichnis

Die Namen Wyszyński und Kominek werden nicht gesondert aufgeführt.